SOCIALISM WITH CHINESE CHARACTERISTICS
IN THE PERSPECTIVE OF

PHILOSOPHY

田鹏颖　綦玮　著

哲学视野中的中国特色社会主义

社会科学文献出版社
SOCIAL SCIENCES ACADEMIC PRESS (CHINA)

目　录

第一章 中国特色社会主义的本体论

"落其实者思其树，饮其流者怀其源。"[①] 习近平多次强调："中国特色社会主义不是从天上掉下来的，而是在改革开放 40 年的伟大实践中得来的，是在中华人民共和国成立近 70 年的持续探索中得来的，是在我们党领导人民进行伟大社会革命 97 年的实践中得来的，是在近代以来中华民族由衰到盛 170 多年的历史进程中得来的，是对中华文明 5000 多年的传承发展中得来的，是党和人民历经千辛万苦、付出各种代价取得的宝贵成果。得到这个成果极不容易。"[②] 本体论"从根本上说，是对人自身的安身立命之本的寻求，也就是试图获得某种关于人自身的存在与发展的最终的根据、标准和尺度"。[③] "哲学的本体观念，是一种对终极性的存在的渴求和关怀；哲学的本体论，是一种追本溯源式的意向性追求，是一种理论思维的无穷无尽的指向性，是一种指向无限性的终极关怀。"[④] 本体论的寻求，是人实现对真善美的反思的过程。

洞悉中国特色社会主义的源头及其演进，洞悉改革开放 40 多年的历史发展，方可明辨我们党在推进革命、建设、改革的进程中，是怎样经过反复比较和总结，历史地选择了马克思主义、选择了社会主义道路的；是怎样把马克思主义基本原理同中国实际和时代特征结合起来，独立自主走自己的路的；是怎样历经千辛万苦、付出各种代价，开创和发展中国特色社

① 《习近平用典》第 2 辑，人民日报出版社，2018，第 163 页。

② 《习近平在学习贯彻党的十九大精神研讨班开班式上发表重要讲话强调　以时不我待只争朝夕的精神投入工作　开创新时代中国特色社会主义事业新局面》，《人民日报》2018 年 1 月 6 日。

③ 孙正聿：《哲学通论》，复旦大学出版社，2015，第 143 页。

④ 孙正聿：《哲学通论》，复旦大学出版社，2015，第 146 页。

会主义的。[①]“物有本末，事有始终。”改革开放40年的历史告诉我们，中国特色社会主义是历史的结论、人民的选择。

第一节　改革开放中发展的马克思主义

习近平在纪念邓小平同志诞辰110周年座谈会上的讲话中指出，“伟大的时代造就伟大的人物。邓小平同志就是从中国人民和中华民族近代以来伟大斗争中产生的伟人，是我们大家衷心热爱的伟人”。[②]邓小平同志之所以能够为祖国和人民建立彪炳史册的功勋，就在于他看清了世界和中国的发展大势，深刻了解中国人民和中华民族的深沉愿望，把握住中国发展的历史规律，紧紧依靠党和人民建立了前所未有的历史性伟业。如果没有邓小平同志，中国人民就不可能有今天的新生活，中国就不可能有今天改革开放的新局面和社会主义现代化的光明前景。

一　改革开放的探索

“我读的书并不多，就是一条，相信毛主席讲的实事求是。过去我们打仗靠这个，现在搞建设、搞改革也靠这个。”[③]中国命运何去何从？“文化大革命”结束，在人民强烈要求纠正“文化大革命”的错误的呼声下，挽救党和国家的危亡是摆在党的面前的头等大事。同时，世界经济与科技正经历日新月异的发展，在这样的时代背景下，针对党和国家前途命运作出政治决断和战略抉择的呼声四起。邓小平作为党的第二代中央领导集体的核心，受命于危难之间，在其他老一辈革命家的大力支持下，顺势召开党的十一届三中全会，全面纠正“文化大革命”的错误，开展了关于真理标准问题的大讨论，确立了解放思想、实事求是的思想路线，把全党工作的着重点转移到社会主义现代化建设上来，实现了党和国家的历史上的伟大转折。

“实事求是是马克思主义的精髓。要提倡这个，不要提倡本本。我们改

① 参见中共中央宣传部编《习近平总书记系列重要讲话读本（2016年版）》，学习出版社、人民出版社，2016，第19～24页。

② 《习近平谈治国理政》第2卷，外文出版社，2017，第3页。

③ 《邓小平文选》第3卷，人民出版社，1993，第382页。

革开放的成功，不是靠本本，而是靠实践，靠实事求是。”① 党的十一届三中全会以后，以邓小平同志为核心的党中央总结新中国成立以来的历史经验，科学评价了毛泽东的历史地位和毛泽东思想，彻底否定了“文化大革命”的错误，为党和国家的发展确定了正确方向。党的十一届三中全会犹如一股春风，复苏了神州大地，社会主义民主法制建设逐步走上正轨，党和国家各项体制改革提上日程，国家各项事业走向蓬勃发展，亿万人民昂首阔步地踏上了实现社会主义现代化建设的新征程。

“世界形势日新月异，特别是现代科学技术发展很快。现在的一年抵得上过去古老社会几十年、上百年甚至更长的时间。不以新的思想、观点去继承、发展马克思主义，不是真正的马克思主义者。”② 改革开放从党的十一届三中全会开始至党的十二大以后全面展开，经历了从农村到城市、从经济到全方位、从对内搞活到对外开放的一段波澜壮阔的历史。1978 年，家庭联产承包责任制以安徽、四川等地为试点，率先在农村发起，实行以家庭联产承包经营为基础，统分结合的双层经营体制，这是党中央尊重农民的首创精神、实现我国社会主义农村体制改革的重大创新。同时，乡镇企业异军突起，转移了农村的剩余劳动力，为党中央全方位改革开辟了新路径。1984 年党的十二届三中全会召开，为适应改革从农村向城市发展的新形势，又相继决定对科技体制和教育体制进行改革，并进一步提出政治体制改革的目标和任务。1980 年，党中央决定建立沿海经济特区，首先将深圳、珠海、汕头、厦门四个经济特区作为对外开放的窗口，充分利用国外资金、技术及管理经验来发展社会主义经济。开放也是改革，初步取得成效后，又相继开放沿海 14 个城市。紧接着在长江三角洲、珠江三角洲、闽东南地区、环渤海地区开辟经济开放区，成立海南经济特区。

“改革开放胆子要大一些，敢于试验，不能像小脚女人一样。看准了的，就大胆地试，大胆地闯”，“走不出一条新路，就干不出新的事业”。③ 在改革开放的有力推动下，我国经济进入了加速发展时期。社会主义现代

① 《邓小平文选》第 3 卷，人民出版社，1993，第 382 页。
② 《邓小平文选》第 3 卷，人民出版社，1993，第 291 ~ 292 页。
③ 《邓小平文选》第 3 卷，人民出版社，1993，第 372 页。

化建设全面有序地向前推进，农业和工业、农村和城市、改革和发展相互促进；以宪法为基础的社会主义法律体系逐步形成，社会主义民主法制建设走上正轨，人民代表大会制度、共产党领导的多党合作和政治协商制度恢复和发展，爱国统一战线取得重要进展；国防建设实现了指导思想的战略转变，军队的整编和改革取得重大成就，革命化、现代化、正规化建设有了新的进展；实行“一国两制”基本国策，香港、澳门问题取得决定性进展，为和平解决台湾问题奠定了良好基础；根据国际形势调整外交格局和对外政策，开创了大国关系新局面。

“我坚信，世界上赞成马克思主义的人会多起来的，因为马克思主义是科学。它运用历史唯物主义揭示了人类社会发展的规律。”① “不要惊慌失措，不要认为马克思主义就消失了，没用了，失败了。哪有这回事！”② 1992年，著名的南方谈话发表，邓小平此时已88岁高龄，他科学分析了国际国内形势，深刻总结了党的十一届三中全会以来改革开放的伟大实践和基本经验，从理论上深刻回答了长期困扰和束缚人们思想的许多重大问题，将我国改革开放和现代化建设推进到一个新境界。改革大潮在邓小平倡导和支持下汇聚成时代洪流，中国人民的面貌、社会主义中国的面貌、中国共产党的面貌从此焕然一新。以邓小平同志为核心的党的第二代中央领导集体带领中国人民劈波逐浪、开拓创新，使古老的中国焕发出青春活力，从农村到城市，从沿海到内地，经济生活和社会生活出现了前所未有的蓬勃生机，为我国经济社会进一步发展奠定了坚实基础，进一步坚定了党和人民进行社会主义现代化建设的信心和勇气。他们用事实证明了，中国特色社会主义道路是中国走向繁荣进步的正确道路。

二 邓小平理论的创立

“对马克思主义的信仰，是中国革命胜利的一种精神动力。”③ 以邓小平同志为核心的党的第二代中央领导集体开辟了中国特色社会主义道路，创

① 《邓小平文选》第3卷，人民出版社，1993，第382页。
② 《邓小平文选》第3卷，人民出版社，1993，第383页。
③ 《邓小平文选》第3卷，人民出版社，1993，第63页。

立了邓小平理论，为中国特色社会主义的开创与发展作出了重大贡献。

（一）邓小平理论是对经典作家思想的继承和发展

马克思说：“人们自己创造自己的历史，但是他们并不是随心所欲地创造，并不是在他们自己选定的条件下创造，而是在直接碰到的、既定的、从过去承继下来的条件下创造。”① 邓小平留给共产党人的最重要的思想和最宝贵的政治遗产，就是他带领党和人民开创的中国特色社会主义及邓小平理论。邓小平最鲜明的思想和实践特点，就是一切从实际出发、从世界大势出发、从中国国情出发，并一以贯之地坚持我们党倡导的实事求是原则。“我们搞改革开放，把工作重心放在经济建设上，没有丢马克思，没有丢列宁，也没有丢毛泽东。老祖宗不能丢啊！问题是要把什么叫社会主义搞清楚，把怎么样建设和发展社会主义搞清楚。”② “老祖宗”不能丢，最重要的是始终坚持马克思主义基本原理的立场、观点、方法。“搞清楚”最重要的是要理清理论是非，结合社会主义建设新的实践经验和新的时代要求，用新的思想观点发展马克思主义。邓小平正是在新的历史条件下敢于说一些老祖宗没有说过的新话，把继承、摒弃同弘扬、创新辩证地统一起来，使马克思主义在当代中国进入了新境界。

（二）邓小平理论是对时代主题的正确把握和判断

20 世纪 70 年代以后，国际形势发生了深刻复杂的变化，世界政治格局经历了重大变革。经历两次世界大战和长期冷战的各国人民面临云谲波诡的国际形势，深感和平发展的重要性，内心渴望共同维护和平发展的意愿越发强烈。美苏两国的军备竞赛及大规模核扩军再一次给世界各国人民带来了严重的现实威胁，世界各国人民反对核战争、争取世界和平的呼声更加强烈。与此同时，包括中国在内的发展中国家力量日益扩大、国际地位日益增强，已成为维护世界和平、促进共同发展的重要力量，促和平、同发展已经逐步成为世界潮流。在这样的时代背景下，邓小平高屋建瓴地对世界基本矛盾和国际现实格局作出了科学判断。他认为，世界政治力量对比出现重要变化，但是和平因素的增长始终超过战争因素的增长，世界大

---

① 《马克思恩格斯文集》第 2 卷，人民出版社，2009，第 470 ~ 471 页。

② 《邓小平文选》第 3 卷，人民出版社，1993，第 369 页。

战短期内打不起来，而争取一个较长时期的和平发展环境是完全可能的。邓小平对时代主题变化的正确判断，为日后党中央制定一系列正确的路线、方针和政策奠定了重要基础，为实行改革开放提供了重要的理论依据。

（三）邓小平理论是对社会主义建设经验的总结和分析

在邓小平的领导下，在党的十一届六中全会以及十二届三中全会上，中国共产党对中华人民共和国成立以后正反两方面的历史经验和教训进行了深刻总结，认真清理重大历史是非，深刻吸取“文化大革命”的教训，为彻底改变过去“以阶级斗争为纲”的错误思路，把党和国家的工作中心转移到经济建设上来，作出改革开放的伟大决策，奠定了重要的思想基础。换言之，没有昔日对历史经验教训的深刻总结，就不会有他日在思想路线、政治路线和组织路线上的拨乱反正，也就没有改革开放的新时期，没有邓小平理论的创立。正如邓小平指出：“直到一九七八年底我们党的十一届三中全会，非常严肃和认真地总结了建国后的近三十年的经验。在这个基础上，我们提出了现在的一系列政策。”①

邓小平理论正是在运用马克思主义世界观和方法论，坚持解放思想、实事求是的思想路线，在研究和回答我国改革开放和现代化建设重大问题中逐步形成的。邓小平反复强调：“什么叫社会主义，什么叫马克思主义？我们过去对这个问题的认识不是完全清醒的。”②“不解放思想不行，甚至于包括什么叫社会主义这个问题也要解放思想。”③ 他一再指出，贫穷不是社会主义，发展太慢也不是社会主义；平均主义不是社会主义，两极分化也不是社会主义；僵化封闭不能发展社会主义，照搬外国模式也不能发展社会主义；没有民主就没有社会主义，没有法制也没有社会主义；不重视物质文明搞不好社会主义，不重视精神文明也搞不好社会主义。邓小平抓住什么是社会主义、怎样建设社会主义这个根本问题，把改革开放作为一场很大的试验，在指导全党在实践中不断探索前进的过程中，提出了一系列具有开创意义的思想。

---

① 《邓小平文选》第 3 卷，人民出版社，1993，第 228 页。
② 《邓小平文选》第 3 卷，人民出版社，1993，第 63 页。
③ 《邓小平文选》第 2 卷，人民出版社，1994，第 312 页。

1997年9月，党的十五大正式提出“邓小平理论”这一科学概念，系统阐述了邓小平理论的历史地位、基本内容和指导意义，并把邓小平理论同马克思列宁主义、毛泽东思想一起确定为党的指导思想。邓小平理论是我党的理论宝库，邓小平的很多思想对中国发展和成就有不可磨灭的贡献。比如，我国还处在社会主义初级阶段，巩固和发展社会主义制度需要我们几代人、十几代人，甚至几十代人坚持不懈地努力奋斗；科学技术是第一生产力，尊重知识、尊重人才；社会主义的本质是解放生产力，发展生产力，消灭剥削，消除两极分化，最终达到共同富裕；允许一部分地区、一部分人先富裕起来，先发展起来的地区带动和帮助后发展的地区；发展才是硬道理；计划和市场都是经济手段，计划多一点还是市场多一点，不是社会主义与资本主义的本质区别；精神文明与物质文明两手抓，两手都要硬；统一战线是一个重要法宝，要团结一切可以团结的力量；用“一国两制”的科学构想解决台湾问题和香港问题、澳门问题；等等。

越是伟大的事业，越是充满艰难险阻，越是需要开拓创新。正是在邓小平理论的指导下，20世纪的中国又一次发生翻天覆地的变化。

三　中国特色社会主义的继续推进

（一）世纪之交形势下的新考验

20世纪80年代末90年代初，东欧剧变、苏联解体，世界社会主义出现严重曲折，与此同时，中国改革和发展进入了关键阶段，国内发生严重政治风波和经济风险，社会主义事业的发展面临空前巨大的困难和压力。党的十三届四中全会以来，以江泽民同志为核心的党的第三代中央领导集体，在国内外政治风波、经济风险、自然灾害等严峻考验面前，在中国快速发展和世界格局继续深刻变化的形势下，把握时代特征，对历史方位作出了科学判断，坚决捍卫中国特色社会主义，成功把改革开放和社会主义现代化建设推进到21世纪。

在这一重大历史关头，社会主义中国再一次面临一系列前所未有的挑战和考验，面临着向何处去的关键历史抉择。以江泽民同志为核心的党的第三代中央领导集体，始终坚持以马克思主义为指导，紧紧依靠全国各族人民，从容应对来自各方面的困难和风险，全面推进社会主义现代化建设，开创了中国特色社会主义事业新局面。党的十四大确定了建立社会主义市场经济体制的改革目标；党的十四届三中全会又提出了社会主义市场经济的基本框架，全面推进财政、税收、金融、外贸外汇、计划、投资、价格、流通、住房和社会保障等方面体制的改革；党的十五届四中全会作出关于国有企业改革和发展若干重大问题的决定，深化国有企业改革，建立现代企业制度，为国有企业注入了新的生机和活力，为社会主义市场经济的顺利发展奠定了重要基础。20 世纪末，社会主义市场经济体制初步形成，对外开放格局进一步深化，逐步由沿海向沿江、内陆和沿边发展。1990 年开放浦东新区，1992 年陆续增加开放城市，开放沿长江 5 个城市、17 个内陆省会城市，同时从东北、西北到西南开放了一系列沿边城市，至此全方位、多层次、宽领域的对外开放格局基本形成。2001 年 12 月，我国正式加入世界贸易组织，中国经济走向世界的步伐进一步加快，对外开放提升到了一个新水平。

党的十三届四中全会后，党中央进一步针对形势和任务的发展，不断研究和提出新的战略部署与政策措施，制定了国民经济和社会发展规划，提出正确处理现代化建设中的各种重大关系，实行从计划经济到社会主义市场经济、从粗放型发展方式到集约型发展方式的转变。并在这段时间里，提出科教兴国战略、可持续发展战略、人才强国战略和西部大开发战略，启动建设国家创新体系和“八七”扶贫攻坚计划，强调走新型工业化道路和文明发展道路。这些历史关键性的重大战略决策和重大措施，不仅保证了我国经济持续快速健康发展，而且使人民生活水平大幅度提高，总体上达到了小康水平。主要包括坚持把党的领导、人民当家作主与依法治国相结合，推进民主的制度化、法律化，建设社会主义法治国家；适应现代化军事战略需要，提出科技强军战略，加快军队机械化、信息化建设，走中国特色的精兵之路；提出促进两岸和平统一的八项主张，成功实现香港、澳门回归并保持回归后的繁荣稳定，同“台独”分裂势力进行了坚决斗争；加强执政党建设，用邓小平理论武装全党，提出“三讲”要求，领导干部要讲学习、讲政治、讲正气，从源头上遏制腐败滋生蔓延；紧紧围绕建设中国特色社会主义主题，集中全党智慧，总结实践经验，与时俱进、开拓创新，逐步形成了“三个代表”重要思想。

以江泽民同志为核心的党的第三代中央领导集体，带领我国人民战胜了来自国际国内的多方面挑战和考验，在此历史时期，我国综合国力大幅度上升，经济实现了持续、快速、健康发展，社会长期保持安定团结，出现了政通人和、繁荣发展的良好局面，人民生活总体上实现了由温饱到小康的历史性跨越，成功地把中国特色社会主义事业全面推进到 21 世纪，开启了全面建设小康社会的新征程。

（二）新世纪新局面下的新要求

党的十六大以来，在新的历史起点上，面对新世纪新阶段的国际国内形势，以胡锦涛同志为总书记的党中央，战胜各种困难和风险，开拓了马克思主义中国化的新境界，开创了中国特色社会主义事业的新局面。

进入 21 世纪，世界处在大变革大调整之中，中国特色社会主义面临的国内外环境也发生了新的深刻变化。从国际环境来看，一方面，和平与发展仍然是时代主题，世界多极化趋势加强，国与国相互依存日益紧密，国际文化交流空前扩大，国际安全合作日趋加强，发展中国家在世界舞台上的作用和影响迅速上升，世界和平与发展的大局总体稳定。另一方面，我国发展的外部条件复杂多变。国际环境中不稳定不确定因素增多，霸权主义和强权政治仍然存在，地区冲突和热点问题此起彼伏，世界经济发展很不平衡，南北差距拉大，经济结构性矛盾加剧，国际恐怖主义活动猖獗，传统安全威胁和非传统安全威胁相互交织，气候变化、重大自然灾害、严重传染性疾病危害加大。从国内环境来看，中国特色社会主义取得了举世瞩目的重大成就，从生产力到生产关系、从经济基础到上层建筑都发生了重大变化，但我国仍处于并将长期处于社会主义初级阶段的基本国情没有变。

在新的历史阶段，我国经济社会发展呈现出一系列新的阶段性特征，进入了发展的关键期、改革的攻坚期、矛盾的凸显期。我国虽然经济实力显著增强，但是生产力水平总体上不高，自主创新能力不强，粗放型的经济增长方式没有得到根本改变；社会主义市场经济体制初步建立，影响发展的体制机制障碍依然存在；人民生活总体上达到小康水平，收入分配差距却呈现拉大的趋势，城乡贫困人口和低收入人口基数仍然过大，统筹兼顾各方面利益难度加大；农业建设基础薄弱、农村发展滞后的局面尚未改变，缩小城乡、区域发展差距和协调发展建设任务艰巨；意识形态领域人们思想活动的独立性、选择性、多变性、差异性明显增强，对发展社会主义先进文化提出了更高要求；对外开放日益扩大的同时面临日趋激烈的国际竞争，发达国家在经济科技上占优势的压力长期存在。这些阶段性特征是社会主义初级阶段基本国情在新世纪新阶段的具体表现，是我国经济社会发展面临的新形势、新矛盾和新问题。

以胡锦涛同志为总书记的党中央抓住重要战略机遇期，发扬求真务实、开拓进取精神，把发展作为党执政兴国的第一要务，牢牢扭住经济建设这个中心，加快转变经济发展方式，加快推进经济结构战略性调整，加快提高自主创新能力，建设资源节约型、环境友好型社会，提高国际竞争力和抗风险能力，为建设中国特色社会主义打下了坚实基础。在应对国际金融危机冲击的过程中，实施积极的财政政策和适度宽松的货币政策，保持经济平稳较快发展。把改革创新精神贯彻到治国理政各个环节中，继续推进经济、政治、文化、社会体制改革创新，加快重要领域和关键环节改革步伐，促进现代化建设各个环节、各个方面相协调，不断完善适合我国国情的发展道路和发展模式。把解决“三农”问题作为党和国家工作的重中之重，取消农业税，帮助农民增加收入，建设社会主义新农村取得显著成效。加大西部开发力度的同时，启动了振兴东北地区等老工业基地战略和中部崛起战略，进一步解决地区发展不平衡问题。加强社会主义核心价值体系建设，加快文化体制改革步伐，推动文化大发展大繁荣。大力关注民生建设，着力解决人民关心的教育、医疗、就业等问题。坚持对外开放的基本国策，拓展对外开放广度和深度。以改革创新精神全面加强党的建设，开展党的先进性教育和学习实践科学发展观活动，党的建设科学化水平明显提高。在这一新的历史阶段，我国的综合实力大幅提升，人民群众得到了更多实惠，国际地位和影响力显著提高，党的创造力、凝聚力、战斗力明显增强。

2007 年 10 月，胡锦涛在党的十七大上作出了对科学发展观的深刻阐述，丰富和发展了中国特色社会主义理论体系。科学发展观涵盖自然科学、人文科学、社会科学等广泛领域，涉及改革发展稳定、内政外交国防、治党治国治军各个方面。党的十七大更是把科学发展观这一重大理论写入了党章，科学发展观以丰富的思想内涵和严密的内在逻辑构成了一个系统的科学理论，深化了对中国特色社会主义理论的认识，对于全面推进我国社会主义建设有重要的指导意义。

第二节 改革开放中发展的社会主义

20 世纪初，列宁领导的十月革命取得成功，建立了世界上第一个社会主义国家，实现了社会主义从理论到实践的伟大飞跃。斯大林成为苏共中央总书记后，实行单一生产资料公有制和指令性计划经济政策，建立高度集权的政治体制，苏联模式形成。不可否认苏联模式曾在历史上发挥了重要的积极作用，但由于违背经济规律，随着时间的推移，苏联模式的弊端日益暴露。直至 1989 年东欧剧变，1991 年苏联解体，世界社会主义事业遭受了重大挫折，面临重大考验。而社会主义在世界的发展的重任，全部落在中国的肩上。1949 年中华人民共和国成立后，以毛泽东同志为核心的党的第一代中央领导集体建立起社会主义基本制度。《论十大关系》《关于正确处理人民内部矛盾的问题》等文章的问世，诠释了我们党对怎样建设社会主义有了自己的新的重要认识。在后来的探索实践中，尽管党在指导思想上犯了“左”的错误，社会主义遭到严重挫折，但我们党取得的积极成果仍然是极其宝贵的，并及时纠正了错误，挽救了社会主义，也为新的历史时期开创中国特色社会主义提供了宝贵经验、理论准备和物质基础。1978 年党的十一届三中全会召开，展开对真理标准的大讨论，彻底否定了“以阶级斗争为纲”的错误思想，杀出血路实行改革开放，明确提出必须搞清楚什么是社会主义、怎样建设社会主义这个重大理论和实际问题，实现了马克思主义的普遍真理同我国具体实际的第二次结合，创立了邓小平理论，开拓了马克思主义新境界，中国特色社会主义迈上新台阶。

一 改革开放的历史背景

中华人民共和国成立之初，我国的生产力水平低，国民经济实力十分薄弱，工业化水平偏低，可以说是“一穷二白”。我国的现代化经济建设就是在这样的基础上开始的。毛泽东时期，为了带领人民摆脱贫困落后的状态，实现富国强民的梦想，优先发展重工业，并集中有限的人力、物力、财力来加强重点项目建设，建立了高度集中的计划经济体制。中华人民共和国成立后的头三年，我们迅速恢复了在旧中国遭到严重破坏的国民经济，全国工农业生产在1952年底已经达到历史最高水平。1953～1957年我们完成了第一个五年计划，国民经济迅速发展，人民生活显著改善。在社会主义三大改造基本完成以后，在社会主义建设历程中，我们曾经走过一段曲折的路，即从1957年下半年到1978年党的十一届三中全会之前的21年中，执行了错误路线，导致了后期的严重后果。

正如邓小平指出："中国社会从一九五八年到一九七八年二十年时间，实际上处于停滞和徘徊的状态，国家的经济和人民的生活没有得到多大的发展和提高。"[①] 由于这20年的一系列严重错误和灾难，国民经济被推向崩溃的边缘，与发达国家的差距进一步拉大。有资料表明："日本与中国同属东方民族。二次世界大战后，两国基本上处于同一起跑线上。1957年日本国民收入只有279亿美元，而同期中国为368.8亿美元，日本比中国少89.8亿美元。到1976年，日本国民收入达到4728亿美元，中国为985亿美元，日本为中国的4.8倍；到了1978年，日本国内生产总值是中国的6.9倍。"[②] 在这样的历史背景下，邓小平同志反复强调："如果现在再不实行改革，我们的现代化事业和社会主义事业就会被葬送。"[③] "我是主张改革的，不改革就没有出路，旧的那一套经过几十年的实践证明是不成功的。"[④] "坚持改革开放是决定中国命运的一招。"[⑤] "不坚持社会主义，不改革开放，不发展经济，不改善人民生活，只能是死路一条。"[⑥] 邓小平这些振聋发聩的重要论述，不仅是中国共产党人在总结历史经验教训之后的觉醒，更是象征了共产党人永不服输的精神，最终在1978年召开的党的十一届三中全会开启了改革开放的历史新征程。

综上所述，40多年来，我们党作出的实行改革开放的重大决策不是偶

---

① 《邓小平文选》第3卷，人民出版社，1993，第237页。
② 许翠玲：《改革开放30年历史经验总结及反思》，山东师范大学硕士学位论文，2009。
③ 《邓小平文选》第2卷，人民出版社，1994，第150页。
④ 《邓小平文选》第3卷，人民出版社，1993，第237页。
⑤ 《邓小平文选》第3卷，人民出版社，1993，第368页。
⑥ 《邓小平文选》第3卷，人民出版社，1993，第370页。

然的碰撞，而是中国人民坚定的必然选择，是在经历了20多年艰难曲折的道路探索，并汲取了20多年挫折考验之后作出的正确而伟大的抉择。改革开放的重大决策是历史的必然，它顺应人民的心愿，更切合时代的呼唤。

二 改革开放的历史进程

从1978年到2018年，我国改革开放整整走过了40年，40年的时间发生了翻天覆地的变化，涵盖政治、经济、文化、生活的方方面面。自党的十一届三中全会拉开历史新时期的序幕，改革开放的画卷从农村到城市、从经济领域到其他各个领域徐徐展开，与此同时，对外开放的新篇章从沿海到沿江沿边、从东部到中西部毅然决然地开启。我国经济摆脱了封闭半封闭的状态，逐步形成了全方位、多层次、宽领域的对外开放格局。经济特区的建立、沿海城市的开放、外资的引进、对外经济技术交流与合作的迅速扩大，昭示着中华民族伟大复兴之路正式起航。综合来看，中国的改革开放的历程可以大致划分为三个主要阶段。

（一）从农村开始的初步探索

从1978年12月党的十一届三中全会召开到1984年10月党的十二届三中全会《中共中央关于经济体制改革的决定》发表，这一历史时期的重要成果是完成了指导思想上的转变，即从“以阶级斗争为纲”转变到以经济建设为中心，从封闭转变到对外开放。改革开放是以“实践是检验真理的唯一标准”这样的真理标准问题的大讨论为先导展开的。1978年12月，邓小平在中央工作会议上作了题为《解放思想，实事求是，团结一致向前看》的重要讲话。这个讲话是解放思想的宣言书，为改革开放提供了正确的思想前提。1982年党的十二大召开，明确提出把马克思主义的普遍真理同我国的具体实际结合起来，走自己的道路，建设有中国特色的社会主义，并提出在20世纪末实现国民生产总值翻两番，到21世纪中叶基本实现社会主义现代化。至此，从推行家庭联产承包责任制到兴办特区，再到开放从大连到北海14个沿海港口城市，初步形成了对外开放的格局。

（二）以城市为中心的全面探索

从1984年10月中共中央作出关于经济体制改革的决定，到1988年9月中共中央作出《关于治理经济环境整顿经济秩序全面深化改革的决议》，这一历史时期的重要成果是改革从农村转到了城市，领域也进一步放宽，从经济领域逐步扩展到政治领域、科技教育及其他社会生活领域，蹄疾步稳地扩展了改革的深度和广度。党的十二届三中全会通过了《中共中央关于经济体制改革的决定》，突破了把计划经济同商品经济对立起来的传统观念，为进一步进行全面经济体制改革提供了新的理论指导。1987 年党的十三大召开，把计划经济同商品经济相结合，社会主义可以实行有计划的商品经济体制，明确概括和全面阐发了党的"一个中心、两个基本点"的基本路线。在经济体制改革的基础上阐述了政治体制改革的方针、内容和实施方案，把政治体制改革提上了日程。至此，改革的步伐进一步加快，改革中出现的问题实现了从农业到工业、从农村到城市的治理整顿。

（三）社会主义市场经济体制的建立

从 1988 年 9 月中共中央作出治理整顿和深化改革的决定，到 1992 年邓小平发表著名的南方谈话，再到党的十六大召开，这一历史时期的重要成果是为全面深化改革创造了一个良好的经济运行环境。综合整顿了在新旧体制转换中出现的各种混乱现象，进一步规范了经济秩序。邓小平指出，"治理整顿有成绩，但评价功劳，只算稳的功劳"，"对于我们这样发展中的大国来说，经济要发展得快一点，不可能总是那么平平静静、稳稳当当"，"发展才是硬道理。这个问题要搞清楚。如果分析不当，造成误解，就会变得谨小慎微，不敢解放思想，不敢放开手脚，结果是丧失时机"。[①] 1992 年初，邓小平以 88 岁的高龄南下视察并发表了著名的讲话，针对改革中出现的问题，回答了人们的困惑，科学地概括了社会主义的本质，即解放生产力，发展生产力，消灭剥削，消除两极分化，最终达到共同富裕。邓小平提出，不管黑猫白猫，能抓老鼠就是好猫。社会主义也可以搞市场经济，计划和市场都是经济发展的手段，计划经济还是市场经济，不是区分社会主义还是资本主义的标志特征。

南方谈话一石激起千层浪。1992 年 10 月，党的十四大胜利召开。党的十四大报告依据邓小平南方谈话的精神，作出了三项具有历史性意义的重大决策：一是确立邓小平理论在全党的指导地位；二是明确我国经济体制

① 《邓小平文选》第 3 卷，人民出版社，1993，第 377 页。

改革的目标是建立社会主义市场经济体制；三是要求全党抓住机遇，加快发展。以邓小平南方谈话和党的十四大精神为指导，中国社会主义改革开放和现代化建设事业进入新的发展阶段。1993 年 11 月，党的十四届三中全会通过了《关于建立社会主义市场经济体制若干问题的决定》，社会主义市场经济体制的基本框架确立，并提出了建立现代企业制度的伟大构想，标志着我国进入了社会主义市场经济体制整体推进的新阶段。

我国 40 年的发展实践证明了邓小平作出的改革开放的决策是正确的。正如习近平指出："如果没有邓小平同志指导我们党作出改革开放的历史性决策，我们国家要取得今天的发展成就是不可想象的。"① 邓小平为中国人民擘画的中国特色社会主义现代化蓝图正在变成美好现实，中华民族正在向伟大复兴的目标一步步靠近。

第三节 改革开放中发展的中国特色社会主义

党的十八大以来，习近平提出了"中国梦"的奋斗目标，他指出，中国梦"承载着全体中华儿女的共同向往，昭示着国家富强、民族振兴、人民幸福的美好前景"。② "中国梦"的提出在党与群众之间架起了一座直通的桥梁，凝聚了人心、鼓舞了人民。"中国梦"是造福国家、民族、人民的崇高追求，是国家的梦、民族的梦，也是每一个中国人的梦。而实现"中国梦"就必须坚持以马克思主义为指导，遵循客观的历史辩证法。相信在以习近平同志为核心的新一代党中央领导集体的带领下，中国人民一定能够凝聚起实现中华民族伟大复兴中国梦的强大力量，开拓中国特色社会主义更为广阔的发展前景。

一 实现中华民族伟大复兴的"中国梦"

2012 年 11 月 29 日，习近平在国家博物馆参观"复兴之路"展览时指

① 中共中央文献研究室编《习近平关于全面深化改革论述摘编》，中央文献出版社，2014，第 2 页。

② 《习近平谈治国理政》，外文出版社，2014，第 49 页。

出："现在，大家都在讨论中国梦，我以为，实现中华民族伟大复兴，就是中华民族近代以来最伟大的梦想。这个梦想，凝聚了几代中国人的夙愿，体现了中华民族和中国人民的整体利益，是每一个中华儿女的共同期盼。历史告诉我们，每个人的前途命运都与国家和民族的前途命运紧密相连。国家好，民族好，大家才会好。实现中华民族伟大复兴是一项光荣而艰巨的事业，需要一代又一代中国人共同为之努力。空谈误国，实干兴邦。我们这一代共产党人一定要承前启后、继往开来，把我们的党建设好，团结全体中华儿女把我们国家建设好，把我们民族发展好，继续朝着中华民族伟大复兴的目标奋勇前进。"①

（一）中国梦的历史进程

"中国梦是一种形象的表达，是一个最大公约数，是一种为群众易于接受的表述，核心内涵是中华民族伟大复兴，可以适当拓展，但不能脱离中华民族伟大复兴这个主题，紧紧扭住这个主题激活和传递正能量。"② 中国梦是国家的、民族的，也是每一个中国人的。中国梦以 1840 年作为起点，到目前为止，已经历经了 170 多年。"中国梦"具有深刻的历史背景、历史内涵和历史要求，演变发展经历了四个过程，实现了四次重大历史性飞跃。第一个过程是 1840～1919 年，实现从最初的对封建制度的维护和改良到力求革命实现社会变革的飞跃；第二个过程是 1919～1949 年，实现资产阶级革命方式从旧的资产阶级民主主义革命向新民主主义革命的飞跃；第三个过程是 1949～1978 年，实现从新民主主义革命到社会主义革命的飞跃，完成社会主义改造，确立社会主义制度；第四个过程是 1978 年至今，实现从中华人民共和国成立之初的艰辛探索到中国特色社会主义制度的飞跃发展。中国梦，熔铸了中华民族波澜壮阔、沧桑巨变的历史画卷，承载了近代以来一代又一代中国人的富国强民的美好夙愿，揭示了中华民族的历史命运和当代中国的未来图景，指明了全党全国各族人民共同的奋斗目标，是全国人民最伟大的梦想。

---

① 《习近平谈治国理政》，外文出版社，2014，第 36 页。

② 《习近平在同中华全国总工会新一届领导班子成员集体谈话时的讲话》，2013 年 10 月 23 日。

“中国梦是历史的、现实的，也是未来的。”① 只有创造过辉煌的民族，才懂得复兴的意义；只有经历过苦难的民族，才饱含对复兴的深切渴望。近代以来中华民族遭受的苦难之重、付出的牺牲之大，人类史册鲜有。然而，一代又一代的中国人不屈不挠，奋起抗争，为了民族复兴而上下求索。中华民族传递绵延已久的家国天下情怀，唤醒内心深处的命运共同体意识，激发起民族强烈的归属感和豪迈的进取心，最终在中国共产党的正确领导下，掌握了自己的命运，实现了独立自主，建立了新中国，确立了社会主义制度。中国梦是中国特色社会主义理论体系的组成部分，并始终以马列主义、毛泽东思想和中国特色社会主义理论体系作为依托，沿着中国特色社会主义道路奋力实现民族复兴。这是历史的选择、人民的选择，是任何力量都无法阻挡的历史潮流。

（二）中国梦的实现路径

1. 走中国特色社会主义道路

党的十八大报告明确指出：“中国特色社会主义道路，就是在中国共产党领导下，立足基本国情，以经济建设为中心，坚持四项基本原则，坚持改革开放，解放和发展社会生产力，建设社会主义市场经济、社会主义民主政治、社会主义先进文化、社会主义和谐社会、社会主义生态文明，促进人的全面发展，逐步实现全体人民共同富裕，建设富强民主文明和谐的社会主义现代化国家。”②

改革开放40多年来，我国经济持续快速发展，远超同期世界经济平均增长速度。GDP从1978年的3624.1亿元增加到2012年的51.9万亿元，总规模居世界第二位。在经济持续稳定高速发展的同时，我国的民主法制建设取得巨大成果，科技、教育、文化、卫生、体育等各项社会事业发展迅速，社会生活方式日益丰富多彩，人们的精神面貌焕然一新。中国特色社会主义道路，是我们党在探索社会主义现代化建设过程中，把马克思主义基本原理同当代中国国情和时代特征相结合而形成的一条实现中华民族伟大复兴的正确道路。改革开放以来的实践证明中国特色社会主义道路是一

① 《习近平谈治国理政》，外文出版社，2014，第49页。

② 《十八大以来重要文献选编》（上），中央文献出版社，2014，第9~10页。

条通向中华民族伟大复兴的必由之路，必须继续毫不动摇地走中国特色社会主义道路。

2. 弘扬中国精神

“理想指引人生方向，信念决定事业成败。没有理想信念，就会导致精神上缺钙。”[①] 实现中国梦，离不开弘扬中国精神。中国精神包括以爱国主义为核心的民族精神和以改革创新为核心的时代精神。这种民族精神和时代精神的有机结合，构成了中华民族团结一心、发展壮大的强大精神力量。习近平同志指出，以爱国主义为核心的民族精神和以改革创新为核心的时代精神是凝心聚力的兴国之魂、强国之魂。[②] 中国精神源远流长，在几千年的历史长河中，中华民族形成了以爱国主义为核心的团结统一、爱好和平、勤劳勇敢、自强不息的伟大民族精神。中国精神是中华民族共同创造、共同依托、共同传承的文化精神、价值观念的总和，是中华民族赖以生存和发展的精神财富，是中华民族生生不息、团结奋进的精神动力。

“得其大者可以兼其小。”[③] 理想融入事业，终能成就一番事业。党在领导人民进行革命建设的历史进程中，培育形成了井冈山精神、长征精神、延安精神、西柏坡精神、大庆精神、雷锋精神等，使中华民族展现出崭新的精神风貌。实现中国梦的伟大复兴，不仅需要在物质上强大起来，同时还要在精神上强大起来。没有精神力量的激励，没有全民族精神力量的充分发挥，中华民族就不能屹立于世界民族之林。在经济全球化不断深入发展、价值观影响力日益增强的今天，大力弘扬中国精神，对推进全面建成小康社会进程、实现中华民族伟大复兴，具有更加重要、更加紧迫的意义。弘扬以改革创新为核心的时代精神，是中华民族永葆生机、兴旺发达的源泉和动力，充分体现和吸纳了新时代的要求，为中国社会的发展进步注入了鲜活力量。弘扬民族精神，不断冲破各种思想羁绊和观念枷锁，破解各种改革和发展难题，最大限度地凝聚共识、汇聚力量，使每个中国人的梦想凝聚到一起，汇聚成实现中国梦的巨大精神力量，不断开辟中国特色社

① 《习近平谈治国理政》，外文出版社，2014，第50页。

② 习近平：《在庆祝中国共产党成立95周年大会上的讲话》，人民出版社，2016，第13页。

③ 《习近平关于全面从严治党论述摘编》，中央文献出版社，2016，第29页。

会主义新局面。

3. 凝聚中国力量

“人民是历史的创造者，群众是真正的英雄。人民群众是我们力量的源泉。”① 中国梦是民族的梦，也是每个中国人的梦。只有万众一心、同心协力，才能使中国梦变成现实，使每个中国人梦想成真。中华民族伟大复兴必须依靠56个民族的共同努力，中国力量就是中国各族人民团结的力量，是全体中国人汇聚而成的整体力量。

中国力量在战争年代是不屈不挠、勇往直前的力量，在和平年代是勤俭创业、艰苦奋斗的力量，在改革年代是奋勇拼搏、开拓创新的力量。我们党是中国特色社会主义事业的领导核心，肩负带领全国各族人民实现中华民族伟大复兴的历史任务。为了凝聚全国人民的整体力量，就需要始终以最广大人民的根本利益为出发点，坚持以人为本，坚持执政为民，始终保持同人民群众的血肉联系。最广大人民的根本利益是我们党一切工作的出发点和落脚点，真诚倾听群众呼声，真实反映群众愿望，真情关心群众疾苦，切切实实把人民群众放在心中最高位置，为实现人民利益而不懈奋斗。中国梦归根结底是人民的梦，实现中国梦必须依靠全体人民来共同担当、共同努力，万众一心、同舟共济、同心同德、众志成城。

（三）中国梦与世界梦相通

习近平多次指出，“中国梦是和平、发展、合作、共赢的梦，同世界各国人民追求幸福生活的梦想相通”②，“中国人民愿意同各国人民在实现各自梦想的过程中相互支持、相互帮助”③。“中国的梦想，不仅关乎中国的命运，也关系世界的命运”，成为国际社会对中国梦的主流认识。现代化不仅仅是中国的，而且是世界的。中国梦的实现，必将促进人类文明进步与世界和平发展，必将绘就一幅与世界人民“各美其美，美美与共”的人类文明新画卷。

“穷则独善其身，达则兼济天下”是中华民族始终崇尚的品德。中国梦

① 《习近平谈治国理政》，外文出版社，2014，第5页。

② 《十八大以来重要文献选编》（上），中央文献出版社，2014，第460页。

③ 习近平：《弘扬和平共处五项原则建设合作共赢美好世界——在和平共处五项原则发表60周年纪念大会上的讲话》，人民出版社，2014，第13页。

不仅要造福中国人民，而且要造福世界各国人民，并与世界各国人民的美好梦想息息相通。中国的发展也是世界各国的重要机遇。中国加快推进新型工业化、信息化、城镇化、农业现代化，新的经济增长点将不断涌现，必将为国际和地区伙伴提供更广阔的市场、更充足的资本、更丰富的产品和更宝贵的合作契机。中国在谋求本国发展中促进各国共同发展，在追求本国利益时兼顾他国合理关切，坚持把中国人民利益同各国人民共同利益结合起来，以更加积极的姿态参与国际事务，共同应对全球性挑战，共同破解人类发展难题，倡导人类命运共同体意识，极力促进世界各国相互帮助、协力共进。

习近平指出，“中国这头狮子已经醒了，但这是一只和平的、可亲的、文明的狮子”。[①] 中国是世界和平的建设者，中国梦将为世界带来和平。中国的发展增强了世界和平力量，增加了传递友谊的正能量。随着综合国力的不断增强，中国将进一步发挥负责任大国的作用，做全球发展的贡献者、国际秩序的维护者，承担更多国际责任和义务，为人类和平与发展的崇高事业作出更大贡献。中国始终欢迎世界各国搭乘中国发展的“顺风车”，实现共同发展。中国是负责任的大国，中国越发展，对世界和平与发展就越有利。

经过鸦片战争以来170多年的持续奋斗，中华民族伟大复兴展现出光明的前景。正如习近平指出的：“现在，我们比历史上任何时期都更接近中华民族伟大复兴的目标，比历史上任何时期都更有信心、有能力实现这个目标。”[②] 这个深藏于中国人民心中的民族复兴的目标，充分体现了我们党高度的历史担当和使命追求，为坚持和发展中国特色社会主义注入了崭新内涵。

二　中国特色社会主义进入新时代

在党的十九大报告中，习近平再一次强调，“实现中华民族伟大复兴是近代以来中华民族最伟大的梦想”，中国共产党人将继续“为实现中华民族

① 《习近平在中法建交50周年纪念大会上的讲话（全文）》，新华网，http://www.xinhuanet.com/world/2014-03/28/c_119982956_3.htm。

② 《习近平谈治国理政》第2卷，外文出版社，2017，第57页。

伟大复兴的中国梦不懈奋斗”。① 党的十九大用“八个明确”概括了习近平新时代中国特色社会主义思想的主要内容，提出了新时代坚持和发展中国特色社会主义的14条基本方略。

（一）习近平新时代中国特色社会主义思想的基本依据

中国特色社会主义进入新的发展阶段。党的十八大以来，以习近平同志为核心的党中央以巨大的政治勇气和强烈的责任担当，举旗定向、谋篇布局，迎难而上、开拓进取，科学把握国内外发展大势，顺应实践要求和人民愿望，推动党和国家事业发生历史性变革，取得改革开放和社会主义现代化建设的历史性成就。党的理论创新实现了新飞跃，党的执政方略有重大创新，发展理念有重大转变，发展的环境和条件有重大变化，对发展水平和质量的要求比以往更高。以上种种变革，力度之大、范围之广、效果之显著、影响之深远，在党的历史上、在新中国发展史上、在中华民族发展史上都具有开创性意义。这表明，中国特色社会主义已经进入新的发展阶段，取得重大成就并站到新的历史起点。这个新的发展阶段，从新的历史方位、新的时代坐标来思考来谋划，既同改革开放40多年来的发展一脉相承，又具有与时俱进的新特征。

我国社会主要矛盾发生了新变化。党的十九大提出，我国社会主要矛盾已经由人民日益增长的物质文化需要同落后的社会生产之间的矛盾，转化为人民日益增长的美好生活需要和不平衡不充分的发展之间的矛盾。经过改革开放40多年的努力，我国总体上实现了小康，解决了十几亿人的温饱问题，社会生产力水平显著提高，社会生产能力在很多方面进入世界前列，当前和今后面临的突出问题是发展不平衡不充分。人民美好生活的需要日益广泛，不仅对物质文化生活提出了更高要求，而且在民主、法治、公平、正义、安全、环境等方面的要求日益增长。发展不平衡制约了全国水平的提升，发展不充分标识了发展的任务仍然很重。这已经成为满足人民美好生活需要的主要制约因素。我国社会主要矛盾发生变化，反映了我国发展的实际状况，揭示了制约我国发展的症结所在，指明了解决当代中

① 习近平：《决胜全面建成小康社会　夺取新时代中国特色社会主义伟大胜利——在中国共产党第十九次全国代表大会上的报告》，人民出版社，2017，第13、1页。

国发展问题的根本着力点，对我国未来发展问题的谋篇布局产生广泛而深刻的影响。

党的奋斗目标有了新要求。从党的十九大到党的二十大，是“两个一百年”奋斗目标的历史交汇期，我们既要全面建成小康社会、实现第一个百年奋斗目标，又要乘势而上开启全面建设社会主义现代化国家新征程，向第二个百年奋斗目标进军，使命光荣、责任重大，有必要进一步进行顶层设计和精心谋划。党的十九大综合分析国际国内形势和我国发展条件，对决胜全面建成小康社会提出明确要求，将实现第二个百年奋斗目标分为两个阶段安排。从 2020 年到 2035 年，在全面建成小康社会的基础上再奋斗 15 年，基本实现社会主义现代化；在基本实现现代化的基础上再奋斗 15 年，到 21 世纪中叶把我国建成富强民主文明和谐美丽的社会主义现代化强国。这是新时代中国特色社会主义发展的战略安排，不仅使实现“两个一百年”奋斗目标的路线图、时间表更加清晰，而且意味着原定的我国基本实现现代化的目标将提前 15 年完成，第二个百年奋斗目标则充实提升为把我国建成富强民主文明和谐美丽的社会主义现代化强国。科学认识和把握这一既鼓舞人心又切实可行的奋斗目标、宏伟新蓝图，同样需要从新的历史方位、新的时代坐标来思考来谋划。

国际环境发生了新变化。世界正处于大发展大变革大调整时期，我国发展仍处于重要战略机遇期，前景十分光明，挑战也十分严峻。我国正处在从大国走向强国的关键时期，“树大招风”效应日益显现，外部环境更加复杂，一些国家和国际势力对我们的阻遏、忧惧、施压有所增大，这同样是需要面对的重大问题。现在，我国发展同外部世界的交融性、关联性、互动性不断增强，中国正日益走近世界舞台中央，作出中国特色社会主义进入新时代的判断，也充分考量了国际局势和周边环境的新变化。

总体来说，中国特色社会主义进入了新时代这一重大政治判断，是在科学把握时代趋势和国际局势重大变化，科学把握世情国情党情深刻变化，科学把握实现“两个一百年”奋斗目标历史交汇期已经遇到、将要遇到、可能遇到和难以预料的新情况新问题新矛盾基础上作出的。这一判断，符合中国特色社会主义实际，是改革开放以来我国社会发展进步的必然结果，是我国社会主要矛盾运动的必然结果，更是党的十八大之后全党全国人民推进党和国家事业发生历史性变革的必然结果，也是我们党团结带领全国各族人民开创光明未来的必然要求。

（二）习近平新时代中国特色社会主义思想的主要内涵

1. 继续夺取中国特色社会主义伟大胜利

中国特色社会主义是党和人民90多年来奋斗、创造、积累的根本成就。特别是改革开放以来，我们党带领人民走中国特色社会主义道路，极大激发了中国人民的创造力，极大解放和发展了社会生产力，极大增强了社会活力，极大提升了我国的国际地位，党的面貌、国家的面貌、人民的面貌、军队的面貌、中华民族的面貌发生了前所未有的变化，社会主义在中国展现出强大生命力。邓小平同志在20世纪80年代指出："最终说服不相信社会主义的人要靠我们的发展。如果我们本世纪内达到了小康水平，那就可以使他们清醒一点；到下世纪中叶我们建成中等发达水平的社会主义国家时，就会大进一步地说服他们。"① 在中国特色社会主义新时代，我们党治国理政第一位的任务，就是紧紧围绕坚持和发展中国特色社会主义这个主题，团结带领人民奋力实现"两个一百年"奋斗目标，谱写中国特色社会主义新的伟大篇章，让社会主义在中国展现出更加强大的生命力。

2. 决胜全面建成小康社会，进而全面建设社会主义现代化强国

党的十九大围绕实现"两个一百年"奋斗目标，对经济建设、政治建设、文化建设、社会建设和生态文明建设等提出明确要求，思想含量、政治含量、改革含量都很大，具有很强的战略性、前瞻性、针对性。到2020年如期全面建成小康社会，是我们党向人民、向历史作出的庄严承诺，完成这个目标，今后还有不少难关要过。从现在到2020年，是全面建成小康社会决胜期，决胜就是冲锋号，就是总动员，必须举全党全国之力不懈奋斗。全面建设社会主义现代化强国，是第二个百年奋斗目标，更有不少难关要过。从世界发展史看，已经实现现代化的国家和地区，其现代化大多用了300年时间才逐步完成，而我国要用100年时间走完发达国家几百年走过的现代化路程，这种转变不但速度、规模超乎寻常，广度、深度和难度也超乎寻常。因此，坚忍不拔、锲而不舍地为全面建成小康社会、全面建

① 《邓小平文选》第3卷，人民出版社，1993，第204页。

设社会主义现代化强国而奋斗，是中国特色社会主义新时代的必然要求和历史任务。

3. 逐步实现全体人民共同富裕

人民对美好生活的向往，始终是我们党的奋斗目标。党的十九大把不断创造美好生活、逐步实现全体人民共同富裕作为发展的目标和归宿，体现了以人民为中心的发展思想，体现了我们党全心全意为人民服务的根本宗旨，体现了中国特色社会主义的本质要求。在中国特色社会主义新时代，我们党的重大任务，就是更加关注人民对美好生活新的多样化需求，更加关注社会公平正义，更加注重多谋民生之利、多解民生之忧，着力使全体人民在共建共享发展中有更多获得感，着力使全体人民享有更加幸福安康的生活，着力在实现全体人民共同富裕上不断取得实实在在的新进展。

（三）习近平新时代中国特色社会主义思想的基本方略

坚持和发展中国特色社会主义，总任务是实现社会主义现代化和中华民族伟大复兴，在全面建成小康社会的基础上，分两步走在21世纪中叶建成富强民主文明和谐美丽的社会主义现代化强国。中国特色社会主义事业总体布局是“五位一体”，战略布局是“四个全面”，强调坚定道路自信、理论自信、制度自信、文化自信。统筹推进“五位一体”总体布局、协调推进“四个全面”战略布局，是这一时期推进中国特色社会主义事业的实践载体。

全面深化改革总目标是完善和发展中国特色社会主义制度，推进国家治理体系和治理能力现代化。这是党的十八届三中全会提出来的。这一时期习近平同志着重抓改革落实。他强调，要围绕全面深化改革的总目标，坚决破除利益固化藩篱，坚决清除妨碍社会生产力发展的体制机制障碍，让制度更加成熟定型，让发展更有质量，让治理更有水平，让人民更有获得感。全面推进依法治国总目标是建设中国特色社会主义法治体系、建设社会主义法治国家。这是党的十八届四中全会明确的。习近平同志强调：全面依法治国，最根本的是坚持中国共产党的领导。① 必须把党的领导贯彻落实到

① 《习近平谈治国理政》第2卷，外文出版社，2017，第114页。

依法治国全过程和各方面，坚定不移走中国特色社会主义法治道路。①

党在新时代的强军目标是建设一支听党指挥、能打胜仗、作风优良的人民军队，把人民军队建设成为世界一流军队。这一时期，围绕这一目标，习近平同志坚持党对军队的绝对领导这一建军之本、强军之魂，着重阐述了坚持政治建军、改革强军、科技兴军、依法治军，更加注重聚焦实战，更加注重创新驱动，更加注重体系建设，更加注重集约高效，更加注重军民融合等问题。

中国特色大国外交要推动构建新型国际关系，推动构建人类命运共同体。习近平同志始终坚持统筹国内国际两个大局。这一时期，深刻阐发了始终不渝走和平发展道路、奉行互利共赢的开放战略，坚持正确义利观，树立共同、综合、合作、可持续的新安全观，始终做世界和平的建设者、全球发展的贡献者、国际秩序的维护者等重要思想。

中国特色社会主义最本质的特征是中国共产党领导，中国特色社会主义制度的最大优势是中国共产党领导，党是最高政治领导力量，习近平新时代中国特色社会主义思想提出新时代党的建设总要求，突出政治建设在党的建设中的重要地位。这一时期，全面从严治党成效尤为卓著，理论创新成果十分丰富。习近平同志着重阐述了把党的政治建设摆在首位，思想建党和制度治党同向发力，统筹推进党的各项建设，抓住“关键少数”，坚持民主集中制，严明党的纪律，强化党内监督，发展积极健康的党内政治文化，全面净化党内政治生态，坚决纠正各种不正之风，以零容忍态度惩治腐败，不断增强党自我净化、自我完善、自我革新、自我提高的能力，始终保持党同人民群众的血肉联系等问题。坚持党对一切工作的领导，坚持以人民为中心，坚持全面深化改革，坚持新发展理念，坚持人民当家作主，坚持全面依法治国，坚持社会主义核心价值体系，坚持在发展中保障和改善民生，坚持人与自然和谐共生，坚持总体国家安全观，坚持党对人民军队的绝对领导，坚持“一国两制”和推进祖国统一，坚持推动构建人类命运共同体，坚持全面从严治党。党的十九大报告中的“十四个坚持”，

① 习近平：《决胜全面建成小康社会　夺取新时代中国特色社会主义伟大胜利——在中国共产党第十九次全国代表大会上的报告》，人民出版社，2017，第22页。

回答了新时代坚持和发展什么样的中国特色社会主义、怎样坚持和发展中国特色社会主义这一重大时代课题，为开创中国特色社会主义新局面、创造人民群众更加美好的生活提供了科学理论指导和行动指南，也为促进世界和平与发展事业、构建人类命运共同体贡献了中国智慧。

三　改革只有进行时没有完成时

党的十九大报告指出："只有社会主义才能救中国，只有改革开放才能发展中国、发展社会主义、发展马克思主义。必须坚持和完善中国特色社会主义制度，不断推进国家治理体系和治理能力现代化，坚决破除一切不合时宜的思想观念和体制机制弊端，突破利益固化的藩篱，吸收人类文明有益成果，构建系统完备、科学规范、运行有效的制度体系，充分发挥我国社会主义制度优越性。"①

党的十九大召开，中国特色社会主义进入新时代。习近平在党的十九大报告中指出，坚持全面深化改革，压茬拓展改革的广度和深度，为决胜全面建成小康社会、开启全面建设社会主义现代化国家新征程提供强大动力。

当前我国改革进入攻坚期和深水区，能否坚定信心、凝聚力量、攻坚克难，确保各项改革举措落地生根，直接决定着改革成败。改革继续呈现全面发力、多点突破、纵深推进的生动局面。"时代是出卷人，我们是答卷人，人民是阅卷人。"② 中华民族的伟大复兴必将在改革开放的进程中得以实现。

（一）认清时代任务

"时代是思想之母，实践是理论之源。"③ 每个时代有每个时代的使命任务。党领导人民，从新民主主义革命迈向社会主义革命，再到改革开放的伟大革命，攻克了一个又一个难关，创造了一个又一个人间奇迹。新时代中国特色社会主义，承前启后、继往开来。这样的新时代是在新的历史条

① 习近平：《决胜全面建成小康社会　夺取新时代中国特色社会主义伟大胜利——在中国共产党第十九次全国代表大会上的报告》，人民出版社，2017，第 21 页。

② 《习近平在学习贯彻党的十九大精神研讨班开班式上发表重要讲话强调　以时不我待只争朝夕的精神投入工作　开创新时代中国特色社会主义事业新局面》，《新华每日电讯》2018 年 1 月 6 日。

③ 《习近平谈治国理政》第 2 卷，外文出版社，2017，第 34 页。

件下继续夺取中国特色社会主义伟大胜利的时代；是决胜全面建成小康社会，进而全面建设社会主义现代化强国的时代；是全国各族人民团结奋斗，不断创造美好生活，逐步实现全体人民共同富裕的时代；是全体中华儿女勠力同心，奋力实现中华民族伟大复兴中国梦的时代；是我国日益走近世界舞台中央，不断为人类作出更大贡献的时代。① 中国特色社会主义进入新时代，使中国的发展站到一个更高层级的历史方位上，全方位诠释了“时代是出卷人”的深刻含义。

（二）完成历史使命

新时代的主题就是为中国人民谋幸福、为中华民族谋复兴。这正是中国共产党人的初心和使命。“道虽迩，不行不至；事虽小，不为不成。”中国特色社会主义进入新时代，我们党一定要有新气象新作为。从党的十九大到二十大的五年，正处在实现“两个一百年”奋斗目标的历史交汇期，第一个百年目标要实现，第二个百年奋斗目标要开篇。办好中国的事情，关键在党，关键在人。必须进行伟大斗争，建设伟大工程，推进伟大事业。善于聆听时代声音，勇于坚持真理、修正错误。“不断认识规律，不断推进理论创新、实践创新、制度创新、文化创新以及其他各方面创新。”② 不要忘记我们是共产党人，我们是革命者，不要丧失了革命精神，不负这个新时代，才能理解好“我们是答卷人”的深刻含义。

（三）接受人民检验

党的十九大报告指出必须坚持以人民为中心的发展思想，不断促进人的全面发展、全体人民共同富裕。人民对美好生活的向往是中国共产党的奋斗目标，人民也是新时代中国特色社会主义各项事业的主角。要把人民群众的安危冷暖时刻放在心上，以造福人民为最大政绩，想群众之所想，急群众之所急，让人民生活更加幸福美满。要树立以人民为中心的工作导向，增强使命感和责任感，把为人民造福的事情真正办好办实。始终坚持以人民为中心，深深扎根于人民之中，在人民群众中汲取前行的动力，才

① 习近平：《决胜全面建成小康社会　夺取新时代中国特色社会主义伟大胜利——在中国共产党第十九次全国代表大会上的报告》，人民出版社，2017，第10~11页。

② 习近平：《决胜全面建成小康社会　夺取新时代中国特色社会主义伟大胜利——在中国共产党第十九次全国代表大会上的报告》，人民出版社，2017，第26页。

能理解好“人民是阅卷人”的深刻含义。

1978~2018年，改革开放已走过40年。“本体论追求的真实意义就在于，它启发人类在理想与现实、终极的指向性与历史的确定性之间，既永远保持一种必要的张力，又不断打破这种微妙的平衡，从而使人类在自己的全部活动中保持生机勃勃的求真意识、向善意识和审美意识，永远敞开自我批判和自我超越的空间。”① 回首40年走过的路，我们攻克了一个又一个看似不可攻克的难关，我们取得了一个又一个彪炳史册的人间奇迹。然而昨天的成功不代表今后能够永远成功，过去的辉煌并不意味着未来可以永远辉煌。历史和现实都告诉我们，一场社会革命要取得最终胜利，往往需要一个漫长的历史过程。2018年是全面贯彻党的十九大精神的开局之年，是决胜全面建成小康社会、实施“十三五”规划承上启下的关键一年。共产党人决不因胜利而骄傲，决不因成就而懈怠，决不因困难而退缩，将继续掌舵领航，乘改革发展的浩荡东风，与全国各族人民同心协力，使中华民族伟大复兴的巨轮抵达光辉的彼岸！

① 孙正聿：《哲学通论》，复旦大学出版社，2015，第148页。

第二章　中国特色社会主义的认识论

“没有认识论的本体论为无效”，是近代认识论哲学的立足点和出发点。“周围的感性世界决不是某种开天辟地以来就直接存在的、始终如一的东西，而是工业和社会状况的产物，是历史的产物，是世世代代活动的结果。”[①] 近百年前，南湖红船点燃的星星之火，形成了中国革命的燎原之势，使四海翻腾，五岳震荡，从此历史和人民选择了中国共产党；70年前，中国共产党带领人民建立了人民当家作主的共和国，人民幸福、民族复兴有了坚如磐石的制度基础。正如习近平同志指出的：“当代中国的伟大社会变革，不是简单延续我国历史文化的母版，不是简单套用马克思主义经典作家设想的模板，不是其他国家社会主义实践的再版，也不是国外现代化发展的翻版。”[②] 世界各个国家和地区，不论其历史传统、社会制度、发展水平如何，都不可避免地、或早或晚地走上现代化道路。但现代化之路往哪个方向走、如何走，却有很大不同。可以说，中国共产党人超越了西方的现代化模式，在立足中国现实国情和历史传统的基础上，充分汲取世界其他国家现代化道路的发展经验，开辟了一条以民族复兴为目标的社会主义现代化道路，转劣势为优势，不断进取超越。而中国特色社会主义认识论的问题，就是不断探索发现真理的问题。

第一节　中国特色社会主义不是简单延续我国历史文化的母版

习近平指出，我们走自己的路，具有无比广阔的舞台，具有无比深厚

① 《马克思恩格斯文集》第1卷，人民出版社，2009，第528页。

② 习近平：《在哲学社会科学工作座谈会上的讲话》，人民出版社，2016，第21页。

的历史底蕴，具有无比强大的前进定力。[①] 正如毛泽东 1944 年所说："我们中国人必须用我们自己的头脑进行思考，并决定什么东西能在我们自己的土壤里生长起来。"[②]

一 中国特色社会主义是对传统文化的创造性转化

习近平指出："研究孔子和儒家思想要坚持历史唯物主义立场，坚持古为今用，去粗取精，去伪存真，因势利导，深化研究，使其在新的时代条件下发挥积极作用。"[③] "对历史文化特别是先人传承下来的价值理念和道德规范，要坚持古为今用、推陈出新，有鉴别地加以对待，有扬弃地予以继承。"[④] 绵延不绝的中华传统文化，在数千年积淀传承中，发挥了无可替代而又令人惊叹的历史作用。习近平指出，不忘历史才能开辟未来，善于继承才能善于创新。要善于把弘扬优秀传统文化和发展现实文化有机统一起来，紧密结合起来，在继承中发展，在发展中继承。延续中华文化血脉并从历史传统中获取精神养料，唯一的选择也是正确的态度，就是实现中华传统文化的创造性转化。

创造性转化既是中华传统文化数千年传承延续内在规律的现代彰显，也是它历经抗争磨难之后寻求新的作为的真切呼唤，更是当代中国语境下民族复兴伟业对中华传统文化释放能量、发挥作用的客观要求与现实需要，亦是承载民族复兴伟业的执政党和人民大众面对历史文化传统必然怀有的主体使命和责任担当。从现实需要看，大到民族复兴和中国特色社会主义事业发展，小到和谐人际关系构建和个人健康成长，都有传统的因素参与其中，都与中华传统文化有着千丝万缕的联系。马克思所讲的旧中国的社会体制犹如"木乃伊"一样解体了，但其思想文化却并不随之消失。传统与现在、未来一脉相承，历史上已经消亡而未曾流传下来的东西只能进入历史学家的视野，唯有传承至今并存在于我们生活中的历史文化才被称为

---

① 《习近平谈治国理政》第 2 卷，外文出版社，2017，第 339 页。

② 《毛泽东文集》第 3 卷，人民出版社，1996，第 192 页。

③ 《习近平考察曲阜孔院：研究孔子要坚持历史唯物主义立场》，人民网，http://culture.people.com.cn/n/2013/1127/c22219－23666312.html。

④ 《习近平谈治国理政》，外文出版社，2014，第 164 页。

传统而被赋予应有的价值。也正是在这种意义上，我们才说文化既是历史的也是当代的，文化积淀着民族最深层的精神追求，代表着民族独特的精神标识。当代中国正满怀信心地全面建成小康社会、实现社会主义现代化，其中既包括文化小康、文化现代化的内容，也需要强大文化的力量支撑和精神保障。而全面建成小康社会和实现社会主义现代化，又恰是完成古老中国对未来美好生活的憧憬，完成近代以来民族独立、国家强盛的孜孜追求。这就把我们当前的事业与作为源流的历史文化紧密联系在一起，把现实文化建设与传统文化服务于现实需要紧密联系在一起。而说到现实文化建设及其任务要求，我们必须看到：一方面，现实文化建设需要传统文化的支持参与，需要将中华传统文化的精华成分、积极因素吸纳其中，使之转化提升为适应新要求新任务的新内容与新形式；另一方面，我们重视传统文化及其当代价值，却又不能将其奉为圭臬，不能躺在过去的功劳簿上。正如毛泽东所说："中华民族的新政治和新经济，乃是中华民族的新文化的根据。"①

创造性转化是指中华传统文化的现代转型，包括在理念上、内容上、表达上、形式上等各层面的转型。"传统文化在其形成和发展过程中，不可避免会受到当时人们的认识水平、时代条件、社会制度的局限性的制约和影响，因而也不可避免会存在陈旧过时或已成为糟粕性的东西。这就要求人们在学习、研究、应用传统文化时坚持古为今用、推陈出新，结合新的实践和时代要求进行正确取舍，而不能一股脑儿都拿到今天来照套照用。要坚持古为今用、以古鉴今，坚持有鉴别的对待、有扬弃的继承，而不能搞厚古薄今、以古非今。"② 以"现实"为尺度，按照当今时代要求、现实社会标准、当代中国人思维进行转化，符合现代社会发展的需求，符合人民群众的需求，达到为今天所用、为现实所用。不是简单搬运移植过来，必须具有新生新造之韵，体现为新蕴含新样式。实现创造性转化旨在实现对中华传统文化的提升超越，重在阐发立足现实并解决当今时代问题的创

① 《毛泽东选集》第2卷，人民出版社，1991，第664页。

② 习近平：《在纪念孔子诞辰2565周年国际学术研讨会暨国际儒学联合会第五届会员大会开幕会上的讲话》，人民出版社，2014，第11页。

新内容。从传统文化思想基地出发，充分尊重而不是背离传统文化思维主线和思维特征，紧扣时代需求与民众意愿去创新发展，从传统文化中汲取思想养料，在现实条件下致力于文化提升和思想超越。中国特色社会主义本体是“中华传统文化”，目标是“转化”，要求是“创造性”，追求是“发展”，根本特征是“创新”，重在提炼出融入现代社会形态的新内容。

中国特色社会主义对传统文化的创造性转化，是一种实践要求和实践行为，需要我们积极进行探索。唯有在行动与实践探索中，我们才能够让传统文化中的丰富政治智慧，服务于执政党治国理政实践。对待传统文化要做到以下几点。一是充分尊重传统、自觉礼敬、实事求是地整理挖掘，“不忘本来才能开辟未来，善于继承才能更好创新”①。二是科学辨析精华糟粕，区别优劣得失，既要看历史作用又要从当下需要分析，以确认哪些应当保留传承，哪些必须改造调整甚至抛弃。三是立足现实发挥作用，服务于当前经济社会发展和思想文化建设，运用传统不能食古不化，更不能作茧自缚。四是转化再造丰富发展，把承继精神与改造形式有机结合，借鉴吸收有益文化成分，赋予新的时代内涵。五是坚决抵制极端思潮，特别是无视历史文化传统的虚无主义和唯传统至尊的复古主义，还要注意克服在市场经济条件下的功利主义倾向，防止转化创新过程中的形式主义，等等。力求传统文化在转化的过程中实现创造性、创新性发展，使之与现实文化顺利接轨融通。

二　中国特色社会主义尊重和维护世界文明多样性

（一）尊重世界文明多样性

“物之不齐，物之情也。”② 和而不同是一切事物发生发展的规律。习近平指出：“文明是多彩的，人类文明因多样才有交流互鉴的价值。”③ 多样化是人类文明的根本特征，是人类社会发展的根本动力，人类社会因为多样化才生生不息、绵延不绝。人类文明在多样性和差异性的辩证运动中向前

① 《习近平谈治国理政》，外文出版社，2014，第164页。

② 转引自《习近平谈治国理政》第2卷，外文出版社，2017，第286页。

③ 《习近平谈治国理政》，外文出版社，2014，第258页。

推进是历史发展的客观规律。世界各国由于各自发展的自然环境、历史条件、价值观念、民族习惯、制度体系存在差异，在各自社会发展和历史演进过程中，形成了具有自己民族特征的个性鲜明的文明样式。世界万物本是包罗万象、异彩纷呈的，世界文明的本色也如四时之景，各不相同。每一个国家和民族的文明都扎根于本国习俗的土壤之中，都有自己的美。民族差异抹杀了，发展也就停止了。我们应该维护各国各民族文明的多样性，加强相互交流、相互学习、相互借鉴，让世界文明之园万紫千红，永葆盎然生机。

丰富多彩的人类文明都有自己存在的价值。历史发展的必然结果造成了不同的国家和民族在发展道路、历史传统、社会制度、价值观念、宗教信仰和文化背景等方面都存在差异。同时要求我们理性对待本国文明与其他文明的差异，以包容的心态充分认识和理解各国各民族文明的独特性，坚持求同存异、取长补短，而不是对其他文明进行排斥和贬低，更不要意图去改造或同化，甚至以自己的文明取而代之。各个国家、各个民族都为人类文明的发展作出了贡献，不同文明可以并行不悖地发展，并在发展中实现相互交流、影响、吸收、融合。每种文明都会从其他文明中汲取养分，同时也给其他文明以不同程度的影响，丰富别人的同时也发展自己，从而使世界民族之林更加繁茂。

（二）正确进行文明学习借鉴

习近平指出：“文明是包容的，人类文明因包容才有交流互鉴的动力。”① 每一种文明都有其自身不可替代的独特之美，每一种文明的发展成果都值得世人敬重，每一种文明的智慧结晶都值得珍惜。“无论是古代的中华文明、希腊文明、罗马文明、埃及文明、两河文明、印度文明等，还是现在的亚洲文明、非洲文明、欧洲文明、美洲文明、大洋洲文明等，我们都应该采取学习借鉴的态度，都应该积极吸纳其中的有益成分，使人类创造的一切文明中的优秀文化基因与当代文化相适应、与现代社会相协调，把跨越时空、超越国度、富有永恒魅力、具有当代价值的优秀文化精神弘

① 《习近平谈治国理政》，外文出版社，2014，第259页。

扬起来。”[①] 21世纪在由不同文化、种族、肤色、宗教和不同社会制度组成的人类世界里，每一种文明都是本国人民劳动和智慧的结晶。各国人民在交流和发展中逐步形成你中有我、我中有你的命运共同体，这种趋势既是人类文明发展的成果，也是人类文明发展的坚实基础。只有交流互鉴，一种文明才能充满生命力。只要秉持包容精神，文明冲突就可以化解，文明和谐就可以实现。不同国家的社会制度、意识形态各有不同，只有相互尊重、和谐共处、交流互鉴，才能形成一个多彩世界。

“文明因交流而多彩，文明因互鉴而丰富。”[②] “独学而无友，则孤陋而寡闻。”随着经济全球化步伐加快，信息科技发展日新月异，不同文明之间相互交流、相互借鉴的途径日益广阔。各国文明走向世界的交流日趋活跃。文化对国际关系的影响日益加大，文化软实力作为新的竞争手段在综合国力中的重要性日益增强。在此基础上，以平等开放的精神维护文明多样性，加强不同文明对话和交流，尊重世界文明多样性，共同促进人类文明繁荣进步，就显得尤为迫切。加强不同文明间交流和对话，增进彼此了解、信任，对人类社会创造的各种文明，在坚持从本国本民族实际出发，坚持取长补短、择善而从的基础上相互学习借鉴，应尊重各国自主选择社会制度和发展道路的权利，不同文明间对话有助于增进各国人民之间的相互理解和信任，协力构建多种文明兼容并蓄的和谐世界。

三 中国特色社会主义着力构建中国特色哲学社会科学体系

“百里不同风，千里不同俗。”[③] 这就决定了不同国家的哲学社会科学具有较强的差异性和特殊性，以某个国家或地区为研究对象而形成的理论，并不一定完全适用于另一个国家或地区。我国与西方国家在社会发展阶段、文化习俗、民族性格和心理等方面都不相同，简单套用西方的理论和方法研究我国的经济、社会和文化，难免会出现削足适履的问题。与此同时，

---

① 习近平：《在纪念孔子诞辰2565周年国际学术研讨会暨国际儒学联合会第五届会员大会开幕会上的讲话》，人民出版社，2014，第10页。

② 习近平：《在纪念孔子诞辰2565周年国际学术研讨会暨国际儒学联合会第五届会员大会开幕会上的讲话》，人民出版社，2014，第9~10页。

③ 《习近平关于全面深化改革论述摘编》，中央文献出版社，2014，第21页。

西方哲学社会科学的许多理论仍停留在假设阶段，是否具有解释力仍需经过实践的检验。改革开放40多年来，我国经济社会发生了翻天覆地的变化，这很难用西方那一套学术理论来解释。实践呼唤中国特色哲学社会科学的大发展大繁荣。

（一）构建中国特色哲学社会科学坚持马克思主义指导思想

“构建中国特色哲学社会科学是一个系统工程，是一项极其繁重的任务，要加强顶层设计，统筹各方面力量协同推进。”① 坚持以马克思主义为指导，是中国特色社会主义哲学社会科学最鲜明的特色。从宏观上说，坚持以马克思主义为指导，具有鲜明的政治色彩和意识形态属性。这就要求我们必须自觉用马克思主义理论武装头脑，结合理论指导与创新精神，将政治方向、价值取向和学术导向相统一，融合政治于学术研究之中，以马克思主义原理为理论之先导，坚持马克思主义大方向在一切科研活动的导向之中。

习近平指出：“我国哲学社会科学为谁著书、为谁立说，是为少数人服务还是为绝大多数人服务，是必须搞清楚的问题。世界上没有纯而又纯的哲学社会科学。”② 哲学社会科学就其本身来说，具有鲜明的意识形态性质，观察世界、解释世界的立场、观点、方法贯穿始终。马克思主义是经历史检验的真理，更是我们立党立国的指导思想，在我国哲学社会科学体系中具有根本指导地位。正如毛泽东指出：“在阶级存在的条件之下，有多少阶级就有多少主义，甚至一个阶级的各集团中还各有各的主义。”③ 中国特色哲学社会科学的研究必须坚持马克思主义的指导，才能始终秉承为人民群众服务的宗旨，迈进为中华民族伟大复兴的根本目标，始终坚持正确的政治方向，从而实现主观和客观相统一、理论和实践相统一。从这个意义上说，坚持以马克思主义为指导，是我国哲学社会科学坚持中国特色的根本标志。

坚持创新，与时俱进。马克思主义具有与时俱进的理论品质。马克思

① 《习近平谈治国理政》第2卷，外文出版社，2017，第346页。

② 习近平：《在哲学社会科学工作座谈会上的讲话》，人民出版社，2016，第12页。

③ 《毛泽东选集》第2卷，人民出版社，1991，第687页。

主义在与中国革命、改革和发展实践相结合的过程中，完成了两次飞跃，形成了毛泽东思想、邓小平理论等一系列重大战略思想。中国特色社会主义进入新时代，是马克思主义理论与中国建设相结合的第三次飞跃。当前的哲学社会科学工作者的任务是研究、阐释、宣传习近平新时代中国特色社会主义思想这个当代中国最鲜活的马克思主义，深入研究蕴藏于其中的新思想、新理念、新方法，以习近平总书记系列重要讲话精神武装头脑、指导实践、推动工作。中国特色哲学社会科学不仅要坚持马克思主义基本原理，而且要随着时代的发展不断创新，深入推进马克思主义中国化、时代化、大众化，讲好当代中国时代背景下的马克思主义。

坚持以时下重大理论和现实问题为重点方向。习近平指出："坚持以马克思主义为指导，必须落到研究我国发展和我们党执政面临的重大理论和实践问题上来，落到提出解决问题的正确思路和有效办法上来。"[①] 哲学社会科学研究要具有时代性，就要密切关注世情、国情、党情的新变化，聚焦时代问题和实践问题，聚焦党和国家发展面临的一系列亟待解决的问题，发时代之先声。一些重大的具有全局性、前瞻性、战略性的问题本身就是社会关注的热点难点问题，因此，中国特色社会主义哲学社会科学研究应建立在对改革开放和社会主义现代化建设实践经验的总结及对党执政规律、社会主义建设规律、人类社会发展规律分析研究的基础上，及时发现重要思想理论动态，不断针对新问题提出新观点，不断通过解决重大理论和现实问题而发展前进。从这个意义上说，坚持以马克思主义为指导，要始终坚持以重大理论和现实问题为主攻方向。

（二）构建中国特色哲学社会科学的鲜明特色

习近平指出，中国特色哲学社会科学应"按照立足中国、借鉴国外，挖掘历史、把握当代，关怀人类、面向未来的思路，在指导思想、学科体系、学术体系、话语体系等方面充分体现中国特色、中国风格、中国气派"。[②] 概括说来，构建中国特色哲学社会科学要重点把握两个方面，即传统与创新、具体与全面。

---

① 习近平：《在哲学社会科学工作座谈会上的讲话》，人民出版社，2016，第14页。

② 《习近平谈治国理政》第2卷，外文出版社，2017，第338页。

传统与创新相结合，就要善于利用和融合古今中外各种文化资源，处理好马克思主义资源、中华优秀传统文化资源、国外哲学社会科学资源三者的关系，坚持古为今用、洋为中用，不断推进知识创新、理论创新、方法创新。既要加强对中华优秀传统文化的挖掘，使中华民族的文化基因与当代文化发展相适应，又要从改革发展的实践中挖掘新材料、发现新问题、提出新观点，构建具有民族特点的学科体系、学术体系、话语体系，从而推动中华文明创造性转化、创新性发展，让中华文明融于世界文明百花园中，为人类发展建设提供正确精神指引。坚持不忘本来、吸收外来、面向未来，坚定文化自信，提出体现中国立场、中国智慧、中国价值的理念、主张、方案。

具体与全面相结合，就要善于在学科体系建设上突出优势、补齐短板、完善体系。加快构建中国特色哲学社会科学，是历史赋予的时代重任。一个国家一个民族哲学社会科学的学科特色、风格、气派，是发展到一定阶段的产物，既是科学成熟的标志，也是实力的彰显，更是文化自信的体现。中国特色哲学社会科学，应该是一个全方位、宽领域的哲学社会科学体系。既有健全扎实的基础学科，又有优势突出的重点学科，在学科建设中既具体又全面，新兴学科有创新，冷门学科有传承，基础研究和应用研究相辅相成，学术研究和成果应用相互促进，构建完备的学科体系，并加强话语体系建设，从而在不断推进的理论创造、学术繁荣中激发前进动力、引领时代进步，在解读中国实践发展、构建中国理论建设上赢得更多话语权，从而更好地展现中国特色、中国风格、中国气派。

第二节　中国特色社会主义不是简单套用马克思主义经典作家设想的模板

中国特色社会主义制度是中华民族伟大复兴的制度保障，是中国特色社会主义道路和中国特色社会主义理论体系在实践中得以落实的制度依托。改革开放 40 多年来，我国经济社会发展取得巨大成就，有效应对了各种突如其来的自然灾害和国际金融危机、政治风波，同世界上一些国家乱象频生形成鲜明对比。党的十八大以来，以习近平同志为核心的党中央肩负民族复兴的重任，把握时代使命，致力于推动中国特色社会主义制度建设更加完备和成熟，不断发掘中国自身的制度优势和制度潜力，增强制度自信。中国特色社会主义具有深厚的马克思主义理论底蕴，闪耀着马克思主义的光辉，并随着时代的推进不断展现出旺盛的生命力。

一　中国特色社会主义坚持了科学社会主义基本原则

（一）中国特色社会主义贯穿着马克思主义立场

19 世纪中叶马克思恩格斯创建科学社会主义，通过对生产方式的分析，揭示了生产力在社会历史发展中的决定作用，以及生产力与生产关系的辩证运动，从而将社会历史看成自然的历史过程。唯物史观和剩余价值学说奠定了科学社会主义的基石。1848 年发表的《共产党宣言》，确立了科学社会主义理论。而此后的 170 多年，科学社会主义从理论到实践，从“游荡”在欧洲的“幽灵”到波澜壮阔的无产阶级革命运动，从一国社会主义胜利到多国社会主义胜利，中外历史上还没有哪一种学术思想能够爆发出如此惊天动地的强大推力，产生如此狂飙突进的历史巨变。

马克思、恩格斯始终从工人阶级的根本利益出发，始终为工人运动而呐喊，呼吁全世界的无产者联合起来，实现从必然王国到自由王国的飞跃。党的十九大报告指出：“中国共产党人的初心和使命，就是为中国人民谋幸福，为中华民族谋复兴。这个初心和使命是激励中国共产党人不断前进的根本动力。全党同志一定要永远与人民同呼吸、共命运、心连心，永远把人民对美好生活的向往作为奋斗目标，以永不懈怠的精神状态和一往无前的奋斗姿态，继续朝着实现中华民族伟大复兴的宏伟目标奋勇前进。”① 这集中体现了中国共产党坚持人民至上、人民利益高于一切的价值追求，同马克思、恩格斯的立场是完全一致的。具体体现在：在经济建设上，坚持公有制为主体、多种所有制经济共同发展，大力解放和发展社会生产力，朝着共同富裕方向稳步前进；在政治建设上，坚持党的领导、人民当家作主、依法治国有机统一，从各层次各领域扩大人民有序政治参与；在文化

① 习近平：《决胜全面建成小康社会　夺取新时代中国特色社会主义伟大胜利——在中国共产党第十九次全国代表大会上的报告》，人民出版社，2017，第 1 页。

建设上，坚持社会主义先进文化前进方向，用社会主义核心价值观引领多样化社会思潮，以服务人民、促进人的全面发展为导向；在社会建设上，坚持把保障和改善民生作为出发点和落脚点，以增进人民福祉、促进社会公平正义为己任；在生态文明建设上，加快生态文明体制改革，大力建设美丽中国，努力实现人与自然和谐共生的现代化。

（二）中国特色社会主义贯穿着马克思主义精髓

首先，中国特色社会主义制度的确立符合马克思主义关于人类社会发展规律及历史趋势的基本观点。“一切社会变迁和政治变革的终极原因，不应当到人们的头脑中，到人们对永恒的真理和正义的日益增进的认识中去寻找，而应当到生产方式和交换方式的变更中去寻找。”① 马克思恩格斯认为，人类社会的历史是由从事实践活动的人创造的，“各种交往形式的联系就在于：已成为桎梏的旧交往形式被适应于比较发达的生产力，因而也适应于进步的个人自主活动方式的新交往形式所代替；新的交往形式又会成为桎梏，然后又为另一种交往形式所代替”②。整个人类历史发展是在生产力与生产关系、经济基础与上层建筑的矛盾运动中进行的，是这一社会基本矛盾运动规律发生作用的必然结果。在社会主义初级阶段，我们党一以贯之坚持和发展中国特色社会主义，而党的最高理想和最终目标是实现共产主义。

其次，中国特色社会主义制度的发展符合马克思主义关于生产活动是人类社会存在和发展的根本前提的观点。“一定的社会关系同麻布、亚麻等一样，也是人们生产出来的。社会关系和生产力密切相联。随着新生产力的获得，人们改变自己的生产方式，随着生产方式即谋生的方式的改变，人们也就会改变自己的一切社会关系。手推磨产生的是封建主的社会，蒸汽磨产生的是工业资本家的社会。”③ “社会制度中的任何变化，所有制关系中的每一次变革，都是产生了同旧的所有制关系不再相适应的新的生产力的必然结果。”④ 中国特色社会主义制度是围绕解放和发展生产力这一根本

① 《马克思恩格斯文集》第 3 卷，人民出版社，2009，第 547 页。

② 《马克思恩格斯文集》第 1 卷，人民出版社，2009，第 575 ~ 576 页。

③ 《马克思恩格斯文集》第 1 卷，人民出版社，2009，第 602 页。

④ 《马克思恩格斯文集》第 1 卷，人民出版社，2009，第 684 页。

任务确立和发展起来的。

最后，中国特色社会主义制度的完善体现了马克思主义关于社会主义经济、政治、文化、社会、生态文明协调发展的观点。“政治、法、哲学、宗教、文学、艺术等等的发展是以经济发展为基础的。但是，它们又都互相作用并对经济基础发生作用。”① 改革开放以来，我们推进社会主义制度自我完善和发展，在经济、政治、文化、社会、生态文明等各个领域形成了一整套相互衔接、相互联系的制度体系。

（三）中国特色社会主义贯穿着马克思主义方法论

马克思主义揭示了社会主义、共产主义必然要代替资本主义的历史规律，指出了历史发展的前进方向和终极目标，对未来社会的组织和运作也曾提出过若干预测和设想。但是，马克思主义具有与时俱进的理论品质。马克思、恩格斯历来认为不同的国家和地域在实行社会主义时都必须以那个时代的时间、地点和条件为转移，一切从实际出发。马克思历来反对把他的学说看成“刻板的正统”，即教条化。中国特色社会主义坚持社会主义基本制度、科学社会主义基本原则和马克思主义的基本立场，但是从中国的实际出发，尤其是从社会主义初级阶段这个最大的实际出发，扬弃了某些误判为一成不变的所谓传统的社会主义模式，如高度集中的计划经济体制、纯而又纯的公有制、单一的分配制度等，创造性地建立了中国特色的经济、政治、社会、文化制度，是中国共产党人始终坚持实事求是、群众路线、独立自主的马克思主义思想方法和工作方法的具体表现。

中国特色社会主义是马克思主义的中国化，符合中国的国情，所以它一经问世，就能产生改天换地的巨大力量，推动我国迅速发展，成为世人称羡的“中国奇迹”。我们党清醒认识和正确把握我国仍处于并将长期处于社会主义初级阶段、生产力还不够发达这个实际，坚持从人民利益出发，实事求是，通过改革来坚持、完善和发展中国特色社会主义制度；坚持全心全意为人民服务，尊重人民群众的首创精神，充分调动全体人民的积极性、主动性、创造性，使中国特色社会主义制度得到人民群众的真心支持和拥护；坚持独立自主，坚定不移走自己的路，坚持中国的事情必须由中

---

① 《马克思恩格斯文集》第 10 卷，人民出版社，2009，第 668 页。

国人民自己作主、自己来处理，以强大的政治定力夯实中国特色社会主义制度立于不败之地的根基。党的十八大以来，以习近平同志为核心的党中央围绕实现中华民族伟大复兴的中国梦，全面推进具有许多新的历史特点的伟大斗争、党的建设新的伟大工程和中国特色社会主义伟大事业，创立了习近平新时代中国特色社会主义思想，继续完善和发展中国特色社会主义制度，谱写了马克思主义中国化新篇章。正如习总书记所说："中国共产党领导中国人民取得的伟大胜利……使具有500年历史的社会主义主张在世界上人口最多的国家成功开辟出具有高度现实性和可行性的正确道路，让科学社会主义在21世纪焕发出新的蓬勃生机。"①

二　中国特色社会主义具有鲜明的中国特色

（一）中国特色社会主义坚持"五位一体"

习近平总书记指出："中国特色社会主义特就特在其道路、理论体系、制度上，特就特在其实现途径、行动指南、根本保障的内在联系上，特就特在这三者统一于中国特色社会主义伟大实践上。"② 中国特色社会主义是实践、理论、制度三者统一于中国特色社会主义伟大实践中，既把实践中已见成效的方针政策及时上升为党和国家的制度，又以正确的理论指导新的实践，由此形成了中国特色社会主义道路、理论体系、制度。在当代中国，坚持和发展中国特色社会主义，就是真正坚持社会主义。中国特色社会主义道路是实现途径，中国特色社会主义理论体系是行动指南，中国特色社会主义制度是根本保障。三者相统一构成中国特色社会主义的最鲜明特色。

中国特色社会主义道路，是实现我国社会主义现代化的必由之路。中国特色社会主义道路，始终坚持以经济建设为中心，全面推进经济建设、政治建设、文化建设、社会建设、生态文明建设五位一体。坚持四项基本原则，坚持改革开放，并始终坚持社会主义本质，不断解放和发展社会生产力，并以实现全体人民共同富裕为目标。中国特色社会主义道路建立在

① 习近平：《在庆祝中国共产党成立95周年大会上的讲话》，人民出版社，2016，第4页。

② 《习近平谈治国理政》，外文出版社，2014，第9页。

中国人民不断探索的基础之上，具有独创性，是一条能够引领中国进步、实现人民福祉，为人民创造美好生活的必由之路。

中国特色社会主义理论体系，是真正的马克思主义。包括邓小平理论、“三个代表”重要思想、科学发展观以及习近平新时代中国特色社会主义思想。这一理论体系是马克思主义基本原理同中国实践相结合的产物，所以是根植于中国土壤、符合中国国情的当代中国马克思主义。中国特色社会主义理论体系一定要以我国改革开放和现代化建设中的实际问题为中心，着眼于马克思主义理论的实际运用，着眼于对实际问题的探索思考，着眼于新的实践和新的发展，不断创新，不断完善。

中国特色社会主义制度，既坚持了社会主义的根本性质，又借鉴了古今中外制度建设的有益成果，符合我国国情。坚持把我国根本政治制度、基本政治制度同经济制度以及各方面具体制度有机结合起来，坚持把国家层面民主制度同基层民主制度有机结合起来，坚持把党的领导、人民当家作主、依法治国有机结合起来，彰显了中国特色社会主义的特点和优势，是中国发展进步的根本制度保障。

中国特色社会主义制度不是一成不变的，也是要在改革实践的浪潮中不断前进，不断修正。正如习近平在省部级主要领导干部学习贯彻党的十八届三中全会精神全面深化改革专题研讨班上指出：“邓小平同志在南方谈话中说：‘恐怕再有三十年的时间，我们才会在各方面形成一整套更加成熟、更加定型的制度。在这个制度下的方针、政策，也将更加定型化。’”[①] 这就要求我们坚持实践基础上的理论创新，并以此推动制度创新，坚持和完善现有制度，一切从实际出发，构建系统完备、科学规范、运行有效的制度体系，使各方面制度更加成熟定型，为夺取新时代中国特色社会主义伟大胜利提供更加有效的制度保障。

（二）中国特色社会主义鲜明特征是共产党的领导

“令之不行，政之不立。”党政军民学，东西南北中，党是领导一切的。

党的十九大报告在阐述习近平新时代中国特色社会主义思想的“八个

① 《习近平在省部级主要领导干部学习贯彻党的十八届三中全会精神全面深化改革专题研讨班上的讲话》，2014 年 2 月 17 日。

明确”时指出：中国特色社会主义最本质的特征是中国共产党领导。[①] 深刻认识和理解这一论断的科学含义，对于把握习近平新时代中国特色社会主义思想的基本内涵、更好地坚持党的领导、推进中国特色社会主义伟大事业，具有重要的理论和实践价值。

1. 党的领导是当代中国最大的国情

习近平指出："中国最大的国情就是中国共产党的领导。什么是中国特色？这就是中国特色。中国共产党领导的制度是我们自己的，不是从哪里克隆来的，也不是亦步亦趋效仿别人的。"[②] 中国共产党的领导是中国特色社会主义不变色、不变质的根本保证。90 多年来，中国共产党在革命和建设中，坚持把马克思主义与中国国情相结合，带领全国人民攻克一个又一个难关，夺取一个又一个伟大胜利，开辟了中国特色社会主义道路，形成了中国特色社会主义理论体系，确立了中国特色社会主义制度。

中国共产党的领导直接决定和体现了中国特色社会主义的性质。中国特色社会主义的道路、理论体系和制度，都体现了党的领导：中国特色社会主义道路是党领导人民开创的，中国特色社会主义理论体系是党的指导思想和行动纲领，中国特色社会主义制度的发展完善都是在党的领导下进行的。中国特色社会主义尽管在政治、经济、文化、社会、生态文明等各个领域有很多特点和特征，但最本质的特征是党的领导。新时代背景下，党的领导依然是我国政治稳定、经济发展、民族团结、社会和谐的根本保证，是中国社会稳定的最大压舱石，直接关系到“两个一百年”奋斗目标和中华民族伟大复兴目标的实现。

历史和现实都告诉我们，正是有了党的坚强领导，有了党的正确引领，中国人民从根本上改变了自己的命运。中国特色社会主义是近代以来中国人民作出的历史性选择，是中国共产党领导人民历尽千辛万苦、付出巨大牺牲取得的根本成就。没有共产党，就不能坚持和发展中国特色社会主义。中国发展取得的举世瞩目的伟大成就、中华民族伟大复兴的光明前景都离

① 习近平：《决胜全面建成小康社会　夺取新时代中国特色社会主义伟大胜利——在中国共产党第十九次全国代表大会上的报告》，人民出版社，2017，第 19～20 页。

② 习近平：《党的领导是中国特色社会主义最本质特征》，求是网，http://www.qstheory.cn/defense/2017－12/11/c_1122093922.htm。

不开党的领导。

2. 党的领导是中国特色社会主义制度的成功因素

毫不动摇坚持党的领导是中国特色社会主义成功的决定因素和根本保证。我们党有巨大的思想、政治和组织优势，拥有一支高素质的干部队伍，具有强大的组织、动员能力。“中国特色社会主义最本质的特征是中国共产党领导”这一论断，是对党的领导地位最新认识成果。中华人民共和国成立以来，中国共产党是社会主义事业的领导核心，领导新中国建设；改革开放以来，我们党带领人民开辟了中国特色社会主义道路，对社会主义的本质特征作出精辟概括；党的十八大以来，党对中国特色社会主义关系的认识更为全面系统。指出坚持党对一切工作的领导，突出了党的领导在中国特色社会主义特征体系中独一无二的作用，党对领导地位问题的认识大大深化。

党创建的多党合作和政治协商制度，有利于形成社会发展合力。党把民主集中制运用到国家政治生活中，统筹兼顾各方利益，有利于集中力量办大事。党在长期实践中始终谦虚谨慎、艰苦奋斗，形成理论联系实际、密切联系群众、批评和自我批评的优良作风，具有自我革命的政治勇气和自我净化、自我完善、自我革新的能力。在应对各种挑战和危机方面的突出表现都展现了党的领导能力，是中国特色社会主义制度成功的根本保障。

3. 党的领导是中国特色社会主义伟大事业向前推进的实践要求

党的十八大以来，以习近平同志为核心的党中央面对国内外形势变化及我国各项事业发展现状，结合新的时代特征和实践要求，从理论和实践结合上系统回答了新时代坚持和发展什么样的中国特色社会主义、怎样坚持和发展中国特色社会主义这一重大时代课题，以全新的视野深化对“三大规律”的认识，使中国在云谲波诡的国际局势中日益走近世界舞台中央。中华民族不但迎来了从站起来、富起来到强起来的伟大飞跃，而且使中国特色社会主义道路、理论、制度、文化不断深化，为全世界发展中国家走向现代化提供了借鉴，在世界上高高举起了中国特色社会主义伟大旗帜，为解决人类问题贡献了中国智慧和中国方案。中国特色社会主义的伟大成功和经验实践，党的执政方针和治国方略，引起世界各国的极大关注，国外不少学者认真研究探索中国成功的“秘密”何在，并思考“中国发展对西方和世界的影响”。中国特色社会主义是发展中国家走向民族复兴的典范。

恩格斯说：“一个知道自己的目的，也知道怎样达到这个目的的政党，一个真正想达到这个目的并且具有达到这个目的所必不可缺的顽强精神的政党，——这样的政党将是不可战胜的。”[①] 历史和现实都告诉我们，坚持党的领导是党和国家的根本所在、命脉所在，是全国各族人民的利益所系、幸福所系，是中华民族的命运所系。有中国共产党执政，是中国、中国人民、中华民族的一大幸事。中国共产党的领导是中国特色社会主义最本质的特征，这一理论创新意义重大，是对马克思主义政党学说的重大发展，也是对科学社会主义理论的重要贡献。

三　中国特色社会主义是当代中国的马克思主义

坚持和发展中国特色社会主义，必须高度重视理论的作用，同时要根据时代变化和实践发展，不断深化认识，不断总结经验，不断推进实践基础上的理论创新，坚持理论指导和实践探索辩证统一，实现理论创新和实践创新良性互动，在这种统一和互动中发展21世纪中国的马克思主义。任何科学理论和制度都必须本土化才能真正起作用。马克思主义也好，社会主义也好，能够在中国取得胜利，关键是我们党不断推进其中国化，紧密结合中国实际加以运用。

问题是时代的声音、实践的起点。中国特色社会主义理论体系归根到底是以马克思主义基本理论为指导的，是马克思主义基本理论同中国具体实际相结合的飞跃成果。从某种程度上说，对马克思主义理论掌握的深度，影响着政治敏锐的程度、思维视域的广度、思想境界的高度。加强对当代中国马克思主义的学习研究，加强研读经典著作，引导广大党员干部学以致用，更好地用科学理论武装头脑、指导实践，要深刻地认识到，对马克思主义基本原理没有深刻的了解和认识，就不能真正了解和掌握中国特色社会主义理论体系。同时加强党的基本理论研究，加强对党的思想理论的深刻认识，坚持实事求是、理论联系实际的马克思主义学风，丰富和发展

① 《马克思恩格斯全集》第39卷，人民出版社，1974，第139页。

当代中国的马克思主义。

习近平强调："凡是广大干部群众普遍关注的深层次问题，都要从历史和现实、理论和实践的结合上作出令人信服的回答。"① 坚持问题导向，注重回答人们普遍关注的问题。包括正确看待马克思主义的真理性，正确看待加强和改善中国共产党的领导，正确看待社会主义本质特征，正确看待自由、民主、平等的科学内涵和实践，正确看待西方所谓"普世价值"，正确看待中国特色社会主义理论体系的科学性，准确把握"四个全面"战略布局，深刻领会新发展理念，科学认识经济发展新常态，正确看待市场在资源配置中起决定性作用，正确看待供给侧结构性改革，等等。注重在研究问题上下功夫，提升思维创新能力，建设具有中国特色、中国风格、中国气派的哲学社会科学体系，为丰富和发展当代中国的马克思主义作出贡献。

解放思想、实事求是是马克思主义活的灵魂，也是我们适应新形势、认识新事物、完成新任务的思想武器。党的十一届三中全会以来，我们党把马克思主义基本原理同改革开放新的实践结合起来，不断丰富和发展马克思主义理论，产生了一系列宝贵的思想成果，回答了一系列改革中出现的新问题，解决了一系列新争议。社会主义本质的理论，社会主义市场经济理论，以人民为中心的发展思想，五大发展理念，我国经济发展进入新常态的理论，推动新型工业化、信息化、城镇化、农业现代化相互协调的理论，促进社会公平正义、逐步实现全体人民共同富裕的理论，等等，这些理论成果有力指导了我国经济发展实践，开拓了马克思主义新境界，是适应当代中国国情和时代特点的政治经济学。

我们党历来重视对马克思主义基本理论的学习、研究、发展和运用。在新民主主义时期提出了具有创造性意义的新民主主义经济纲领，在探索社会主义建设道路的过程中提出了社会主义社会的基本矛盾理论，并强调要统筹兼顾、综合平衡，以农业为基础、工业为主导，等等。中国经济发展进程波澜壮阔，成就举世瞩目，用几十年的时间走完了发达国家几百年走过的发展历程。这与我国始终坚持理论创造是不可分割的。马克思主义

① 习近平：《在全国党校工作会议上的讲话》，人民出版社，2016，第17页。

基本原理是普遍真理，具有永恒的思想价值，必须坚持马克思主义的发展观点，坚持实践是检验真理的唯一标准，清醒认识世情、国情、党情的规律性变化。在今后的发展中，我们党将继续深入研究我国经济发展中随时出现的新情况新问题，揭示新特点新规律，锐意进取，大胆探索，不断为寻求真理和发展真理开辟道路，不断开辟马克思主义中国化新境界，让马克思主义在21世纪的中国发出更加灿烂的真理光芒。

第三节　中国特色社会主义不是其他国家社会主义实践的再版

改革开放40年来，中国特色社会主义制度展现出旺盛的生命力，主要在于它具有深厚的马克思主义理论底蕴，符合国情，顺应民意，能够为我国改革发展提供根本制度保障。

一　中国特色社会主义切合中国国情和实际

牢记历史，才能更好地走向未来。中国作为四大文明古国之一，不但民族众多，国土广阔，而且以拥有灿烂辉煌的中华文化长期处于世界领先的地位，可以说处在人类文明发展的中心位置。当时的中国最显著的特征就是幅员辽阔。唐朝盛世之时，我国的领土有1000多万平方公里。而清朝，是我国古代疆域实际统治最广阔的阶段，大约有1200万平方公里。盛世的另一个显著特征就是璀璨辉煌的文化。16世纪之前，包含四大发明在内的中国发明，使得中国凭借农耕、手工、纺织和冶金等技术长期处在世界的领先水平。中华民族在古代历史上跟世界上其他国家相比大部分时期都处在发展的鼎盛阶段。到了近现代，封建统治者一直做的天朝上国的美梦被西方殖民者的一声炮响给破灭了。1840年鸦片战争后，中国饱受列强欺凌，积贫积弱，历史境遇发生了翻天覆地的转变，由原来的万国来朝逐渐沦落成受到压迫和剥削的半殖民地社会。至此，中华民族很长一段时间处在这种被人欺辱、被人宰割的民族危亡的噩梦中。各阶级的很多有志之士为了改变这种被压迫的状况，尝试了各种方式。尽管大多都失败了，但是他们没有放弃，依然不断探求民族复兴之路。无论是农民起义、维新改良还是资产阶级革命，都不能实现民族振兴、国家富强。但是这一次又一次的尝试和探索给我们总结出了一个非常重要的经验，只有让最先进的社会力量来领导中国人民，用最彻底的反帝反封建革命的理论作为指导，才能真正实现民族复兴和中国社会的发展。

中国近代以来的历史尤其是中华人民共和国成立以后的历史深刻揭示了中国特色社会主义是实现中华民族伟大复兴的必由之路。社会主义制度在中国的确立开启了中华民族伟大复兴新征程。中国人民在反复比较各种学说和思想之后，选择将马克思主义作为“解放我们民族的最好的武器”，确认社会主义是救国强国之道。中华人民共和国成立后，已经站起来的中国人民在中国共产党的领导下，通过社会主义革命在中国大地上确立了先进的社会主义制度，同时树立了“创造自己的文明和幸福，同时也促进世界的和平和自由”的伟大目标。以毛泽东同志为代表的中国共产党人带领中国人民通过20多年的努力奋斗，为开创中国特色社会主义提供宝贵经验、理论准备和物质基础，迈出了实现中华民族伟大复兴的坚实步伐。毛泽东同志在《论反对日本帝国主义的策略》中指出：“目前的政治形势已经发生了很大的变化。根据这种变化了的形势，我们的党已经规定了自己的任务。”[①] 中华人民共和国的成立，让中华民族挺直腰杆站了起来。社会主义制度的确立，奠定了中华民族走向富强的基础。

党的十一届三中全会以后，中国共产党带领中国人民走进改革开放新时代。在40年的时间里，中国共产党坚持解放思想、立足基本国情、遵循基本路线、聚焦根本任务、完善总体布局、坚守价值追求，不断思考和回答在我国如何建设社会主义、如何巩固和发展社会主义等一系列基本问题，取得划时代的重大理论和实践成果，树立四个自信。随着中国特色社会主义事业的发展，当代中国发生了深刻变化，中华民族在站起来的基础上富起来、强起来，社会生产力、综合国力和人民生活水平都实现了历史性飞跃，我们离中华民族伟大复兴的目标从来没有像今天这样近。到了党的十八大，中华民族强筋壮骨，日益强起来。站起来、富起来、强起来，勾勒出中华民族在中国共产党领导下走向伟大复兴的路线图。这幅路线图是中国共产党带领人民用鲜血、汗水、泪水绘就的，充满了苦难与辉煌、曲折

① 《毛泽东选集》第1卷，人民出版社，1991，第142页。

与胜利、付出与收获，是中华民族历史上不能忘却、不容否定的壮丽篇章。党的十九大后，中国特色社会主义以推动人的全面发展和社会全面进步不断增强中国人民的获得感和自信心，以对世界和平与发展作出更大贡献，赢得更大国际影响力和话语权，不断推进民族复兴伟业。正如十九大报告指出的，“中国特色社会主义进入新时代，意味着近代以来久经磨难的中华民族迎来了从站起来、富起来到强起来的伟大飞跃，迎来了实现中华民族伟大复兴的光明前景”。[①] 当前，我国发展已经站到了新的历史起点上，社会生产力水平明显提高，人民生活显著改善，第一个百年奋斗目标实现在即。新形势下，面对人民对美好生活的新向往，面对社会发展出现新的阶段性特征，面对经济社会发展中存在的风险、短板和弱项，面对第二个百年奋斗目标的美好愿景，我们党将继续带领人民砥砺奋进，进行伟大斗争、建设伟大工程、推进伟大事业、实现伟大梦想。

二 中国特色社会主义彰显强大的生机和活力

党的十九大把习近平新时代中国特色社会主义思想确立为党必须长期坚持的指导思想，实现了党的指导思想的又一次与时俱进，具有重大的政治意义、理论意义、实践意义。“八个明确”清晰回答了新时代坚持和发展中国特色社会主义的总目标、总任务、总体布局、战略布局以及发展的方向、方式、动力、战略等问题；“十四个坚持”构成了新时代坚持和发展中国特色社会主义的基本方略，包括坚持党对一切工作的领导、坚持以人民为中心、坚持全面深化改革、坚持新发展理念、坚持人民当家作主、坚持全面依法治国、坚持社会主义核心价值体系、坚持在发展中保障和改善民生、坚持人与自然和谐共生、坚持总体国家安全观、坚持党对人民军队的绝对领导、坚持“一国两制”和推进祖国统一、坚持推动构建人类命运共同体、坚持全面从严治党。这一重要思想，是党和国家改革发展重大历史经验的总结，是我们实现宏伟蓝图必须坚持的重大原则。当今世界的形势云谲波诡，当代中国的变革日新月异，那蕴含着的潜力与活力是我们前进的动力。

---

① 习近平：《决胜全面建成小康社会 夺取新时代中国特色社会主义伟大胜利——在中国共产党第十九次全国代表大会上的报告》，人民出版社，2017，第10页。

中国特色社会主义进入新时代，肩负着引领马克思主义发展、世界社会主义运动发展的崇高使命。它不仅是当代中国发展进步的根本方向，更是同人类命运、世界社会主义命运紧密联系在一起，成为21世纪科学社会主义发展的旗帜，成为振兴世界社会主义的中流砥柱。随着我国社会主义现代化建设不断取得新成就，随着新时代中国特色社会主义的深入推进，中国特色社会主义的旗帜将更加鲜艳夺目、异彩纷呈。

马克思主义是指导世界社会主义运动的科学理论，也是我们立党立国的根本指导思想。170多年来，马克思主义指引着一代代共产党人和革命者不懈奋斗，推进社会主义事业不断发展。改革开放以来，我们党把马克思主义基本原理与中国实际相结合，创立了中国特色社会主义。党的十八大以来，以习近平同志为主要创立者，集中全党智慧，我们党创立了习近平新时代中国特色社会主义思想。中国特色社会主义进入了新时代，党和国家事业发展发生历史性变革，取得历史性成就，不仅深刻回答了人类社会面临的矛盾和问题，而且擘画出美丽中国的新蓝图。以上种种进一步证明了马克思主义是普遍真理，依然充满着生机和活力。今天，人们见证了苏东剧变以来一度甚嚣尘上的“马克思主义破产论”的破产、“历史终结论”的终结、“社会主义失败论”的失败，两种意识形态、两种社会制度的较量在世界范围内发生了有利于马克思主义、社会主义的深刻转变。

对马克思主义的信仰是共产党人的政治灵魂，给予共产党人无论经受任何考验都始终一往无前的强大的精神力量。中国特色社会主义进入新时代，这个新时代是中国特色社会主义新时代，而不是别的什么新时代。推进新时代中国特色社会主义伟大事业就是要使中国特色社会主义道路越走越宽广；就是要不断发展中国特色社会主义理论，充分彰显马克思主义的真理力量、科学社会主义的时代价值；就是要不断完善中国特色社会主义制度，使其更加成熟定型；就是要不断丰富中国特色社会主义文化，使社会主义作为一种价值理念更加深入人心。这不仅是实现中华民族伟大复兴的必由之路，而且是社会主义的“新生”，是要把社会主义作为一种社会制度、社会形态推进到新阶段，是要把国际共产主义运动推进到新高度。据统计，目前世界上有100多个国家中的130多个政党仍保持共产党名称或坚持马克思主义性质，中国特色社会主义极大地鼓舞和坚定着人们对社会主义的信心。

探索发展中国家走向现代化的新路。如何实现现代化，是发展中国家面临的共同课题。西方思想家一度认为，现代化道路只有一条，那就是西方资本主义道路。然而，中国却走出了一条不同于西方的现代化道路。经过改革开放40年的发展，我国经济实力、综合国力大幅提升，人民生活显著改善，国际地位空前提高，实现了从站起来、富起来到强起来的历史跨越。在党的领导下，中国创造了世界历史上的发展奇迹，初步探索出一条与西方国家完全不同的社会主义现代化道路，打破了发展中国家对西方国家现代化的“路径依赖”，形成了“中国之治”和“西方之乱”的鲜明对照。党的十九大报告作出了全面建成社会主义现代化强国的重大战略部署，到21世纪中叶把我国建成社会主义现代化强国。现代化强国宏伟目标的实现，将给世界上那些既希望加快发展又希望保持自身独立性的国家和民族提供全新选择，为解决人类问题贡献中国智慧和中国方案。进言之，沿着中国特色社会主义道路实现现代化，它的价值和意义不仅是13亿多中国人的现代化问题，而且是一种新的价值理念、发展道路的成功，是一种社会制度的成功，必将对马克思主义的发展、世界社会主义运动的发展产生重大影响。

第四节 中国特色社会主义不是国外现代化发展的翻版

一 中国特色社会主义不是其他什么主义

习近平指出：“我们党始终强调，中国特色社会主义，既坚持了科学社会主义基本原则，又根据时代条件赋予其鲜明的中国特色。这就是说，中国特色社会主义是社会主义，不是别的什么主义。”① 找到一条好的道路不容易，走好这条道路更不容易。道路走得怎么样，最终要靠事实来说话，由人民来裁判。在中华民族积贫积弱、任人宰割最黑暗的一段时期里，社会各阶层都为救国图存进行过各种道路的尝试。资本主义改良的道路没有

① 《十八大以来重要文献选编》（上），中央文献出版社，2014，第109页。

走通，资本主义革命的道路也没有走通，地主阶级、农民阶级、小资产阶级都曾对各种主义进行过各种各样的探索，但都没能解决中国的前途和命运问题。

“千磨万击还坚劲，任尔东西南北风。”一个国家实行什么样的主义，关键要看这个主义能否解决这个国家面临的历史性问题。中国特色社会主义是植根于中国大地、反映中国人民意愿、适应中国和时代发展进步要求的科学社会主义。

习近平指出：“近些年来，国内外有些舆论提出中国现在搞的究竟还是不是社会主义的疑问，有人说是‘资本社会主义’，还有人干脆说是‘国家资本主义’、‘新官僚资本主义’。这些都是完全错误的。”① 中国特色社会主义这条道路是中国人民的选择，是历史的选择，必须坚定不移走下去。要始终坚持中国特色社会主义道路、中国特色社会主义理论体系、中国特色社会主义制度。在党的领导下，立足基本国情，以经济建设为中心，坚持四项基本原则，坚持改革开放，解放和发展社会生产力，坚持五位一体，建设富强民主文明和谐美丽的社会主义现代化强国。

习近平总书记指出：“这些都是在新的历史条件下体现科学社会主义基本原则的内容，如果丢掉了这些，那就不成其为社会主义了。”② 回首走过的路，远眺前行的路，中国人民在马克思列宁主义、毛泽东思想的引导下走出了漫漫长夜，建立了新中国，开辟了中国特色社会主义道路。在今后我们更要虚心学习借鉴人类社会创造的一切文明成果，始终保持清醒坚定，保持强大前进定力，既不走封闭僵化的老路，也不走改旗易帜的邪路，不为任何风险所惧，不为任何干扰所惑，让新时代背景下中国特色社会主义在世界上奏响更为精彩的华章。

二　中国特色社会主义将不断续写精彩华章

习近平指出：“坚持和发展中国特色社会主义是一篇大文章，邓小平同志为它确定了基本思路和基本原则，以江泽民同志为核心的党的第三代中

① 《十八大以来重要文献选编》（上），中央文献出版社，2014，第110页。
② 《十八大以来重要文献选编》（上），中央文献出版社，2014，第110页。

央领导集体、以胡锦涛同志为总书记的党中央在这篇大文章上都写下了精彩的篇章。现在，我们这一代共产党人的任务，就是继续把这篇大文章写下去。”① 前进道路不可能一帆风顺，责任重于泰山，事业任重道远。中国特色社会主义事业是前无古人的开创性事业，是不断发展、不断前进的，需要一代又一代中国共产党人带领人民接续奋斗。

经过几十年的理论和实践探索，我们对社会主义的认识，对中国特色社会主义规律的把握，已经达到了一个前所未有的新的高度，这一点不容置疑。同时更要看到，事业越前进、越发展，新情况新问题就会越多，面临的风险和挑战也会增多。而且我国尚处于社会主义初级阶段，还面临很多亟待解决的重大问题，对社会主义的认识和处理都还处在不断深化中，且认识和把握有限。以上种种都需要我们在实践中大胆探索、深化发展，不断丰富中国特色社会主义的时代内容，在新的历史条件下把党和国家各项事业继续推向前进。

理念决定行动，思想引领方向，我们要始终坚持以习近平新时代中国特色社会主义思想为指导。90 多年来，中国共产党之所以能够完成近代以来各种政治力量不可能完成的艰巨任务，就在于始终把马克思主义这一科学理论作为自己的行动指南，坚持在实践中不断丰富和发展马克思主义。这使我们党得以摆脱以往一切政治力量追求自身特殊利益的局限，以唯物辩证的科学精神、无私无畏的博大胸怀领导和推动中国革命、建设和改革。习近平新时代中国特色社会主义思想就是马克思主义中国化的最新成果，集中体现了我们党的政治意志、政治立场、政治主张，是新时代中国共产党人的思想旗帜，是指导我们党推进社会革命和自我革命的强大武器。我们要深刻把握习近平新时代中国特色社会主义思想的政治意义、历史意义、理论意义、实践意义，深刻把握其时代背景、科学体系、精神实质、丰富内涵、实践要求、历史地位，按照学懂弄通做实的要求，做到学思用贯通、知信行统一，切实增强学习宣传贯彻的政治自觉、思想自觉、行动自觉。要不断深化研究阐释，把学习研究成效转化为增强“四个意识”、坚定“四个自信”的高度自觉，转化为认识问题、研究问题、解决问题的立场和能

① 《习近平谈治国理政》，外文出版社，2014，第 23 页。

力，转化为拥抱新时代、实现新作为的动力和热情。

以自我革命推进伟大社会革命。推进新时代中国特色社会主义、建设现代化强国，将是对中国社会最全面、最深刻、最彻底的改造，将是一场深刻的社会革命，其困难之多、问题之大、矛盾之复杂、任务之艰巨前所未有。习近平总书记指出："我国形势总的是好的，但我们前进道路上面临的困难和风险也不少。国内外环境发生了深刻变化，面对的矛盾和问题发生了深刻变化，发展阶段和发展任务发生了深刻变化，工作对象和工作条件发生了深刻变化，对我们党长期执政能力和领导水平的要求也发生了深刻变化。"① 从国际看，外部环境更加复杂，一些国家和国际势力对我们的阻遏、忧惧、施压日益增大；从国内看，经济转型升级的任务比较艰巨，发展不平衡不充分的问题比较突出，贫富差距、利益固化问题比较严重。面对机遇和挑战，我们既要增强政治定力，相信前景光明，又要充分认识这场伟大斗争的长期性、复杂性、艰巨性，推进全面从严治党，勇于进行自我革命，把党建设得更加坚强有力，以党的自我革命来推动党领导人民进行的伟大社会革命。

始终保持旺盛的革命精神。人是需要一点精神的，伟大的事业更需要伟大的精神。中国共产党人是辩证唯物主义者，既承认物质决定意识，又承认精神的能动作用，相信精神在一定条件下可以转化为强大的物质力量。我们是革命者，要进行一场伟大的社会革命，就不能丧失革命精神，决不能因为胜利而骄傲，决不能因为成就而懈怠，决不能因为困难而退缩。历史车轮滚滚向前，时代潮流浩浩荡荡。历史只会眷顾坚定者、奋进者、搏击者，而不会等待犹豫者、懈怠者、畏难者。我们党要团结带领人民有效应对重大挑战、抵御重大风险、克服重大阻力、解决重大矛盾，必须不忘初心、牢记使命，以时不我待、只争朝夕的精神投入工作，克服一切贪图享受、消极懈怠、回避矛盾的思想和行为。

---

① 《十九大后政治局首次民主生活会　习近平提这6点要求》，理论中国，http://www.china.com.cn/opinion/theory/2017-12/27/content_50168805.htm。

第三章　中国特色社会主义的方法论

习近平指出："认识和把握我国社会发展的阶段性特征，要坚持辩证唯物主义和历史唯物主义的方法论，从历史和现实、理论和实践、国内和国际等的结合上进行思考，从我国社会发展的历史方位上来思考，从党和国家事业发展大局出发进行思考，得出正确结论。"① 习近平新时代中国特色社会主义思想，对于认识和把握我国社会发展的阶段性特征、坚持和发展中国特色社会主义具有重要的指导意义，必须坚持这一科学方法论，为党和国家各项事业始终沿着正确方向胜利前进提供理论保障。

"潮平两岸阔，风正一帆悬。"党的十九大在政治上、理论上、实践上取得的一系列重大成果，是我们党在新时代开启新征程、续写新篇章的政治宣言和行动纲领。中国特色社会主义根植于中国大地、反映人民意愿，是科学社会主义理论逻辑和中国社会发展历史逻辑的辩证统一。尽管前进道路上会面临各种风险挑战，在以习近平同志为核心的党中央坚强领导下，全国人民一定能以永不懈怠的精神状态和一往无前的奋斗姿态，战胜前进中的一切困难险阻，不断开创中国特色社会主义的光明前景。

第一节　理论与实践相结合

理论联系实际是中国共产党的三大优良作风之一，在长期的革命和社会主义建设中，正是因为党始终坚持理论联系实际的优良作风，中国的革命、建设和改革尽管面临严峻多变的形势，却始终走在正确发展的道路上。

① 《习近平谈治国理政》第2卷，外文出版社，2017，第61页。

可以说，理论与实践相结合的作风历来为党所重视，新中国能够取得革命和建设的伟大成绩，与始终坚持理论联系实际的作风不可分割。

中国特色社会主义进入新时代，以习近平同志为核心的党中央更是在继承前人关于理论联系实际认识的基础上，大力发扬理论联系实际的作风，深刻阐明了这一指导思想的精神实质和丰富内涵，映衬出新时代背景下辩证唯物主义和历史唯物主义的科学世界观和方法论。

一 理论联系实际符合历史发展趋势

(一) 新时代中国特色社会主义思想始终贯穿辩证唯物主义

“每一时代的理论思维，从而我们时代的理论思维，都是一种历史的产物，在不同的时代具有非常不同的形式，并因而具有非常不同的内容。”[①] 对于中国特色社会主义思想的把握，要同学习马克思主义基本原理贯通起来。正如习近平强调：“要联系地而不是孤立地、系统地而不是零散地、全部地而不是局部地理解，不能就事论事，不能搞形式主义、实用主义。”[②] 新时代中国特色社会主义思想，自始至终闪耀着马克思主义真理的光芒。

辩证唯物主义是中国特色社会主义的哲学基础，是指导我们观察世界、总结规律的正确的世界观和方法论。中国特色社会主义进入新时代，党始终坚持以中国社会的现实问题为导向，深刻阐释习近平新时代中国特色社会主义思想的丰富内涵、精神实质、基本方略，并在党的十九大报告中将其概括为“八个明确”和“十四个坚持”。深刻阐释了新时代坚持和发展中国特色社会主义的总目标、总任务、总体布局、战略布局等一系列基本问题，并对中国各方面建设工作作出理论分析和实践指导，进一步明确了开辟新时代中国特色社会主义事业必须坚持的目标、路径、方法、步骤。

新时代中国特色社会主义思想以开阔的视野、全局的眼光看待问题、分析问题，从整体上把握事物的发展趋势，其所阐述的“八个明确”和“十四个坚持”，注重把握问题的关联性、协调性，正确处理全局与局部的

---

① 《马克思恩格斯全集》第20卷，人民出版社，1971，第382页。

② 习近平：《切实学懂弄通做实党的十九大精神 努力在新时代开启新征程续写新篇章》，中华人民共和国中央人民政府网站，http://www.gov.cn/xinwen/2017-10/28/content_5235079.htm。

关系，始终坚持唯物辩证法的总观点，全新思考、全新谋划了什么是新时代背景下的中国特色社会主义。明确坚持和发展中国特色社会主义，总任务是实现社会主义现代化和中华民族伟大复兴，在全面建成小康社会的基础上，分两步走在21世纪中叶建成富强民主文明和谐美丽的社会主义现代化强国的论断，为马克思主义哲学寻求新思路，开创新境界。明确新时代我国社会主要矛盾是人民日益增长的美好生活需要和不平衡不充分的发展之间的矛盾，坚持社会历史发展合规律性与合目的性相统一、尊重客观规律与发挥主观能动性相统一、坚持“两点论”与“重点论”的辩证统一，揭示矛盾的内在规律性，找出解决矛盾的方法和途径，指明了今后一个时期我们党的战略重点和主攻方向。习近平新时代中国特色社会主义思想同时还深刻体现了马克思主义哲学关于一般与特殊的基本原理，以全新的视野深化对共产党执政规律、社会主义建设规律、人类社会发展规律的认识，抓住关键、找准重点，洞察事物发展规律，开拓了中国特色社会主义的新阶段。

（二）新时代中国特色社会主义思想始终强调唯物史观

唯物史观是我们党的理论基石，马克思、恩格斯在论证生产力决定生产关系、经济基础决定上层建筑的社会历史发展规律基础上，在人类历史上第一次把对人的关注从抽象转移落实到现实的个人中来，把唯心史观颠倒的历史再颠倒过来。唯物史观同辩证唯物主义一样，是中国共产党人认识世界、改造世界的强大思想武器。我们党在不断前进探索中，提出了人民群众是社会历史的主体，是社会精神财富和物质财富的创造者，是社会变革的决定力量的著名论断。党的十九大报告再一次明确，中国共产党人的初心和使命，就是为中国人民谋幸福，为中华民族谋复兴。这个初心和使命始终激励中国共产党人不断前进。

为什么人的问题，是检验一个政党、一个政权性质的试金石，习近平新时代中国特色社会主义思想明确“坚持以人民为中心的发展思想”，要求全党同志一定要永远与人民同呼吸、共命运、心连心，永远把人民对美好生活的向往作为奋斗目标，必须始终把人民利益摆在至高无上的地位，必须坚持人民主体地位，让改革发展成果更多更公平惠及全体人民，把人民是否真正得到实惠、人民生活是否真正得到改善、人民权益是否真正得到保障作为检验发展成就的根本标准。党的十九大报告强调立党为公、执政为民，把党的群众路线贯彻到治国理政全部活动之中，正如毛泽东指出，“为什么人的问题，是一个根本的问题，原则的问题”①。发展是为了人民，深刻阐释了马克思主义哲学关于人既是发展的主体也是发展的目的这一最高价值的含义。

我们党是高度重视理论建设和理论指导的党，强调理论必须同实践相统一。没有理论指导的实践是盲目的，没有以实践为基础的理论是空洞的。科学理论可以给我们正确指导，使我们的工作符合客观规律。如果脱离了实际，就可能犯主观主义的错误；如果忽视了理论，就可能陷入狭隘的经验主义。中国共产党坚持把马克思主义基本原理同中国具体实际相结合，不仅取得了中国革命的成功，而且创造了中国发展的奇迹。我们要在迅速变化的时代中赢得主动，要在新的伟大斗争中赢得胜利，就要在坚持马克思主义基本原理的基础上，以更宽广的视野、更长远的眼光来思考和把握我国未来发展面临的一系列重大战略问题，在理论上不断拓展新视野、作出新概括，以指导不断发展变化的实践。

二　理论与实践相结合要坚持实事求是

“实事求是，集中体现了马克思主义唯物的、辩证的认识论”，理论联系实际，首先要坚持实事求是。② 实事求是是马克思主义活的灵魂，是中国共产党思想路线的核心，也是党的“基本思想方法、工作方法和领导方法”。正如习近平指出：“马克思、恩格斯没有直接用过‘实事求是’这个词汇，但他们创立的辩证唯物主义和历史唯物主义，突出强调的就是实事求是。”③ 革命战争年代，毛泽东高度概括了实事求是这一理论的世界观和方法论，继承了辩证唯物主义和历史唯物主义。新中国的全部历史已经证明，中国革命、建设、改革事业要想取得胜利，离不开实事求是这个法宝。

① 《毛泽东选集》第 3 卷，人民出版社，1991，第 857 页。

② 习近平：《深入学习中国特色社会主义理论体系努力掌握马克思主义立场观点方法》，《学习时报》2010 年 3 月 8 日。

③ 《习近平同志在中央党校春季学期第二批入学学员开学典礼上的讲话（关于实事求是的问题解读）》，2012 年 5 月 16 日。

在新时代背景下，实事求是已经成为实现“两个一百年”目标的道路上必不可少的精神指引。

实事求是是马克思主义中国化理论成果的精髓和灵魂。理论联系实际必然要求坚持解放思想。“解放思想与实事求是是统一的。”[①] 解放思想是实事求是的内在要求，是贯穿党的指导思想的灵魂，是解决中国一系列问题的先导。无论是适应新形势、应对新挑战，还是认识新事物、完成新任务都需要正确运用和把握这个武器。正是坚持了解放思想，中国特色社会主义事业才会不断前进。所以，在改造客观世界和主观世界的实践中，只有真正做到了实事求是，才是真正的解放思想，只有解放思想才能真正做到实事求是。与此相对立的是教条主义和经验主义，冲破教条主义和经验主义的禁锢，唯有把解放思想与实事求是结合起来。

“坚持实事求是，就必须坚持一切从实际出发。”党员干部在实践中必须从实际出发，才能不断创新，才能开创工作新局面。具体的现实的事物是研究问题的出发点，也是做决策的出发点，伟大复兴的目标应该在现实中而不是单凭构想就可以实现。建设新时代中国特色社会主义，也需要把握社会主义初级阶段这个最大国情，立足于社会主义初级阶段这个最大实际。正如习近平指出：“我们党现阶段提出和实施的理论和路线方针政策，之所以正确，就是因为它们都是以我国现时代的社会存在为基础的。”[②] 从中国特色社会主义进入新时代这个实际出发，最重要的是立足这一“新的历史方位”，更准确地把握我国社会主义初级阶段不断变化的新特点，把握人民群众需要呈现多样化多层次多方面的特点。只有从这些客观存在的实际出发，才能更好地坚持党的基本路线，在继续推动经济发展的同时，发展中国特色社会主义事业，推动人的全面发展、社会全面进步。习近平新时代中国特色社会主义思想，始终坚持实事求是的思想路线，紧密结合新的时代要求和时代特征，深刻系统地回答了新时代坚持和发展什么样的中国特色社会主义的时代课题，具有鲜明的时代性和实践性。

---

① 《十五大以来重要文献选编》（中），人民出版社，2001，第 1584 页。

② 《习近平关于全面深化改革论述摘编》，中央文献出版社，2014，第 11 页。

三　理论联系实际要真抓实干

“空谈误国，实干兴邦”①，是邓小平同志在1992年视察南方途中提出来的。我国改革开放40年的实践充分证明了这个真理。习近平在多次讲话中一再明确空谈误国，实干兴邦，并要求领导干部都牢记在心，切实转变工作作风，做到讲实话、干实事，敢作为、勇担当，言必信、行必果。②

（一）空谈误国，实干兴邦

实干之“实”有多层内涵，体现在多个方面。首先，“实”体现在哲学上是指客观存在的，它应该是一切理论和实践的出发点。实干兴邦特别注重“实”这一特质，即一切从客观存在出发。其次，“实”体现在日常生活中亦指真实，与虚假相对。自古以来，我们便提倡真善美，抵制假恶丑。真善美就是正能量，假恶丑就是负能量。体现在与人交往中，应该与人为善，真诚待人；体现在工作上，应该做到真正的毫无自私自利之心、全心全意为人民服务。最后，“实”还体现在个人素养上，要说实在话和做实在事。“空谈”和“实干”是言和行、理论和实践的关系。“实干”就是实心实意地干、踏踏实实地干、实实在在地干，就是言行要一致、说到做到、有诺必践。“实干”是一个过程，包括纯纯粹粹的动机、踏踏实实的态度、具体切实的办法、埋头苦干的过程、实实在在的结果。空谈误国的例子颇多，危害极大。赵括纸上谈兵误了赵国：长平之战落败，导致整个赵国由盛转衰，最终灭亡。宋代文人清谈误国：有一句俗语“宋人议论未定，兵已过河”，恰如其分地揭露了宋代文人只会清谈、耽误国家大事的风气。可见，空谈只会误国，实干才能兴邦。

马克思曾经说过，“一步实际运动比一打纲领更重要。”③ 习近平在参观《复兴之路》时指出：“实现中华民族伟大复兴是一项光荣而艰巨的事业，需要一代又一代中国人共同为之努力。空谈误国，实干兴邦。”④ 中国劳动

① 转引自习近平《在纪念邓小平同志诞辰110周年座谈会上的讲话》，人民出版社，2014，第14页。

② 参见习近平《在纪念邓小平同志诞辰110周年座谈会上的讲话》，人民出版社，2014，第14页。

③ 《马克思恩格斯文集》第3卷，人民出版社，2009，第426页。

④ 习近平：《承前启后继往开来继续朝着中华民族伟大复兴目标奋勇前进》，2012年11月29日。

人民自古以来就具有实干的精神，涌现出了许多实干家，商鞅、韩非、孔子、屈原、王安石、文天祥、林则徐、梁启超、杨靖宇、钱学森、李四光、焦裕禄、孔繁森、牛玉儒、罗阳等是其中杰出代表。总而言之，我国古代劳动人民用实干精神铸就了5000年的文明，我们也是靠着实干精神，锐意改革、努力拼搏才换来了今天的繁荣与富强。为取得更大的进步，为中华民族的伟大复兴，我们必须弘扬这种实干精神，做一个实干的人。做人要实，谋事要实，创业要实。实诚乃为人之本，实践乃思想之根，实干乃民族振兴之魂，实业乃国家强盛之基石。

崇尚实干、狠抓落实，是我们党执政能力的重要体现，也是一以贯之的实践品格。要实干兴邦，就要善于对以往发展的经验进行检视和总结，要进行有针对性、有问题意识的省思，这样才能创新实践的方式方法。党的十九大闭幕之后，习近平再一次明确指出：“中央政治局的同志要带好头，真抓实干，埋头苦干，把分管的工作抓紧抓实、抓出成效。党中央要统筹党的十九大提出的各项目标任务，就重大目标任务作出顶层设计和全面部署。全国人大、国务院、全国政协、中央军委等各有关部门和有关方面要自觉行动起来，明确属于自己职责范围内的任务，找准工作方案，排出任务表、时间表、路线图，对做好工作提出明确要求，重点是质量要求。党的十九大确定的目标任务有近期的，有中期的，也有长期的，要分清轻重缓急，有计划有秩序加以推进。各地区各部门要结合自身实际，把党中央提出的战略部署转化为本地区本部门的工作任务。要牢固树立全国一盘棋思想，以贯彻党中央决策部署为前提，确保党中央确定的目标任务和战略部署顺利实现。”①

习近平强调，学习贯彻党的十九大精神，要在做实上下功夫。清谈误国、实干兴邦，一分部署、九分落实。要拿出实实在在的举措，一个时间节点一个时间节点往前推进，以钉钉子精神全面抓好落实。② “要真正做到

① 《习近平在中共中央政治局第一次集体学习时强调 切实学懂弄通做实党的十九大精神 努力在新时代开启新征程续写新篇章》，共产党员网，http://www.12371.cn/2017/10/28/VIDE1509195721969101.shtml。

② 《习近平在中共中央政治局第一次集体学习时强调 切实学懂弄通做实党的十九大精神 努力在新时代开启新征程续写新篇章》，共产党员网，http://www.12371.cn/2017/10/28/VIDE1509195721969101.shtml。

一张好的蓝图一干到底，切实干出成效来。我们要有钉钉子的精神，钉钉子往往不是一锤子就能钉好的，而是要一锤一锤接着敲，直到把钉子钉实钉牢，钉牢一颗再钉下一颗，不断钉下去，必然大有成效。如果东一榔头西一棒子，结果很可能是一颗钉子都钉不上、钉不牢。我们要有‘功成不必在我’的精神。”① “钉钉子精神”包含了世界观。做人做事，不能好大喜功，片面追求“高大全”，而是要像钉钉子，实打实地从小处做起，做深做透做清楚，真正发挥其应有的效力。“抓铁有痕、踏石留印。”在改革进入攻坚期和深水区的今天，一个行动胜过一打纲领。只有大力发扬钉钉子的精神，讲实效、出实招、办实事，以踏石留印、抓铁有痕的劲头，一茬接着一茬干，过了一山再登一峰、跨过一沟再越一壑，才能力避空谈误国，践行实干兴邦，进而决胜改作风的攻坚战，赢得经济社会发展的接力赛，早日实现中华民族伟大复兴。

（二）一勤天下无难事

习近平在2018年春节团拜会上指出，只有奋斗的人生才称得上幸福的人生。奋斗本身就是一种幸福。新时代是奋斗者的时代。马克思说：“整个所谓世界历史不外是人通过人的劳动而诞生的过程，是自然界对人来说的生成过程。”② 劳动是财富的源泉，也是幸福的源泉。劳动是推动人类社会进步的根本力量。人民创造历史，劳动开创未来。“人世间的美好梦想，只有通过诚实劳动才能实现；发展中的各种难题，只有通过诚实劳动才能破解；生命里的一切辉煌，只有通过诚实劳动才能铸就。劳动创造了中华民族，造就了中华民族的辉煌历史，也必将创造出中华民族的光明未来。”③

1. 深刻领会和科学把握当代劳动的真谛

“空谈误国，实干兴邦”，实干首先就要脚踏实地劳动。习近平指出：“必须牢固树立劳动最光荣、劳动最崇高、劳动最伟大、劳动最美丽的观念，让全体人民进一步焕发劳动热情、释放创造潜能，通过劳动创造更加美好的生活。”④ 因此，奋斗目标的实现、美好未来的开创，必须依靠辛勤

---

① 《习近平谈治国理政》，外文出版社，2014，第400页。

② 《马克思恩格斯文集》第1卷，人民出版社，2009，第196页。

③ 习近平：《在同全国劳动模范代表座谈时的讲话》，《人民日报》2013年4月29日。

④ 习近平：《在同全国劳动模范代表座谈时的讲话》，《人民日报》2013年4月29日。

劳动和诚实劳动。“人间万事出艰辛”，幸福不会从天而降，在通向美好未来的道路上，每一步都离不开艰辛努力。

“功崇惟志，业广惟勤。”不管是国家要实现振兴还是个人要成就事业，都必须具备两个条件，一为立志，二为勤勉。立志是前提，勤勉为保障，无志不足以行远，无勤则难以成事。中国多年的发展，印证着这句话。40年快速发展的“中国传奇”、13亿多人生活改善的“中国故事”，无论哪一个领域都离不开劳动者奉献的身影，无论飞天梦、奥运梦、世博梦、登月梦，每一次梦圆都洒满了劳动者拼搏的汗水。

当今中国，面对全面深化改革的时代命题，任务更加繁重，挑战更加巨大。目前我们宏大的发展目标——“两个一百年”近在咫尺，民族复兴“中国梦”曙光在前；我们也面临复杂的发展环境——发展攻坚期，改革深水区，还有大量的工作要推进，还有更大的困难要破题。正因此，我们更需苦干实干，以务实作风、踏实态度做好工作。越是这样，越需要依靠劳动这个推动人类社会进步的根本力量。唯有辛勤劳动、诚实劳动、创造性劳动，才能为全面深化改革提供最澎湃的激情、最持久的动力，把发展推向新境界，让梦想抵达新高度。“逢山开路、遇水搭桥”，一步一个脚印朝前走。而在这一过程中，每个人也都能找到自己的舞台、收获出彩机会，以志为方向、以勤为动力，与国家、民族一起前行。

2. 注重积累，踏实前行

“大鹏之动，非一羽之轻也；骐骥之速，非一足之力也。”无论是办事还是落实上级部署，都应该一丝不苟、严谨细致、精益求精，于细微之处见精神，在细节之间显水平。①

首先要学会积累。“大厦之成，非一木之材也；大海之阔，非一流之归也。”② 万丈高楼平地起，再宏伟的楼宇，也是一砖一瓦建起来的；再广阔的海洋，也是涓滴不息汇成的。放眼今日之中国，无论是全面深化改革还是改善社会民生，抑或是建设法治国家，都有一个遵循规律、循序渐进的

① 《习近平用典》，人民日报出版社，2015，第115页。

② 转引自《十八大以来重要文献选编》（中），中央文献出版社，2016，第70页。

过程，等不得也急不得。“合抱之木，生于毫末；九层之台，起于累土”①，我们既要有只争朝夕的干劲，也要有功成不必在我的历史耐心，一心一意谋发展，咬定青山不放松。爬坡迈坎、攻坚克难，最是考验决心与耐性。一个问题一个问题地解决，一个脚印一个脚印地前进，防止毕其功于一役的浮躁、只求短平快的功利、大干快上的盲目，下一番苦功真功才会有新突破。积跬步至千里，积小胜为大胜，蹄疾步稳、行稳致远，则大事可为、大业可成。

其次要把握细节。“天下大事，必作于细。”② 凡事从细处着手，把小事当作大事干，是习近平同志治国理政的鲜明特色。每一个宏图远志都需要具体的支点，每一个瑰丽梦想都需要现实地落点在培养社会主义核心价值观中，他要求“在落细、落小、落实上下功夫”③。在反腐败斗争中，他指出“坚持‘老虎’、‘苍蝇’一起打”。习近平同志还引用过“圣人是肯做工夫的庸人，庸人是不肯做工夫的圣人”④，就是要告诉我们：于实处用力，从知行合一上下功夫，一步一个脚印往前走，就一定能达到水滴石穿、绳锯木断的境界。再繁难复杂，也能任务分解；再千头万绪，也能条分缕析。“罗马不是一天建成的”，一座摩天大楼，离不开每一块砖头、每一根钢筋的凝聚；满屋的光亮，也离不开每一根蜡烛都擎起光明。做人、谋事、创业，都应该有这种不弃微末的能力。如果遇事胡子眉毛一把抓，就会打乱节奏、失去章法，大而化之只会大而无当。因此，做事应该保持如临深渊、如履薄冰的态度，覆盖容易忽视的细节，如此才能把好事办好、把实事办实。

第二节　历史与现实相贯通

“历史是一面镜子，从历史中，我们能够更好看清世界、参透生活、认识自己；历史也是一位智者，同历史对话，我们能够更好认识过去、把握

① 转引自《习近平谈治国理政》，外文出版社，2014，第294页。

② 转引自《习近平谈治国理政》，外文出版社，2014，第174页。

③ 《习近平谈治国理政》，外文出版社，2014，第165页。

④ 《习近平谈治国理政》，外文出版社，2014，第174页。

当下、面向未来。”① 现实是历史的延续，未来是现实的发展。不懂得历史发展规律，就无法开辟未来，无法推动社会发展和人类文明进步。习近平同志非常重视借鉴历史经验，强调一个民族的历史是一个民族安身立命的基础。在新的历史条件下，我们要坚持以唯物史观为指导，遵循中国和世界历史发展逻辑，观察当代中国和当今世界发展实际，着眼人民对美好生活的新追求，克服各种困难，解决各种问题，在历史与现实的结合中把握未来，沿着正确道路继续前进。

一　从中国历史与中国现实的结合中看问题

“只有坚持从历史走向未来，从延续民族文化血脉中开拓前进，我们才能做好今天的事业。”② 中国5000多年文明史积淀了丰富的思想文化资源，我们应当从中汲取智慧，作为解决现实问题的借鉴。

（一）把握历史规律

鸦片战争以来，面对内忧外患，先进的中国人走上了救国于危亡的道路，社会各个阶层的代表人物先后开展了洋务运动、百日维新、辛亥革命等救国图强运动，可惜依然没有改变中华民族落后挨打的局面，依然没有救国民于水火。直到20世纪初，社会主义出现，并向世界展示了其实践效果，让饱经苦难的中国人民看到了一丝曙光。社会主义在中国的发展并非一帆风顺，其间经历了种种的曲折和考验，经历了“本本主义”与“左”的和右的错误思想，但是，真理总是在与谬误的较量中诞生的。以毛泽东同志为代表的中国共产党人，经过对中国革命正反两方面经验教训的不断总结，对中国社会的现状和历史、中国革命的特点和规律有了更为深刻和完整的认识，在与各种错误思想尤其是“左”倾思想斗争的过程中，注重运用马克思主义的观点分析中国国情，指导中国革命，具体问题具体分析，逐渐带领党和人民军队开辟了农村包围城市、武装夺取政权的革命道路，把马克思主义与中国具体国情相结合，走上了一条具有中国特色的社会主

① 《习近平谈治国理政》第2卷，外文出版社，2017，第351页。

② 习近平：《在纪念孔子诞辰2565周年国际学术研讨会暨国际儒学联合会第五届会员大会开幕会上的讲话》，人民出版社，2014，第14页。

义革命道路。1945 年党的七大召开，正式确立“毛泽东思想”为指导思想，马克思主义中国化获得了历史性大飞跃。

改革开放以来，中国共产党人遵循历史发展规律，继续进行艰辛探索，并最终找到了立足中国国情、符合中国实际、总结中国历史经验、解决中国问题的中国特色社会主义道路。马克思晚年在坚持人类历史发展一般规律的前提下，十分重视历史发展的多样性。中国共产党人开创的中国道路，完全符合历史发展规律与我国历史发展的逻辑。邓小平指出：“走自己的道路，建设有中国特色的社会主义，这就是我们总结长期历史经验得出的基本结论。”[①] 在中国共产党领导下并“立足中国国情”进行实践探索，没有现成公式可以遵循，没有既成模式可以照搬。要认识中国国情，就需要确立正确的出发点，从客观实际出发。我们党在总结历史经验的基础上得出了正确的认识，就是社会主义初级阶段论，社会主义本质论，强调最终目标是“建设富强民主文明和谐美丽的社会主义现代化强国”。由此得出一系列阶段性论断，“以经济建设为中心”、“社会主义市场经济”、坚持四项基本原则等。从上述逻辑可以看出，中国道路既符合社会历史发展规律，又具有中国特色。

从中国近代史的发展历程来看，中国特色社会主义有其深刻的历史必然性。中国千年的封建传统使得中国社会的层级结构与西方社会有着完全不同的模式，长期历史发展进程中形成了特有的民族沉淀，中国的社会结构和体制对中国未来的发展影响深远，也决定了中国走中国特色社会主义道路的必然性。历史教训与当今实践表明，科学社会主义一般原则必须同我国历史和实际相结合，当今西方模式虽然有其自身的优势，但解决不了中国问题，只能作为解决中国问题的思想资源对其合理因素加以借鉴。只有中国特色社会主义才能真正引领当代中国现代化发展，进而实现中华民族的伟大复兴。

（二）总结历史经验

“观古今于须臾，抚四海于一瞬。”[②] 中国共产党的历史，从根本上讲是

① 《邓小平文选》第 3 卷，人民出版社，1993，第 3 页。

② （西晋）陆机：《文赋》。

马克思主义中国化的历史。建党 90 多年来，中国共产党的历史是波澜壮阔的，马克思主义中国化作为党的历史的主线，也在不断向前发展。纵观马克思主义在中国不断发展的历史，中国共产党人始终把马克思主义普遍真理与中国具体实践相结合，分析探索其中的规律，不断推进马克思主义中国化，不断深入推进马克思主义在中国的新发展。

中华人民共和国成立之后，在探索建设社会主义道路的过程中，不可否认党经受了诸多考验。1956 年党的八大召开，本是党在马克思主义理论指导下探索中国自己建设社会主义道路的一个良好的开端，然而由于没有建设社会主义国家的现成经验，党在运用马克思主义指导现实问题的过程中发生了偏移，脱离了实际，以至于经历了“文化大革命”十年内乱，给党、国家和人民造成了巨大的损失和危害。1978 年党的十一届三中全会后终于彻底克服了“左”的障碍，纠正了“文化大革命”的错误，实现了党的历史上的又一次伟大转折，国家的发展也开启了新篇章，进入一个新阶段。党的十一届三中全会实现的伟大转折，标志着中国共产党重新奋起，带领中国人民进行改革开放和现代化建设的新的伟大革命，我们国家从此进入一个新的历史时期。在这一时期，党不断探索，不断努力，不断总结建设社会主义的经验教训，逐渐探索出了中国特色社会主义道路，从邓小平理论到习近平新时代中国特色社会主义思想，无一例外都是马克思主义理论与中国实践相结合的内容，是马克思主义中国化的成果，是中国特色社会主义理论的新飞跃。

回首走过的路，我们党对历史经验的总结，对社会主义发展规律的探索，总是围绕中国自己的发展道路展开，主题鲜明，立意清晰。20 世纪上半叶，在新民主主义革命时期，围绕中国革命道路怎样走的问题，毛泽东提出了“枪杆子里面出政权”的正确观点，坚持走武装割据的道路，破除了苏联模式的思维禁锢，最终赢得了中国革命的胜利。20 世纪 70 年代以来，在两极格局的背景下，世界大战结束，冷战思维尚在，但和平与发展逐渐成为时代主题。基于对时代主题转换的深刻认识和对我国社会主义建设经验的全面总结，邓小平领导开展真理标准问题大讨论，解放思想，破除陈旧思维，重新恢复了以经济建设为中心的发展战略，通过对内改革和对外开放，成功开拓了中国社会主义现代化建设的新道路。进入新时代，我国的社会状况、经济模式、主要矛盾、思想观念均发生了深刻调整和重大变化，改革进入攻坚时期，社会矛盾凸显，机遇挑战并存。习近平高瞻远瞩地把实现中华民族伟大复兴作为最终奋斗目标，把国家的发展、民族的振兴与个人的幸福紧密结合在一起，辩证统一起来，极大地激发了中华民族的昂扬斗志，向世界展示了中国模式、中国道路的无限宽广。中国特色社会主义，历经几代中国共产党人不屈不挠的斗争，是中国革命、建设和复兴的历史选择。在新的历史条件下，结合中国历史和中国现实来看问题，不断总结历史经验，对于继续更好地推进中国特色社会主义事业，最终实现中华民族伟大复兴的中国梦，具有十分重要的意义。

二　从世界历史与中国现实的结合中看问题

中华民族5000多年历史创造了璀璨的中华文化，虽然经受了近代以来的种种磨难，但中华文明仍然是世界文明中瑰丽的宝藏，维系着中华民族的绵延发展。中华民族优秀的文化传统，核心的价值理念，自强不息的民族精神是我国人民几千年来克服艰难险阻、战胜内忧外患、创造幸福生活的强大精神支柱。习近平同志指出，我们不仅要了解中国的历史文化，还要睁眼看世界，了解世界上不同民族的历史文化，去其糟粕，取其精华，从中获得启发，为我所用。[①]

（一）中国历史文化是精神家园

中华传统文化是中华民族的生存方式、思想方式和精神家园，中华文化遗产数量之多，规模之大，品种之丰，技艺之精，价值之高，都无与伦比。中华文明5000多年，博大精深，源远流长，5000多年悠久灿烂的中华文化所蕴含的民族精神和强大的文化凝聚力和创造力，不仅是提高国家文化软实力、扩大中华文化影响力的重要源泉，更是中华民族实现全面复兴的前提。

1. 爱国主义精神

爱国主义精神是对自己所属国家的一种认同的情怀，而中华民族历来就是一个有着深厚爱国主义情怀的民族。爱国主义精神在中国人民团结奋

---

① 《习近平谈治国理政》，外文出版社，2014，第406页。

斗、抵御外来侵略和推动社会进步的过程中发挥了重要的鼓舞作用。中华民族历史上饱经风霜、历经磨难，正是凭借人民的爱国情怀，才得以经受住考验，将中华文明延续至今。在中华民族发展史上、在爱国主义的大旗下，中华儿女为国家奋不顾身，出现过很多至今仍被人称颂的爱国人士，从而使中华民族表现出巨大的凝聚力和蓬勃的生命力。

不同的历史时期有着不同的爱国主义精神实质。在革命战争年代，爱国主义情怀主要体现为对外来侵略者的反抗，对民族解放和民族独立的追求；在和平时期，爱国主义情怀主要表现为民族自尊心、自信心和自豪感。中华民族对国际上出现的对中国不公的行为所表示的抗议就是爱国主义情怀的彰显。

2. 自强不息精神

“自强不息”一词最早出自《周易·乾》：“天行健，君子以自强不息。”自强不息的精神正如党的十九大报告中提到的“永不懈怠的精神状态和一往无前的奋斗姿态”①。自强不息的进取精神同样深深地蕴藏在中国传统文化之中，在中华民族5000多年的历史发展中沉淀形成。自强不息的进取精神是中华民族赖以生存和发展的精神支柱，充分体现了中华民族吃苦耐劳、积极向上的态度，也是广大劳动人民历来的优良传统。自强不息的进取精神不仅体现在中国传统文化典籍中，在广大劳动人民的日常生活中更是处处可见，中国古代的“精卫填海”“夸父追日”“愚公移山”的神话传说就是对自强不息民族精神的称颂。自强不息的民族精神鼓舞着海内外中华儿女克服重重困难，不断地实现个人价值和社会的进步。中国优秀传统思想文化体现着中华民族最基本的文化基因，在生产生活中形成的世界观、人生观、价值观最核心的内容是中华民族有别于其他民族的独特标识。

3. 和合精神

和合的和，指和谐、和平、祥和；和合的合，指结合、融合、合作。和合精神用两个字表示为“和合”，用一个字表示则称为“和”。“和合”一词起源很早，在甲骨文和金文中就有和、合两字，寓意许多不同的事物

① 习近平：《决胜全面建成小康社会　夺取新时代中国特色社会主义伟大胜利——在中国共产党第十九次全国代表大会上的报告》，人民出版社，2017，第1页。

之间保持一定的平衡。和合中蕴含着很多延续至今的重要精神，如和平发展、和谐相处等。中华民族历来爱好和平，一向主张在互相尊重、平等互利的原则下和谐相处。和合精神是中国传统文化中非常重要的组成部分。

中华民族不仅强调爱好和平，同时也主张不同民族、国家相处过程中坚持“和而不同”“求同存异”，从而和谐相处。爱好和平的精神渗透到了中国人的骨子里，成为中华民族精神中极其重要的组成部分。当今世界，虽然和平与发展是时代主题，但霸权主义、强权政治、恐怖主义、宗教冲突等无时无刻不威胁着世界和平发展。中华民族呼吁构建人类命运共同体，致力于消除和解决这些人类共同面对的问题。中华文化的诸多精髓在今天仍具有强大的生命力，将继续影响世界的和平发展进程，其特殊的时代价值，必为人类进步作出更大贡献。

今天我们大力推崇中华传统文化，既是强烈的民族自豪感和文化自信心的彰显，也为正确理解和传承中华优秀传统文化注入了新的时代内涵，赋予了新的时代精神。中国传统文化源远流长、浩如烟海，是中华民族的“根”“脉”“魂”，中华文化的精华是民族精神的主流、主体，是中国文化软实力最深厚的根基。

（二）世界历史文化影响中国发展

西方资本主义国家在“地理大发现”后迅速向全球扩张。西方资本主义国家掀起科技革命，抓住历史发展带来的机遇，迅速发展，用坚船利炮和廉价商品等打开了中国的大门。在与西方文明遭遇之前，中国历史上许多王朝认为自己是世界的中心。西方文化是世界文化的重要组成部分，它根源于古希腊罗马文化及犹太的契约文化，后历经基督教文化、文艺复兴、宗教改革和启蒙运动从而形成一种发达的世俗文化。契约精神、人与自然的二元对立构成了西方传统文化的基本精神。西方社会的优秀文化传统是在反对封建主义、发展资本主义的过程中形成的，因此西方文化传统对大力发展中国特色社会主义的中国而言具有很多值得借鉴的方面。

1. 契约精神

契约精神是商业社会中所特有的一种精神，是伴随着各种商业活动的进行而形成并发展起来的。客观来讲，契约精神是商业社会中最基本的文化，是不同商业群体进行正常商业活动的重要保证。实际上契约精神是一种倡导自由、平等、诚信的精神。诚实守信精神是契约精神的核心。在商业社会中，诚实守信精神对社会的正常发展具有不可替代的作用。这是因为商业社会中人与人之间的各种往来更加频繁，而商业过程中，是否拥有诚信精神直接关系着往来能否继续下去。只有坚持诚信精神才能保证商业活动的正常进行，商业社会才能实现良性运行。西方社会正是由于坚持诚信精神，才使社会发展中出现人才选拔公平公正、法治精神深入人心、贸易往来自由平等现象。

以自由、平等、诚信为基本内容的契约精神在西方社会的长期发展过程中已经成为一种非常重要的基础性文化，可以说西方人的血液中都流淌着契约精神。这种契约精神在西方社会中随处可见。比如，西方的很多中小企业在进行日常贸易的过程中，贸易双方一般不签订合同，只要供货方把货发出，对方收到货后就会立即付钱。贸易双方都认为这是天经地义的事情。这是契约精神充分发展的社会中极其普遍的现象，在一个缺乏契约精神的国度就很难很好地贯彻执行了。

2. 拼搏精神

西方社会所强调的拼搏精神是建立在西方社会人与自然二元对立的思想基础上的，其所强调的是在征服自然的斗争中，人们所表现出来的向上、向外扩张的气魄。人们征服、驾驭自然的拼搏精神是西方社会的基本文化精神。

自然是独立于人类实践活动的，不以人的意志为转移，但是人们可以通过实践活动实现客观世界的对象化，即把外在自然变成人化自然。人类生活的世界就是人化自然和人类社会的统一体。因此人类在不断的实践活动中对自然进行探索，并通过人类的实践活动实现对自然的改造。西方社会在很久以前就把自然作为自己征服、驾驭的对象，不断地对自然进行探索，以使自然更好地为人类服务。西方社会中有很多人可以超出自己的感官欲望和利害关系，不求功利、不计得失地探索自然界中各类未知事物的发展规律。虽然对于人与自然到底应该如何共处还存在很多争议，但是对于自然灾害的征服、人类疾病的攻克还是人类的共识。正是由于有了这种征服、改造自然的拼搏精神，西方社会才会不断涌现出各种对人类社会发展起积极推动作用的研究成果。这些研究成果极大地促进了人与社会的发展。

正是由于拥有如此多的文化软实力发展资源，中国文化软实力的提升才成为一种可能。当然，如此众多的资源只是文化软实力提升的源泉，它只是一种潜在的力量，能否真正地转化为现实力量，还要视具体的情况而定。只有把社会中的各种优秀文化思想转化成促进个人与社会发展的动力，并通过对外宣传影响其他国家的人民，这些优秀的文化思想才能转化为该国的文化软实力。否则，如果只是单纯地进行文化资源的堆积，只可能让一个民族盲目地产生历史优越感。

三　从党的历史与当前现实工作的结合中看问题

“治天下者以史为鉴，治郡国者以志为鉴”①，借鉴历史经验是认识社会发展规律的必由之路。习近平在对马克思主义历史观的继承和发展的基础上，总结了人类社会历史发展的规律、共产党执政的规律，吸收借鉴了中西方的治国理政的智慧和经验教训，为推进国家治理体系和治理能力现代化提供了坚强的历史力量。

（一）推动党和国家事业的发展

1. 党史中蕴含着丰富的马克思主义文化内涵

首先，从党的历史与当前现实工作的结合中看问题，有利于中国化马克思主义理论价值的彰显。马克思主义理论是党的历史的理论基础和指导思想，在历史进程中与中国社会实际情况相结合形成了中国化的马克思主义。党的历史文化具有丰富的思想内涵和独特的理论形态，蕴含着丰富的中国化马克思主义的精华。通过对党的历史的研究，可以从中发现马克思主义是党的历史形成的基础，是党史中重要的组成部分，而且是党的历史发展的重要思想保证，推动着党的历史创新。从毛泽东思想的确立，经过邓小平理论的革新，到习近平新时代中国特色社会主义思想的形成，90多年的历史风雨积淀，中国共产党对马克思主义的运用和把握越来越到位，熟练运用马克思主义解决我国发展建设中的实际问题，逐渐丰富了马克思主义文化的内涵，彰显了马克思主义文化的价值。

---

① （明）嘉靖《山西通志·序》。

其次，通过对党的历史的研究可以发现，中国共产党对理论创新的坚持得到较好的展现，有利于对中国共产党的执政规律进行正确的认识，同时还能够将马克思主义中国化指导意识形态的功能和作用充分展现出来。中国共产党执政期间对马克思主义进行深入的研究和科学的认识，促使党获得了长足的发展，而对马克思主义理论精髓和实质的正确把握，为党更好地为人民服务提供了坚实的基础。党的思想路线是实事求是，在长期的发展过程中，对马克思主义和我国实际情况的有效结合比较重视，促使马克思主义在中国实现两次历史性飞跃，创造了丰富的马克思主义中国化的理论成果。

2. 党和国家事业的发展需要党史的借鉴

历史是一本伟大的教科书，蕴含着取之不尽、用之不竭的宝贵财富。只有通过对历史兴衰起落的详细观察，总结其发展规律，以更全面地认识现状，才能趋利避害，做好现实的工作。通过科学研究党自身的发展历程，揭示党的本质及其基本历史轨迹，逐步深化对共产党执政规律、社会主义建设规律的认识，我们才能看到历史发展的规律性、必然性。在此基础上，总结历史的经验教训，为各种决策提供一定的依据和参考，从而坚持正确的前进方向，不断修正或完善纲领、路线、方针、政策，在正确的道路上不断开拓前进。例如，党的十一届三中全会在吸取了长期“以阶级斗争为纲”路线的沉痛教训的基础上才作出了转移全党工作重心的重大决策。研究党的历史，总结汲取党史上正反两方面的经验教训，理论联系实际来解决问题、矛盾，帮助我们党增加解决现实问题、增强面对未来的自信和勇气。

历史是一面可以让我们看到过去、吸取教训、得到智慧的镜子，学习和研究党的历史，就是要用党史这面镜子帮助我们认识到什么是对的，什么是错的。在新的历史起点上，我们的社会主义现代化建设需要历史经验提供借鉴，全面深化改革需要历史经验提供借鉴，解决前进道路上的困难和问题需要历史经验提供借鉴，加强党的思想、作风和组织建设需要历史经验提供借鉴，正确总结党的历史经验和教训，对我们坚持和发展正确的理论也具有十分重要的意义。

（二）科学评价历史事件

在看待党的历史时，我们应该历史地全面地比较地看待。毛泽东提出了要从“古今中外”这些方面看待历史。邓小平在改革开放初期针对一些人片面对待党的历史的做法，进一步强调“讲历史要全面”的原则方法。如若不顾历史发展的主流，而只是孤立、静止地去看待某一党史事件，这种片面性的研究必然会走入死胡同。因此，我们对社会主义事业实践的历史考察，不能断章取义，也不能攻其一点、不顾其他，要善于连续地整体地看待历史发展，不要把今天的社会主义实践与昨天的社会主义实践对立起来，这样才能避免走向历史虚无主义。

中华人民共和国成立以来，中国共产党的历史存在改革开放前和改革开放后两个时期，这两个时期在时间上大体相同，但由于这两个时期在历史任务、指导思想、体制机制等方面存在重大差别，社会上和理论学术界，对这两个时期关系的认识和评价不尽一致。有的人认为两个时期是割裂的、对立的，后者是对前者灰暗历史的否定和纠正；但也有人认为这两个时期是统一的，是继承与发展的关系。总之对两个时期的认识各执一词，没有一个权威的评价。

对于这个问题，习近平以“我们党领导人民进行社会主义建设的实践探索”为主线，将“两个时期”统一起来，从历史方法论的角度解决了这一问题。他指出：“虽然这两个历史时期在进行社会主义建设的思想指导、方针政策、实际工作上有很大差别，但两者决不是彼此割裂的，更不是根本对立的。”[①] 从历史的高度看，虽然两个时期存在重大差别，但都统一于党和国家的事业的实践，两个时期之间既有连续性和继承性，也有发展性和创新性。“本质上都是我们党领导人民进行社会主义建设的实践探索。”[②] 中国特色社会主义不仅是我们在改革开放后开创的，也是在已经建立起社会主义基本政治、经济制度和比较完整的工业体系、国民经济体系的基础上，并且进行了多年建设而开创的，并不是一蹴而就的。我们是马克思主

① 习近平：《在新进中央委员会的委员、候补委员学习贯彻党的十八大精神研讨班上的讲话》，《人民日报》2013 年 1 月 6 日。

② 习近平：《在新进中央委员会的委员、候补委员学习贯彻党的十八大精神研讨班上的讲话》，《人民日报》2013 年 1 月 6 日。

义政党领导下的社会主义国家，要尊重历史而不能割断历史，“不能用改革开放后的历史时期否定改革开放前的历史时期，也不能用改革开放前的历史时期否定改革开放后的历史时期”。[①]

正确把握改革开放前后两个时期的辩证关系，理解两个时期的整体性、同一性和关联性。从理论上看，这两个时期党的历史主题和目标追求都是中华民族的伟大复兴、实现中国现代化，其指导思想始终没有变，是一脉相承、与时俱进地发展和不断完善的。从实践上看，两个时期都是对适合中国国情的社会主义道路的实践探索，都是进行社会主义建设的实践探索，具有同一性和不可分割性。在第一个时期，我国建立了社会主义基本制度，建立了独立的比较完整的国民经济体系，为民族复兴奠定了根本政治前提、制度基础和物质基础，为改革开放创造了良好的社会条件。改革开放更是给中国带来翻天覆地的变化，伴随社会主义市场经济体制的确立，社会生机活力得到空前释放，中国经济蓬勃发展，人民生活水平显著提高，综合国力明显增强，国际地位显著提升，当前中国已经比历史上任何时期都更接近中华民族复兴目标。

（三）提高党的执政水平

1. 借鉴历史经验，推进国家治理体系和治理能力的现代化

历史是社会进步发展过程中最好的老师，从中总结出来的经验教训对国家持续稳定地发展具有重要的价值。虽然治国理政要考虑的因素很多，但借鉴历史经验是必不可少的，要想治理好今天的中国就必须详细地认识和了解中国的历史和文化，总结治国理政的经验和教训，使之发生作用，推动社会和谐发展。

当前党和国家的工作重点无疑是贯彻、落实和推进国家治理现代化的目标和“四个全面”战略布局，这是一项极为复杂、系统的任务，因此，需要从历史经验中寻找智慧。在这一方面，习近平善于总结历史经验，将其巧妙地融合到治国理政的实践中去，为我们特别是为广大党员干部作出了表率，意味着党对历史发展的规律有了更新更高更清晰的认识。在谈到如何搞好全面深化改革工作时，他主张要善于总结运用改革开放的成功经

① 《习近平谈治国理政》，外文出版社，2014，第23页。

验，必须坚持党的领导，坚持正确的方向、正确的道路、正确的方法论，坚持全面改革，坚持尊重人民的首创精神，坚持改革发展稳定的统一。在论及全面推进依法治国问题时，习近平指出，社会主义法治建设成就和经验集中体现为中国特色社会主义法治道路。因此，要善于“总结和运用党领导人民实行法治的成功经验”①。值得指出的是，习近平同志在强调要善于借鉴历史经验和外国经验的同时，又反复告诫决不能照搬照抄传统文化理念和外国模式，走向教条主义，而是要坚持“洋为中用、古为今用”的方针，立足于中国的国情，与中国具体实际相结合，形成中国特色。

2. 积极应对错误思潮和外来文化的冲击

党史凝聚着党领导人民群众改变近代以来的屈辱命运、实现民族复兴的不懈奋斗历程和光辉成就，包含了广大人民群众对党的领导和发展道路的认同，是构建社会主义核心价值观和国家主流意识形态的重要基础。正如习近平指出，正确对待党的历史，是应对意识形态领域挑战，抵制西方敌对势力西化、分化图谋的必然要求，关系党和国家的长治久安和社会主义的前途命运。② 其思想为我们提供了科学对待党史的根本立场、观点和看法，有利于引导广大群众把握党史发展的主题和主线、主流和本质，正确认识党和国家重大历史问题，自觉抵制错误思想和思潮的影响。

当前我国社会进入转型期，各种利益矛盾凸显，也为意识形态领域不良思想的萌芽创造了生长的土壤。这些错误思想妄图否定马克思主义，否定中国共产党的执政地位，否定中国特色社会主义道路。它们的存在扰乱了人们的思想，混淆了国人的视听，冲击着国家主流意识形态，中国特色社会主义的实践迫切需要清除这些错误思想和思潮，坚定正确理论的指导。因此在学习历史时应把握历史发展的主题、主线和主流、本质，坚持历史辩证法，科学分析、评价历史事件和历史人物，驳斥历史虚无主义错误思潮，树立正确的历史观，认清错误的思潮，坚持马克思主义在意识形态领域的指导地位。

---

① 《习近平谈治国理政》第 2 卷，外文出版社，2017，第 117 页。

② 《历史是最好的教科书——学习习近平同志关于党的历史的重要论述》，《人民日报》2013 年 7 月 22 日。

第三节　国际与国内相关联

党的十九大报告指出，“中国人民的梦想同各国人民的梦想息息相通，实现中国梦离不开和平的国际环境和稳定的国际秩序”，中国将继续“促进和而不同、兼收并蓄的文明交流，构筑尊崇自然、绿色发展的生态体系，始终做世界和平的建设者、全球发展的贡献者、国际秩序的维护者”。[①]

国际与国内相关联，就是要从党和国家事业发展大局出发进行思考。坚持辩证唯物主义和历史唯物主义的方法论，科学把握当今世界和当代中国的发展大势，在和平、发展、合作、共赢的时代潮流中确定中国的发展方向、路径和重点。新时代下推动全面开放新格局，把国内和国际结合起来，是顺应世界大势和时代潮流的必然要求。当今时代，只有善于把握国内国际两个大局、利用国内国际两种资源、开拓国内国际两个市场、掌握国内国际两类规则，才能掌握国家发展主动权。

一　坚持和平发展与合作共赢

（一）走和平发展道路

习近平指出：“要跟上时代前进步伐，就不能身体已进入21世纪，而脑袋还停留在过去，停留在殖民扩张的旧时代里，停留在冷战思维、零和博弈老框框内。”[②] 当今世界正在发生深刻复杂的变化，但和平与发展仍是时代主题，和平、发展、合作、共赢的时代潮流更加强劲。世界多极化、经济全球化深入发展，文化多样化、社会信息化持续推进，今天的人类比以往任何时候都更有条件朝和平与发展的目标迈进，而合作共赢就是实现这一目标的现实途径。几十年来，中国始终坚持独立自主的和平外交政策，反对各种形式的霸权主义和强权政治，不干涉别国内政，始终强调中国外交政策的宗旨是维护世界和平、促进共同发展。永不称霸，永不扩张。

---

① 习近平：《决胜全面建成小康社会　夺取新时代中国特色社会主义伟大胜利——在中国共产党第十九次全国代表大会上的报告》，人民出版社，2017，第25页。

② 《习近平系列重要讲话读本》，学习出版社、人民出版社，2016，第261页。

中国的发展绝不以牺牲别国利益为代价，“不管国际风云如何变幻，我们都要始终坚持和平发展、合作共赢，要和平不要战争，要合作不要对抗，在追求本国利益时兼顾别国合理关切”。[①] 中国走和平发展道路，也决不放弃自己的正当权益。中国不做损人利己、以邻为壑的事情，但也决不牺牲国家核心利益。中国坚定不移做和平发展的实践者、共同发展的推动者，中国是维护世界和平、促进共同发展的重要力量，是国际社会可以信赖的伙伴和朋友。中国将高举和平、发展、合作、共赢的旗帜，牢牢把握坚持和平发展、促进民族复兴这条主线，维护国家主权、安全、发展利益，为和平发展营造良好的国际环境。中国将加强同各国人民友好往来，扩大同世界各国利益交汇点，为促进人类和平与发展的崇高事业作出积极贡献。

“和平是人民的永恒期望。和平犹如空气和阳光，受益而不觉，失之则难存。没有和平，发展就无从谈起。”[②] 和平发展的道路，从来都不是权宜之计，而是纵观中国历史、世界历史得出的客观判断；和平发展的道路，更不是外交辞令，而是思想与实践的自觉统一。和平发展道路对中国有利、对世界有利，并被实践证明是走得通的道路。

（二）构建新型国际关系

“国家无论大小、强弱、贫富，都应该做和平的维护者和促进者，不能这边搭台、那边拆台，而应该相互补台、好戏连台。”[③] 大国关系是影响世界和平的决定性力量，构建健康稳定的大国关系框架至关重要，要切实运筹好大国关系。维护世界和平、促进共同发展，需要各国共同推动建立以合作共赢为核心的新型国际关系，共同为世界主题而努力。

1. 积极发展大国关系

首先是中俄关系。俄罗斯不仅是大国，而且是我国周边最大邻国。中俄关系有着友好的历史，两国之间拥有广泛的共同利益，对于中俄关系，要牢固建立起全面战略协作伙伴关系，将国际战略协调与合作提升到新高

---

① 习近平：《携手合作，共同发展——在金砖国家领导人第五次会晤时的主旨讲话》，2013 年 3 月 27 日。

② 习近平：《共同创造亚洲和世界的美好未来——在博鳌亚洲论坛 2013 年年会上的主旨演讲》，2013 年 4 月 7 日。

③ 《习近平谈治国理政》，外文出版社，2014，第 331 页。

度，并坚决支持彼此的经济新发展，坚定支持彼此维护核心利益，并支持彼此自主选择适合自己的发展道路和社会政治制度，共同反对侵害共同利益的行为，积极促进中俄关系始终“沿着《中俄睦邻友好合作条约》确定的方向，积极进取，开拓创新，共创中俄关系更加美好的明天”[①] 方向发展，成为和平共处、合作共赢的典范。

其次是中美关系。对于中美关系，要加强合作，全面对话，求同存异，加强重点合作项目规划。中美关系不仅是当今世界最重要的双边关系之一，而且在我国外交布局中占有特殊位置。中美双方应共同朝着构建新型大国关系的方向努力，相互尊重、合作共赢，这不仅符合两国人民的愿望，也是符合时代潮流的正确选择。中美之间应在保持密切交往的同时继续拓展和深化各领域合作，在尊重彼此不同的历史文化传统、社会制度、发展模式的基础上，继续深化亚太地区事务对话与合作，共同应对区域性和全球性挑战。中美关系友好，对两国人民及世界人民都有利，“可以做世界稳定的压舱石、世界和平的助推器”[②]。因此，“我们有一千条理由把中美关系搞好”[③]。

最后是中欧关系。欧洲是多极化世界的重要一极，要从战略高度看待中欧关系。欧洲是中国的战略伙伴，中欧双方在维护世界和平、促进共同发展方面共识不断扩大，合作的深度和广度不断拓展。应共同致力于将中欧两大力量、两大市场、两大文明结合起来，同心协力“打造中欧和平、增长、改革、文明伙伴关系”[④]，提升中欧全面战略伙伴关系的全球影响力，为世界发展繁荣作出更大贡献。

2. 加强与其他国家团结合作

首先，与周边国家关系。周边是我国安身立命之所、发展繁荣之基。习近平强调，要谋大势、讲战略、重运筹，把周边外交工作做得更好。[⑤] 我国周边外交的基本方针，就是坚持与邻为善、以邻为伴，坚持睦邻、安邻、

① 《习近平谈治国理政》第 2 卷，外文出版社，2017，第 469 页。
② 《习近平谈治国理政》，外文出版社，2014，第 279 页。
③ 《习近平谈治国理政》第 2 卷，外文出版社，2017，第 488 页。
④ 《习近平谈治国理政》第 2 卷，外文出版社，2017，第 455 页。
⑤ 《习近平谈治国理政》，外文出版社，2014，第 297 页。

富邻，突出体现亲、诚、惠、容的理念。东北亚、东南亚、中亚是我国周边外交的战略重点，也是我国海外利益集中、交往密切、对外辐射影响力较强的地区。应坚定发展同东盟的友好合作，同南亚各国和睦相处，不断深化同周边国家的互利合作和互联互通，增进与周边国家的互信，巩固友好、加强合作，共同打造周边命运共同体，促进共同繁荣。

其次，加强与发展中国家的关系。广大发展中国家是我国走和平发展道路的同路人，切实加强同发展中国家的团结合作，就要把我国的发展与广大发展中国家的共同发展紧密联系起来，坚持正确义利观，做到义利兼顾，以义为先，以全面战略合作伙伴关系建设为引领。尤其是要加强同非洲国家的团结合作，坚持政治上平等互信、经济上合作共赢、文明上交流互鉴、安全上守望相助、国际事务中团结协作，全面推进中非战略合作伙伴关系建设。

中国积极倡导和践行多边主义，坚定维护世界和平事业，高度重视联合国的作用，始终维护联合国宪章宗旨和原则以及其他公认的国际关系基本准则。大力推动国际发展事业，积极推动实现联合国千年发展目标，在二十国集团、上海合作组织、金砖国家等国际事务中始终大力配合并发挥积极作用。随着国力不断增强，中国必将在力所能及的范围内承担更多国际责任和义务，为人类和平与发展作出更大贡献。

二　推进“一带一路”建设

“一带一路”指丝绸之路经济带和21世纪海上丝绸之路。建设“一带一路”是党中央作出的重大战略决策，是习近平在2013年访问中亚和东南亚时提出的倡议。“一带一路”是合作发展的理念和倡议，是中国旨在借用古代“丝绸之路”的历史符号，高举和平发展旗帜，主动发展与沿线国家经济合作伙伴关系，共同打造政治互信、经济融合、文化包容的利益共同体、命运共同体和责任共同体，是实施新一轮扩大开放的重要举措。习近平形象地指出“‘一带一路’，就是要再为我们这只大鹏插上两只翅膀，建设好了，大鹏就可以飞得更高更远”。[①] 在新的历史条件下，我们提出“一

① 《习近平关于协调推进“四个全面”战略布局论述摘编》，中央文献出版社，2015，第78页。

带一路”倡议，就是要继承和发扬丝绸之路精神，把我国发展同沿线国家发展结合起来，把中国梦同沿线各国人民的梦想结合起来，赋予古代丝绸之路以全新的时代内涵。①

（一）建设互联互通

“丝绸之路”被誉为“凿空之旅”。丝绸之路是一条贸易之路，更是一条友谊之路。“一带一路”倡议，唤起了沿线国家的历史记忆。各国提出的许多发展战略或倡议和“一带一路”倡议有不少契合点，完全可以开展互利合作，实现共同发展。如果将“一带一路”比喻为亚洲腾飞的两只翅膀，那么互联互通就是两只翅膀的血脉经络。②“一带一路”和互联互通相融相近、相辅相成。互联互通是信息化时代背景下的网络状的大联通，其中既包括修路架桥等线下联通，也包括网络信息交换等线上沟通，互联互通不仅仅是平面化和单线条的联通，更是全方位立体化的联通，蕴藏着无限的生机和活力。

首先，以亚洲国家为重点，促进基础设施建设互联互通。“一带一路”的历史起点即是依托亚洲，而今更是应该首先造福亚洲。“一带一路”是中国和亚洲邻国的共同事业，搞好亚洲国家互联互通建设，努力扩大亚洲国家之间的共同利益意义重大。第一，将周边国家作为优先考虑对象。通过互联互通为亚洲邻国提供更多公共产品。第二，以经济走廊为依托，建立亚洲互联互通的基本框架，兼顾各国需求，统筹陆海两大方向。第三，以交通基础设施为突破，实现亚洲互联互通的早期收获。推进联通与邻国的铁路、公路项目，将在推进“一带一路”建设中优先部署。第四，以建设融资平台为抓手，打破亚洲互联互通的瓶颈，盘活存量、用好增量，抓好基础设施建设，为“一带一路”项目提供投融资支持。第五，鼓励加强各国文化交流和民间往来，夯实亚洲互联互通的社会根基。以人文交流为纽带，支持不同文明和宗教对话，发展丝绸之路特色旅游，让旅游合作和互联互通建设相互促进。

其次，加强人文交流合作，打造民心相通工程。“一带一路”倡议是发

---

① 《习近平谈治国理政》第2卷，外文出版社，2017，第501页。

② 《习近平谈治国理政》第2卷，外文出版社，2017，第497页。

展的倡议、合作的倡议、开放的倡议，民心相通是“一带一路”建设的人文基础，构成“一带一路”建设的重要内容。坚持经济合作和人文交流共同推进，尊重各国人民文化历史、风俗习惯，讲好“一带一路”故事，传播好“一带一路”声音，加强同沿线国家人民的友好往来，在沿线国家民众中形成一个相互欣赏、相互理解、相互尊重的人文格局，为“一带一路”建设打下广泛社会基础。加快“一带一路”建设，有助于加强不同文明交流互鉴，为打造共商、共建、共享的平台，提供良好的舆论环境。

联通是合作发展的基础。着力推动陆上、海上、天上、网上四位一体的联通，聚焦关键通道、关键城市、关键项目，联结陆上公路、铁路道路网络和海上港口网络。确立“一带一路”建设六大经济走廊框架，扎扎实实向前推进。促进政策、规则、标准三位一体的联通，为互联互通提供机制保障。

（二）“一带一路”造福各国人民

习近平指出，“一带一路”建设将为中国和沿线国家共同发展带来巨大机遇。“一带一路”是开放的，是穿越非洲、环连亚欧的广阔“朋友圈”，所有感兴趣的国家都可以添加进入“朋友圈”。[①]“一带一路”倡议提出后，中国与“一带一路”沿线国家经贸合作取得显著成效：截至2017年5月，中国已与83个国家和国际组织共同发布了《推进“一带一路”贸易畅通合作倡议》，这是“一带一路”贸易畅通的第一份国际性共同倡议文件；中国企业已在“一带一路”沿线20多个国家建设了50多个境外经贸合作区；截至2017年，中国累计签署了16个自贸协定，涉及24个国家和地区，其中绝大部分为“一带一路”沿线国家和地区；2017年，首届“一带一路”国际合作高峰论坛成功举办。21世纪的“凿空之旅”——“一带一路”承接了千年前的辉煌灿烂并将之发扬光大。党的十九大报告指出，要以“一带一路”建设为重点，坚持引进来和走出去并重，遵循共商共建共享原则，加强创新能力开放合作，形成陆海内外联动、东西双向互济的开放格局。这充分展示出中国坚定推动全面开放新格局、坚定推进“一带一路”国际合作的决心和信心。

---

① 习近平：《在英国伦敦金融城中英工商峰会上的致辞》，《人民日报》2015年10月22日。

习近平强调：“‘一带一路’建设是我国在新的历史条件下实行全方位对外开放的重大举措、推行互利共赢的重要平台。我们必须以更高的站位、更广的视野，在吸取和借鉴历史经验的基础上，以创新的理念和创新的思维，扎扎实实做好各项工作，使沿线各国人民实实在在感受到‘一带一路’给他们带来的好处。”① 从倡议到实践，从布点到拓面，几年来，“一带一路”建设在探索中前进、在发展中完善、在合作中成长，进度和成果超出预期。2015 年，中国同“一带一路”参与国双边贸易额突破 1 万亿美元，中国企业对沿线国家的直接投资额近 150 亿美元。从连接亚欧大陆的中欧班列，到非洲大地不断兴起的新产业新项目，一条绿色丝绸之路、健康丝绸之路、智力丝绸之路、和平丝绸之路正在铺展，不断造福沿线国家和人民，得到沿线国家的广泛认同。

“一带一路”将给沿线各国人民带来实实在在的利益，让沿线国家得益于我国发展。“一带一路”不仅为中国带来巨大效益，同时也为沿线国家发展带来巨大机遇。“一带一路”如同一条阳光大道，汇集各方力量，大家携手共进，以文明交流超越文明隔阂、文明互鉴超越文明冲突、文明共存超越文明优越，推动各国相互理解、相互尊重、相互信任。在“一带一路”建设框架内，各行业各领域交流合作，营造良好的政治、舆论、商业、民意氛围。我国企业走出去要坚持正确义利观，以义为先、义利并举，不急功近利，不搞短期行为。既要重视投资利益，又要赢得好名声、好口碑，遵守驻在国法律，承担更多社会责任，调动沿线国家积极性，寻找更多利益交汇点。

（三）大力推进“一带一路”建设

“一带一路”建设是统领我国对外开放新理念、新模式、新框架、新任务的集中体现，内容丰富，内涵深刻。在鼓励中国企业“走出去”的过程中，需要通过共商共建共享的原则来加强彼此间的合作，以达到互利共赢的效果。在经济发展进入新常态的形势下，只有树立全球视野，更加自觉地统筹国内国际两个大局，全面谋划全方位对外开放大战略，扎实推进“一带一路”建设等发展战略，才能以更加积极主动的姿态走向世界、赢得

① 《习近平谈治国理政》第 2 卷，外文出版社，2017，第 500 页。

未来。

1. “一带一路”通往和平繁荣

和时兴，战时衰。古丝绸之路沿线地区即使曾经是“流淌着牛奶与蜂蜜的地方”，从古至今也都需要一个和平安稳的社会环境。发展“一带一路”建设，各国应该尊重彼此主权领土完整，尊重彼此发展道路和社会制度，尊重彼此核心利益，构建以合作共赢为核心的新型国际关系，对话不对抗、结伴不结盟。同时推进“一带一路”建设，要聚焦发展这个根本性问题，一切矛盾都需要通过发展来解决。实现经济大融合、发展大联动，要释放各国发展潜力。金融是现代经济的“血液”，应搞好产业化经济建设，建立持续稳定的金融保障体系。建立高效创新的投资模式，推广政府和社会资本合作模式，建设多元化融资体系和多层次资本市场，完善金融服务网络建设。

2. “一带一路”通往开放创新

中国的经济腾飞是从开放开始的，开放如同破茧之蝶，迎来海阔天空。“一带一路”建设要注重打造开放型合作平台，维护和发展开放型世界经济，共同创造资源高效配置、市场深度融合、有利于开放发展的环境。始终坚持以开放为导向，推动构建公正、合理、透明的国际投资环境，促进生产要素有序流动。“一带一路”建设是一个创举，创新就是重要引擎。维护多边贸易体制，推动自由贸易区建设，促进贸易和投资自由化便利化，建设开放、包容、普惠、平衡、共赢的经济全球化，离不开创新驱动的力量。21 世纪的丝绸之路更注重信息化、数字化，要优化创新环境，集聚创新资源。注重加强在数字经济、人工智能、纳米技术、量子计算机等前沿领域的合作，推动大数据、云计算、智慧城市建设，促进科技同产业、科技同金融深度融合。

计利当计天下利。“一带一路”建设既是我国深化改革、扩大开放的战略举措，也是通过提高有效供给催生新的需求、实现世界经济再平衡的中国方案。把握“一带一路”建设的时代契机，真抓实干、久久为功，让中国梦和沿线各国人民追求发展进步的梦想相互激荡，我们必将在共商共建共享中开创更加美好的未来。

三 构建对外开放新格局

(一) 加快实施自由贸易区战略

习近平指出，加快实施自由贸易区战略是一项复杂的系统工程，也是我国新一轮对外开放的重要内容。站在新的历史起点上，实现“两个一百年”奋斗目标、实现中华民族伟大复兴的中国梦，必须适应经济全球化新趋势、准确判断国际形势新变化、深刻把握国内改革发展新要求，以更加积极有为的行动，推进更高水平的对外开放，加快实施自由贸易区战略，加快构建开放型经济新体制，以对外开放的主动赢得经济发展的主动、赢得国际竞争的主动。[①]

加快实施自由贸易区战略，要抓住机遇。正所谓“机者如神，难遇易失”[②]。自由贸易区战略是适应经济全球化新趋势的客观要求，当前，我国经济发展进入新常态，其特征不仅表现为经济增速的放缓，更表现为增长动力的转换、经济结构的再平衡。多边贸易体制和区域贸易安排正在向形态更高级、分工更复杂、结构更合理的阶段演化。发挥自由贸易区对贸易投资的促进作用，更好帮助我国企业开拓国际市场，为我国经济发展注入新动力、增添新活力、拓展新空间，是全面深化改革、构建开放型经济新体制的必然选择，也是我国积极运筹对外关系、实现对外战略目标的重要手段。

加快自贸区战略要立足周边、辐射“一带一路”，逐步构建面向全球的自由贸易区网络。“谋划大棋局，既要谋子更要谋势”。[③] 党的十八大以来，立足周边的自贸谈判取得了重大进展：中韩正式签署自贸协定，中日韩自贸区、中国与东盟的自贸区升级谈判和区域全面经济伙伴关系协定谈判密集快速推进并取得积极进展。辐射“一带一路”的自贸谈判不断深入：中国与海湾合作委员会、斯里兰卡的自贸区谈判有望在近期取得重大突破，中国与印度、中国与马尔代夫、中国与摩尔多瓦启动了自贸区可行性研究。

---

① 《习近平在中共中央政治局第十九次集体学习时强调 加快实施自由贸易区战略 加快构建开放型经济新体制》，《光明日报》2014 年 12 月 7 日。

② （北齐）魏收：《魏书·傅永传》。

③ 《习近平谈治国理政》第 2 卷，外文出版社，2017，第 101 页。

中国有信心也有能力同世界上所有国家和地区开展自贸协定谈判。中澳自贸协定在内容上涵盖货物、服务、投资等十几个领域，实现了“全面、高质量和利益平衡”的目标，是我国同世界发达经济体达成的贸易投资自由化整体水平最高的自贸协定之一。中国与冰岛、瑞士等欧洲国家达成自贸协定后，又与韩国、澳大利亚完成实质性谈判并签署自贸协定。中国自贸区进程的推进不仅扩大数量更讲求质量。正如习近平强调“大胆探索、与时俱进，积极扩大服务业开放，加快新议题谈判”。[①] 2014 年 11 月在北京举行的亚太经合组织（APEC）第二十二次领导人非正式会议上，中国作为东道主积极倡导启动亚太自贸区进程。会议通过的《APEC 推动实现亚太自贸区路线图》，就亚太自贸区的实现路径、建设原则和具体行动形成了系统的方案。这标志着亚太自贸区建设由长期愿景，转变为路线图指引下的切实行动，开启了实质性进程，亚太经济一体化进程进入一个互利合作、共同发展的新时期。

（二）完善全球治理体系，加大对外开放

“不拒众流，方为江海。”[②] 党的十九大报告指出，中国秉持共商共建共享的全球治理观，倡导国际关系民主化，坚持国家不分大小、强弱、贫富一律平等，支持联合国发挥积极作用，支持扩大发展中国家在国际事务中的代表性和发言权。中国将继续发挥负责任大国作用，积极参与全球治理体系改革和建设，不断贡献中国智慧和力量。[③] 党的十九大提出“共商共建共享”的全球治理观，标志着中国对如何推进全球经济治理和建设有着清晰的认识。

随着时代发展，现行全球治理体系不适应形势的地方越来越多，国际社会对变革全球治理体系的呼声越来越高。党的十八大提出践行正确义利观，推动构建以合作共赢为核心的新型国际关系、打造人类命运共同体，打造遍布全球的伙伴关系网络，倡导共同、综合、合作、可持续的安全观，等等。这些理念得到国际社会广泛欢迎。推动全球治理体系变革要坚持为

---

① 《习近平谈治国理政》第 2 卷，外文出版社，2017，第 101 页。

② 转引自《习近平关于科技创新论述摘编》，中央文献出版社，2016，第 114 页。

③ 习近平：《决胜全面建成小康社会　夺取新时代中国特色社会主义伟大胜利——在中国共产党第十九次全国代表大会上的报告》，人民出版社，2017，第 60 页。

发展中国家发声，坚持共商共建共享原则，加强同发展中国家团结合作，使变革的主张转化为各方共识，形成一致行动。积极巩固和发挥好二十国集团全球经济治理主平台作用，推动二十国集团向长效治理机制转型。推动全球治理体系变革，坚持要合作而不要对抗，要双赢、多赢、共赢而不要单赢，不断寻求最大公约数、扩大合作面，引导各方形成共识，加强协调合作，共同推动全球治理体系变革。

习近平指出："我们参与全球治理的根本目的，就是服从服务于实现'两个一百年'奋斗目标、实现中华民族伟大复兴的中国梦。要审时度势，努力抓住机遇，妥善应对挑战，统筹国内国际两个大局，推动全球治理体制向着更加公正合理方向发展，为我国发展和世界和平创造更加有利的条件。"① 推动全球治理体系朝着更加公正合理方向发展，符合世界各国的普遍需求。建立国际机制、遵守国际规则、追求国际正义成为多数国家的共识。近代以来国际力量对比中最具革命性的变化就是新兴市场国家和一大批发展中国家快速发展。经济全球化深入发展，国际影响力不断增强，世界各国利益和命运更加紧密地联系在一起，世界上的事情越来越需要各国共同商量着办，很多问题不再局限于一国内部，很多挑战也不再是一国之力所能应对。中国始终倡导国际合作，并积极推动新国际体系的建立，积极发掘中华文化中积极的处世之道和治理理念同当今时代的共鸣点，为推动全球治理理念创新发展，贡献中国智慧、中国力量。

（三）中国对外开放的大门永远不会关上

"明镜所以照形，古事所以知今。"② 我们回顾过去，是为了开创未来，再铸辉煌。习近平多次强调："中国将始终做全球发展的贡献者，坚持走共同发展道路，继续奉行互利共赢的开放战略，将自身发展经验和机遇同世界各国分享，欢迎各国搭乘中国发展的顺风车。"③ 过去十几年，我国一直全面履行入世承诺，商业环境更加开放和规范。经过 40 年的改革开放，我国经济正在实行从引进来到引进来和走出去并重的重大转变，只有坚持对

① 参见《人民日报》2017 年 7 月 28 日。

② （西晋）陈寿：《三国志 · 吴书 · 孙奋传》。

③ 《习近平谈治国理政》第 2 卷，外文出版社，2017，第 525～526 页。

外开放，深度融入世界经济，才能实现可持续发展。以开放促改革、促发展，是我国发展不断取得新成就的重要法宝。未来我国将在更大范围、更宽领域、更深层次上提高开放型经济水平，并坚决反对任何形式的保护主义，通过协商妥善解决同其他国家的经济贸易分歧，积极推动建立合作共赢的多边贸易体制。

中国发展得益于国际社会，中国也要为全球发展作出贡献。中国开放的大门永远不会关上，开放是国家繁荣发展的必由之路，关起门来搞建设不可能成功。实现“两个一百年”奋斗目标、实现中华民族伟大复兴的中国梦，更加需要扩大对外开放。准确把握经济全球化新趋势和我国对外开放新要求，妥善应对我国经济社会发展中面临的困难和挑战，也要推进更高水平的对外开放，以对外开放的主动赢得经济发展的主动、赢得国际竞争的主动。

对外开放是中国的基本国策，中国始终尊重国际营商惯例，遵守国民待遇等世贸组织原则，公平公正对待包括外商投资企业在内的所有市场主体，中国利用外资的政策不会变，对外商投资企业合法权益的保障不会变，欢迎跨国公司同中国企业开展各种形式合作。中国会继续为各国企业在华投资兴业提供更好的服务，及时解决外国投资者投资疑虑，保护投资者的合法权益，保护好知识产权，努力营造公开透明的法律政策环境、平等竞争的市场环境，为同世界各国开展合作开辟更加广阔的空间。

中国将坚定不移提高开放型经济水平，坚定不移引进外资和外来技术，坚定不移完善对外开放体制机制，为经济发展注入新动力、增添新活力、拓展新空间。随着我国同世界的互动越来越频繁，机遇共享、命运与共的关系日益凸显，我国将以更加开放的胸襟、更加包容的心态、更加宽广的视角，实行更加积极主动的开放战略，引领国际经济合作和竞争，打造区域发展高地，促进沿海内陆沿边开放优势互补，完善互利共赢、多元平衡、安全高效的开放型经济体系，为推动人类文明进步作出应有贡献。

第四章　中国特色社会主义的价值论

党的十九大报告提出："中国特色社会主义进入新时代，意味着近代以来久经磨难的中华民族迎来了从站起来、富起来到强起来的伟大飞跃，迎来了实现中华民族伟大复兴的光明前景；意味着科学社会主义在二十一世纪的中国焕发出强大生机活力，在世界上高高举起了中国特色社会主义伟大旗帜；意味着中国特色社会主义道路、理论、制度、文化不断发展，拓展了发展中国家走向现代化的途径，给世界上那些既希望加快发展又希望保持自身独立性的国家和民族提供了全新选择，为解决人类问题贡献了中国智慧和中国方案。"①

这"三个意味着"，深刻揭示了中国特色社会主义不断开辟发展新境界的历史意义、时代意义、世界意义，彰显了中国特色社会主义的中国价值、历史价值、世界价值。

第一节　中国价值

一　"中国梦发展战略"

习近平总书记指出，科学社会主义在中国的成功，对马克思主义、科学社会主义的意义，对世界社会主义的意义，是十分重大的。② 党的十九大作出中国特色社会主义进入新时代这个重大政治论断，我们必须认识到，

---

① 习近平：《决胜全面建成小康社会　夺取新时代中国特色社会主义伟大胜利——在中国共产党第十九次全国代表大会上的报告》，人民出版社，2017，第 10 页。

② 《习近平在学习贯彻党的十九大精神研讨班开班式上发表重要讲话》，中华人民共和国中央人民政府网站，http://www.gov.cn/xinwen/2018-01/05/content_5253681.htm。

这个新时代是中国特色社会主义新时代，而不是别的什么新时代。党要在新的历史方位上实现新时代党的历史使命，最根本的就是要高举中国特色社会主义伟大旗帜。[①]

党的十八大报告强调，我们要在党成立一百周年时全面建成小康社会，要在我们国家成立一百周年时建成社会主义现代化强国。实现多领域全方位全面发展的小康社会，是党对全国人民作出的庄严承诺，更是近代以来中华儿女不断努力的重要目标。习近平在参观《复兴之路》展览时提出，实现中华民族伟大复兴，就是中华民族近代以来最伟大的梦想。中国梦的提出，凝聚了各族人民的思想，激励着全国人民为我国现代化建设不懈拼搏努力，为我国政治经济多方面的发展提出了一个长期的前进方向。中国梦的基本内涵就是要实现国家富强、民族振兴、人民幸福。实现民族复兴就是要走符合我们国家实际情况的发展道路，要发扬我们优秀的民族精神。实现“两个一百年”的奋斗目标，使我们对实现民族伟大复兴更加充满信心，对国家未来的发展更加充满希望。也可以说“两个一百年”的奋斗目标和中华民族伟大复兴就像车的两轮、鸟的两翼，相辅相成，相映生辉。

我国社会主义建设是一个不断发展和完善的过程，我们党从成立之时便领导我国人民进行革命，取得了民族独立和人民解放，之后就带领各族人民在实现伟大复兴的道路上不断探索并前进。“中国梦”的发展战略解决了怎样建设中国特色社会主义，以及我们国家向何处发展的相关问题。随着社会发展步伐的加快，我们开始把政治、经济和文化作为国家发展的重点方面，之后又把社会建设纳入我国发展的体系之中。党的十八大又提出把生态建设也作为我国社会主义建设的重点领域，实现我国发展道路从“三位一体”到“四位一体”再到“五位一体”的拓展，中国特色社会主义的发展空间更加宽广，更为实现“两个一百年”的奋斗目标带来了重要的发展机会。

习近平总书记高瞻远瞩统筹全局，明确了我国现代经济社会发展的重要方向，当前党和国家的领导人顺应时代的发展，对我国发展建设实行全

① 《习近平在学习贯彻党的十九大精神研讨班开班式上发表重要讲话》，中华人民共和国中央人民政府网站，http://www.gov.cn/xinwen/2018-01/05/content_5253681.htm。

方位的考量后，提出了新的整体发展战略。中国梦并不是空想出来的，而是以马克思主义中国化作为科学的思想指引，是对我们中华民族几千年的历史发展的传承和探求，具有明确的现实基础和历史渊源，是近现代以来各阶级各阶层实现民族复兴梦想高度的升华和提炼。“中国梦”的时代内涵，也是改革开放的创造性的伟大实践。

二　中国梦的精神实质

中国梦的精神实质包括国家富强、民族振兴、人民幸福。而一个强大的国家，是实现民族的振兴和人民的幸福的坚强后盾和重要保证。国家富强是一个国家综合国力提升的表现，历代的中国人民都在为有一个强盛的国家而努力和奋斗。综合国力的提升在当今时代不仅仅是以经济军事实力作为衡量标准，软实力也在国际舞台上发挥越来越重要的作用，而软实力的核心竞争力就是一个国家文化的影响力。

从中华民族的发展历程来看，我国古代就创造了璀璨的民族文化，与世界上其他国家和民族的文化相比较，我国文化一直处在比较领先的地位，推动了全世界的文化的发展和文明的进步。虽然近代以来经历了很长一段时期的衰落，但是最终在党的带领下奋发图强努力拼搏风雨兼程，取得了民族独立的伟大胜利。新的时代背景下，我们党不断在实现中华民族伟大复兴的道路上探索，聚集全国各族人民的力量，团结一致向着伟大复兴中国梦的目标迈进，我们比历史上任何时期都更接近实现中华民族伟大复兴的目标，不断取得引人瞩目的成就。民族振兴指日可待，中华民族的优秀文化必将再创辉煌。

中国梦的追求，是符合马克思主义关于人的全面发展以及社会发展的规律要求的。在完成中华民族伟大复兴目标的过程中，我们每一个人都要贡献出自己的力量和智慧。人民幸福这一目标最终要通过广大人民的艰苦奋斗的伟大实践来实现，需要广大人民的顽强拼搏的奋斗精神来支撑。中国梦最终是人民的梦，在实现中国梦的过程中要坚持一切成果都属于人民，国家的改革和建设中制定的一切方针政策都要切实考虑到人民的利益，为广大人民群众谋福利。

第二节 历史价值

党的十九大报告指出，中国特色社会主义进入新时代，“意味着科学社会主义在二十一世纪的中国焕发出强大生机活力，在世界上高高举起了中国特色社会主义伟大旗帜”。[①] 社会主义五百年的历史，历经了从空想社会主义理论到科学社会主义理论体系的创立，从列宁领导十月革命胜利的伟大实践到中华人民共和国成立后我们党对社会主义的探索。党的十八大以来，习近平开创和发展了中国特色社会主义的历史进程。正如2013年1月习近平在新进中央委员会的委员、候补委员学习贯彻党的十八大精神研讨班上的讲话中所概括的社会主义思想的发展历程，呈现在我们眼前的是一幅中国特色社会主义从产生到发展壮大，并不断变化演进的画卷。

一 新时代中国特色社会主义赋予科学社会主义新思想

2013年1月，习近平总书记在新进中央委员会的委员、候补委员学习贯彻党的十八大精神研讨班上的讲话中，把社会主义思想从提出到现在的历史过程分为六个时间段，系统而连贯地展现了中国特色社会主义的历史渊源和发展进程。“道路决定命运，找到一条正确道路是多么不容易。”[②] 中国特色社会主义开创于改革开放新时期，建立在我们党90多年长期奋斗的基础上，“是党和人民历尽千辛万苦、付出各种代价取得的根本成就”。[③] 而其思想、理论和实践的源头，则可追溯到更远。按照习近平总书记的时间划分，可以更加清晰地看到中国特色社会主义思想发展的脉络，更加充分地认识中国特色社会主义的历史必然性和科学真理性。

第一个时间段，空想社会主义的产生和发展时期。1516年英国人莫尔发表的《乌托邦》被誉为空想社会主义的开山之作。书中深刻揭露了资本主义原始积累过程的悲惨景象，同时描绘了一个没有剥削、人人平等的理

① 习近平：《决胜全面建成小康社会 夺取新时代中国特色社会主义伟大胜利——在中国共产党第十九次全国代表大会上的报告》，人民出版社，2017，第10页。

② 《十八大以来重要文献选编》（上），中央文献出版社，2014，第695页。

③ 《十八大以来重要文献选编》（上），中央文献出版社，2014，第695页。

想社会。同一时期的有影响力的空想社会主义者还有德国农民战争领袖闵采尔、意大利作家康帕内拉、英国掘地派运动领袖温斯坦莱、法国的摩莱里和马布利等人，其中代表人物是19世纪初三大空想社会主义思想家——法国的圣西门、傅立叶和英国的欧文。空想社会主义者批判资本主义制度的社会基础，揭露资本主义社会的罪恶贪婪，对未来社会提出一些独特的主张和有价值的构想。但是，空想社会主义者仅仅是将未来社会的美好图景流于构想之中，并没有为改变世界而作出努力，更无法为实现其社会理想找到正确道路和凝聚社会力量。

第二个时间段，科学社会主义理论体系的创立时期。19世纪中叶，随着资本主义社会化大生产不断发展，工人阶级作为独立政治力量登上历史舞台。马克思、恩格斯在深入考察资本主义经济、政治、社会状况的基础上，深刻批判继承德国古典哲学、英国古典政治经济学思想，吸收了法国、英国空想社会主义的合理成分，发现了资本家剥削工人的秘密，创立了唯物史观和剩余价值学说，并把社会主义思想置于这两大理论基石之上，从此社会主义实现了从空想到科学的伟大飞跃。马克思、恩格斯深刻揭示了资本主义从产生、发展到灭亡的历史必然性，对共产主义取代资本主义作出伟大的历史预言，对未来社会主义社会的发展过程、发展方向、一般特征作了科学预测和设想。遗憾的是，科学社会主义在这个时期依然是理论体系，并没有改变社会现状而成为现实。

第三个时间段，社会主义的实践时期。20世纪初，列宁领导十月革命取得伟大胜利，在将马克思主义基本原理同俄国具体实际结合的基础上分析认为，社会主义可能在一国或数国首先取得胜利。在正确的思想指导下，十月革命取得成功，建立了世界上第一个社会主义国家，社会主义从理论到实践具有里程碑的意义。十月革命胜利后，对于如何建设社会主义国家，列宁进行了深入思考和艰辛探索，先是根据当时的情况实行战时共产主义政策，后又对战时共产主义政策暴露出的问题进行深刻反思，并进行了深刻调整，提出了新经济政策，对社会主义建设进行了一系列摸索。

第四个时间段，高度集中的计划经济体制时期。列宁逝世以后，斯大林逐步建立了苏联模式，即单一生产资料公有制和自上而下的指令性计划经济体制、权力高度集中的政治体制。苏联模式在当时特定的历史条件下促进了苏联经济社会快速发展，但随着时间的推移，其弊端日益暴露，最终严重阻碍了苏联经济的发展。苏联模式不尊重经济规律等，成为经济社会发展的障碍。在20世纪80年代后，苏联和东欧国家尝试进行一些调整，但依然没有走出曲折，最终在西方等各种势力的强大攻势下，1989年东欧国家先后发生剧变，1991年苏联解体、苏共解散，世界社会主义事业遭到重创。

第五个时间段，中华人民共和国成立后毛泽东对社会主义的探索和实践时期。中华人民共和国成立后，以毛泽东同志为核心的党的第一代中央领导集体带领全党全国各族人民，建立起社会主义国家。并创造性地进行社会主义改造，恢复国民经济的基础，最终确立社会主义体制。中华人民共和国成立初期，面对建设社会主义的崭新课题，我们党全力学习苏联经验，照搬照抄苏联模式，但因两国国情有别，最终在实践中察觉到苏联模式的局限，于是以苏为鉴，独立探索适合中国国情的社会主义建设道路。毛泽东发表《论十大关系》《关于正确处理人民内部矛盾的问题》等标志性文章，意味着我们党对怎样建设社会主义有了自己的新的重要认识。在后来的实践中，继续对社会主义进行探索，即使党在指导思想上犯了“左”的错误，很多关于社会主义建设的正确思想没有得到贯彻落实，甚至发生了“文化大革命”那样的全局性、长时间的严重错误，但我们党取得的积极成果是极其宝贵的。我们党在探索社会主义初期的艰辛坎坷，为新的历史时期开创中国特色社会主义提供了宝贵经验、理论准备、物质基础。

第六个时间段，中国特色社会主义开创和发展时期。党的十一届三中全会以后，以邓小平同志为核心的党的第二代中央领导集体，重新确立了解放思想、实事求是的思想路线，彻底否定了“文化大革命”的错误，并以巨大的理论勇气和政治担当提出进行改革开放。1982年，邓小平在党的十二大上提出，“把马克思主义的普遍真理同我国的具体实际结合起来，走自己的道路，建设有中国特色的社会主义”。[①] 经过实践探索，邓小平明确提出必须搞清楚什么是社会主义、怎样建设社会主义这个重大理论和实际问题。用新的思想观点继承和发展了马克思主义，开创了马克思主义的新境界，把对社会主义的认识提高到新的科学水平，创立了邓小平理论，成

① 《十二大以来重要文献选编》（上），人民出版社，1986，第3页。

功开创了中国特色社会主义。

科学社会主义具有顽强的生命力，纵观其170多年的发展历史，每一次在时代巨变和历史转折的时刻，都会出现里程碑式的理论与实践飞跃，纵使遭遇挫折，依然能够开拓世界社会主义发展的新局面。在19世纪，世界社会主义运动的主要历史任务是社会主义理论的形成发展与社会主义运动的开展；在20世纪，世界社会主义运动的主要历史任务是社会主义革命与政权建立、社会主义制度建立与巩固；到了21世纪，新时代中国特色社会主义成为21世纪科学社会主义新发展的引领旗帜，成为世界社会主义的中流砥柱，让社会主义在世界上焕发出新的生机和活力。结合世界社会主义思想的演进历史，结合中国特色社会主义的发展历史，我们清晰地看到只有社会主义才能救中国，只有中国特色社会主义才能发展中国。我们党在推进革命、建设、改革的进程中，经过反复比较和总结，最终必然地选择了马克思主义、选择了社会主义道路；我们党把马克思主义基本原理同中国时代特征结合起来，独立自主走自己的路，并历经千辛万苦、付出各种代价，开创和发展了中国特色社会主义。中国特色社会主义，是历史的结论、人民的选择。在新时代的背景下，中国完全有责任、有信心、有能力为科学社会主义在21世纪的新发展作出贡献。

二 新时代中国特色社会主义开辟了科学社会主义新境界

在20世纪，世界社会主义发展进程就是使社会主义实现了从理论到实践的伟大飞跃。但由于一些社会主义国家没有解决怎样巩固社会主义制度、怎样建设社会主义等重大问题，社会主义建设的实践探索充满曲折。特别是东欧剧变、苏联解体后，世界社会主义发展遭受挫折、处于低潮。这也使马克思主义的真理性、社会主义的前途遭到一些人质疑。然而，中国特色社会主义用自身不断发展的理论成果和实践成果，不仅使各种“中国崩溃”的预言破产，而且验证了马克思主义的真理性和社会主义的生命力，重新塑造了社会主义的形象，开辟了社会主义发展的新境界。

在理论方面，中国特色社会主义的不断发展为马克思主义理论宝库增添了鲜活的时代内容。在坚持和发展中国特色社会主义的进程中，我们党把马克思主义基本原理同中国实际和时代特点紧密结合起来，在认清国情、把握规律的基础上不断推进理论创新，深化对什么是社会主义、怎样建设社会主义，建设什么样的党、怎样建设党，实现什么样的发展、怎样发展等的认识，形成中国特色社会主义理论体系。正如马克思、恩格斯在《共产党宣言》1872年德文版序言中指出的，“不管最近25年来的情况发生了多大的变化，这个《宣言》中所阐述的一般原理整个说来直到现在还是完全正确的……这些原理的实际运用，正如《宣言》中所说的，随时随地都要以当时的历史条件为转移”。[①] 从历史发展的实践上看，苏联模式因背离了科学社会主义的发展逻辑，使社会主义成为僵化的教条，窒息了社会主义的生机活力，所以最终失败。党的十八大以来，习近平围绕进一步丰富和发展中国特色社会主义理论体系，从改革发展稳定、内政外交国防、治党治国治军各个方面，深刻回答了如何继续写好坚持和发展中国特色社会主义这篇大文章。习近平新时代中国特色社会主义思想为马克思主义理论宝库增添了鲜活的时代内容，使马克思主义放射出更加灿烂的真理光芒。

在实践方面，中国特色社会主义的不断发展彰显社会主义的巨大优越性。以《共产党宣言》的发表为标志，科学社会主义诞生170多年，既经历了俄国十月革命胜利、中国社会主义道路开辟的凯歌高奏，也遭遇过东欧剧变的严重曲折。东欧剧变后，“社会主义失败论”“历史终结论”一度甚嚣尘上，“中国崩溃论”不绝于耳。就在许多人对社会主义在中国的前途命运多有担忧疑虑之时，邓小平同志坚定地告诉人们：“只要中国社会主义不倒，社会主义在世界将始终站得住。”[②] 中国特色社会主义的伟大实践特别是党的十八大以来砥砺奋进的历程，充分验证了邓小平同志的论断。改革开放40年来，中国立足基本国情、适应时代潮流，在改革发展中实现坚持四项基本原则与坚持改革开放的辩证统一，中国经济社会发展取得巨大成就，充分彰显了社会主义的巨大优越性。中国特色社会主义道路，既没有简单套用马克思主义经典作家设想的模板，也不是其他国家社会主义实践的再版，而是当代中国创造性运用科学社会主义基本原则形成的创新版。中国经济快速发展、社会总体稳定有序、人民生活不断改善、社会文明程

---

① 《马克思恩格斯文集》第2卷，人民出版社，2009，第5页。

② 《邓小平文选》第3卷，人民出版社，1993，第346页。

度不断提升，用事实证明中国特色社会主义赋予中国强大而持久的发展动力，标志着科学社会主义的基本原则在当代中国获得新的实现形式。

展现社会主义在中国发展的新境界。改革开放以来，我们党围绕坚持和发展中国特色社会主义，书写了科学社会主义在中国发展的崭新篇章。党的十八大以来，以习近平同志为核心的党中央科学把握当今世界和当代中国的发展大势，顺应实践要求和人民愿望，推出一系列重大战略举措，出台一系列重大方针政策，推进一系列重大工作，解决了许多长期想解决而没有解决的难题，办成了许多过去想办而没有办成的大事，我国经济社会发展成绩卓著。从 2013 年至 2016 年，我国 GDP 年均增长 7.2%，高于同期世界 2.5% 和发展中经济体 4% 的平均水平。在此期间，我国对世界经济的贡献率年均为 31.6%，超过美国、欧元区和日本贡献率的总和。中国社会全面发展进步，国际地位显著提高。中国特色社会主义不断取得的重大成就，意味着社会主义在中国焕发出强大生机活力并不断开辟发展新境界，也充分体现了中国特色社会主义的优越性。

坚持科学社会主义基本原则，并根据时代条件赋予其鲜明的中国特色，是我们党从 90 多年的革命、建设和改革的历程中获得的一条基本经验。一方面，“中国特色社会主义是社会主义而不是其他什么主义，科学社会主义基本原则不能丢，丢了就不是社会主义”。[①] 另一方面，中国特色社会主义是科学社会主义理论逻辑和中国社会发展历史逻辑的辩证统一，“是根植于中国大地、反映中国人民意愿、适应中国和时代发展进步要求的科学社会主义”[②]。党的十八大以来，以习近平同志为核心的党中央在新的时代条件下，坚持把科学社会主义基本原则同中国建设和改革实际相结合，不断把马克思主义中国化推向前进，提出了许多极富创见的新理念新思想新战略。党的十九大报告总结了党的十八大以来砥砺奋进所取得的历史性成就，作出了中国特色社会主义进入新时代的重大政治判断，确立了习近平新时代中国特色社会主义思想，概括了新时代中国特色社会主义的主要矛盾，提出了新时代党的建设的总要求，提供了解决人类问题的中国智慧和中国方

① 《习近平谈治国理政》，外文出版社，2014，第 22 页。

② 《习近平谈治国理政》，外文出版社，2014，第 21 页。

案，使科学社会主义在21世纪的中国焕发出了强大的生机活力。

三 新时代中国特色社会主义思想赋予科学社会主义新内容

自东欧剧变、苏联解体至今，世界社会主义运动总体而言仍处于低潮之中。在这个大背景下，中国共产党作为拥有9000多万党员的世界上最大的政党，又在世界上人口最多、面积最大的社会主义国家长期执政，其理论和实践自然格外引人瞩目，中国特色社会主义因而成了世界社会主义的一面旗帜。科学社会主义在当代的发展，当然也就脱离不了中国特色社会主义的理论创新和鲜活实践。早在2013年1月5日，习近平总书记在新进中央委员会的委员、候补委员学习贯彻党的十八大精神研讨班上的讲话中，就把中国特色社会主义纳入社会主义500年的宏伟历史画卷之中，并将其作为世界社会主义发展的最新阶段。在庆祝中国共产党成立95周年大会上的讲话中，他再次强调了中国特色社会主义的理论创造和实践创新在科学社会主义的发展中所起的重要作用，指出中国共产党领导中国人民取得的伟大胜利“使具有500年历史的社会主义主张在世界上人口最多的国家成功开辟出具有高度现实性和可行性的正确道路，让科学社会主义在21世纪焕发出新的蓬勃生机”①。

党的十九大报告作出的中国特色社会主义进入新时代的判断，阐明了我国发展新的历史方位，推动了科学社会主义的发展。时代是思想之母，实践是理论之源。中国特色社会主义进入新时代，是以习近平同志为核心的党中央把握时代特点、直面时代课题，以党和国家事业发展的全局视野，在总结40年的改革开放历程特别是党的十八大以来砥砺奋进取得的历史性成就、带来的历史性变革的基础上作出的重大政治判断。这个判断把握住了我国发展呈现出来的许多新的阶段性特征，认识到了我国社会主要矛盾的转化，充分考虑了我国所处的国际环境的新变化，对党和国家工作提出了许多新要求。更重要的是，新时代要有新的思想武装，同中国特色社会主义进入新时代相适应的马克思主义中国化最新理论成果——习近平新时

① 习近平：《在庆祝中国共产党成立95周年大会上的讲话》，人民出版社，2016，第4页。

代中国特色社会主义思想正是由此应运而生。习近平新时代中国特色社会主义思想是党的十九大最重大的理论成就。以习近平同志为主要代表的中国共产党人，顺应时代发展，从理论和实践结合上系统回答了新时代坚持和发展什么样的中国特色社会主义、怎样坚持和发展中国特色社会主义这个重大时代课题，创立了习近平新时代中国特色社会主义思想，系统地阐释了新时代坚持和发展中国特色社会主义的总目标、总任务、总体布局、战略布局、发展方向、发展方式、发展动力、战略步骤、外部条件和政治保证等问题。党的十九大报告将其主要内容概括为“八个明确”，将坚持和发展中国特色社会主义的基本方略概括为“十四个坚持”。党的十九大报告指出：“新时代中国特色社会主义思想是对马克思列宁主义、毛泽东思想、邓小平理论、‘三个代表’重要思想、科学发展观的继承和发展，是马克思主义中国化最新成果，是党和人民实践经验和集体智慧的结晶，是中国特色社会主义理论体系的重要组成部分，是全党全国人民为实现中华民族伟大复兴而奋斗的行动指南，必须长期坚持并不断发展。”①

习近平新时代中国特色社会主义思想是科学社会主义基本原则同中国特色社会主义新时代的国情和时代特点相结合的产物。党的十九大报告阐释了新时代的科学内涵，指出：“这个新时代，是承前启后、继往开来、在新的历史条件下继续夺取中国特色社会主义伟大胜利的时代……是我国日益走近世界舞台中央、不断为人类作出更大贡献的时代。”②“中国梦”“四个自信”“四个全面”“新发展理念”“构建人类命运共同体”等习近平新时代中国特色社会主义思想指导下生成的理论结晶，使科学社会主义获得了崭新的时代内容。总而言之，中国特色社会主义进入新时代，不但在新中国发展史、中华民族发展史和人类社会发展史上具有重大意义，而且在世界社会主义发展史上“意味着科学社会主义在二十一世纪的中国焕发出强大生机活力，在世界上高高举起了中国特色社会主义伟大旗帜”。

---

① 习近平：《决胜全面建成小康社会　夺取新时代中国特色社会主义伟大胜利——在中国共产党第十九次全国代表大会上的报告》，人民出版社，2017，第20页。

② 习近平：《决胜全面建成小康社会　夺取新时代中国特色社会主义伟大胜利——在中国共产党第十九次全国代表大会上的报告》，人民出版社，2017，第10～11页。

第三节　世界价值

党的十九大报告指出，中国特色社会主义进入新时代，“意味着中国特色社会主义道路、理论、制度、文化不断发展，拓展了发展中国家走向现代化的途径……为解决人类问题贡献了中国智慧和中国方案”。[①]“各国人民同心协力，构建人类命运共同体，建设持久和平、普遍安全、共同繁荣、开放包容、清洁美丽的世界。”[②] 党的十八大以来，习近平在国际国内多个重要场合提出构建人类命运共同体，并对其丰富内涵和实践路径作了深入阐述。习近平呼吁各国人民相互尊重、平等协商，坚决摒弃冷战思维和强权政治，走对话而不对抗、结伴而不结盟的国与国交往新路。人类命运共同体理念明确回答了世界向何处去、中国向何处去、新形势下中国怎样办外交等重大命题，超越了西方主流国际关系理论，蕴含着重大理论意义和实践价值，是马克思主义中国化的最新成果之一。

一　中国智慧

任何重大理论创新都不是无源之水、无本之木，往往都是在继承前人思想精髓的基础上，结合新的现实条件和具体实践发展起来的。人类命运共同体理念是在继承马克思主义与中华传统文化思想精髓的基础上所形成的理论创新成果。

（一）彰显马克思主义共同体思想的精髓

马克思指出，“这些始终真正地同共同利益和虚幻的共同利益相对抗的特殊利益所进行的实际斗争，使得国家这种虚幻的‘普遍’利益来进行实际的干涉和约束成为必要”[③]。人类命运共同体的批判精神最主要地体现在对西方资本主义国家零和博弈思维的批判上。习近平强调：“中国反对各种

① 习近平：《决胜全面建成小康社会　夺取新时代中国特色社会主义伟大胜利——在中国共产党第十九次全国代表大会上的报告》，人民出版社，2017，第 10 页。

② 习近平：《决胜全面建成小康社会　夺取新时代中国特色社会主义伟大胜利——在中国共产党第十九次全国代表大会上的报告》，人民出版社，2017，第 58～59 页。

③ 《马克思恩格斯文集》第 1 卷，人民出版社，2009，第 537 页。

形式的霸权主义和强权政治，不干涉别国内政，永远不称霸，永远不搞扩张。我们在政策上是这样规定的、制度上是这样设计的，在实践中更是一直这样做的。"[①] 人类命运共同体着眼于时代大趋势，立足当下，努力培育人类命运共同体的规则和意识，共同抵制冷战思维，"当今世界，相互联系、相互依存是大潮流。随着商品、资金、信息、人才的高度流动，无论近邻还是远交，无论大国还是小国，无论发达国家还是发展中国家，正日益形成利益交融、安危与共的利益共同体和命运共同体。冷战思维、阵营对抗已不符合时代要求"[②]。

人类命运共同体的建构根植于本国国情、立足于当前的国际形势，再现了马克思主义共同体建构的科学精神。马克思反复强调在实现共产主义实践中"随时随地都要以当时的历史条件为转移"。[③] 从中国国情来看，自改革开放以来，中国的经济经历了多年飞速发展，但国际经济衰退形势对中国的经济发展产生了很大影响。为保持中国经济继续平稳健康地发展，目前我们需要开启新一轮的更为艰巨的调整改革，以期打造中国经济发展的升级版，实现中华民族伟大复兴的中国梦。从国际形势来看，中国发展已经成为事实，但中国的发展引起了一些国家的顾虑，他们担心中国发展起来以后"会撞到自己、会堵了自己的路、会占了自己的地盘"。[④] 以习近平同志为核心的党中央为了促进世界共同繁荣与发展，倡导在世界范围内建立人类命运共同体。对当前国内和国际形势的精准把握，秉承了马克思主义共同体建构的科学精神，令整个世界呈现出"和平、发展、合作、共赢"的发展趋势。

（二）汲取中华传统文化思想精髓

中华传统文化中的"天下观"源远流长，人类命运共同体思想秉承着中国传统文化中以和为贵的价值理念和兼济天下的博大情怀，以无内无外、天下一家为核心原则，创新性发展了中华民族和合思想的文化内涵，以期

① 《习近平在德国发表重要演讲　强调中国坚定不移走和平发展道路》，《人民日报》2014 年 3 月 30 日。

② 《习近平同越共中央总书记阮富仲通电话》，《人民日报》2015 年 2 月 12 日。

③ 《马克思恩格斯文集》第 2 卷，人民出版社，2009，第 15 页。

④ 《习近平在澳大利亚联邦议会发表重要演讲　携手追寻中澳发展梦想　并肩实现地区繁荣稳定》，《人民日报》2014 年 11 月 18 日。

达到协和万邦、世界大同的终极目标。

1. 人类命运共同体思想是中国和平发展理论的最新成果

习近平指出："70 年来，世界发生了前所未有的深刻变化，历史性地改变了人类的命运。全球殖民体系土崩瓦解，冷战对峙不复存在，各国相互联系、相互依存日益加深，和平、发展、合作、共赢的时代潮流滚滚向前，国际力量对比朝着有利于维护世界和平的方向发展，保持国际形势总体稳定、促进各国共同发展具备更多有利条件。"① 人类命运共同体思想的提出，既为我国在国际事务中赢得了话语权，又为我国的和平发展营造了良好的国际和平环境。2014 年 3 月 28 日，习近平在德国科尔伯基金会演讲时强调："中国早就向世界郑重宣示：中国坚定不移走和平发展道路，既通过维护世界和平发展自己，又通过自身发展维护世界和平。走和平发展道路，是中国对国际社会关注中国发展走向的回应，更是中国人民对实现自身发展目标的自信和自觉。"② 习近平的讲话表明了中国发展绝不会损害他人的利益，"中国的发展，是世界和平力量的壮大，是传递友谊的正能量，为亚洲和世界带来的是发展机遇而不是威胁。中国愿继续同东盟、同亚洲、同世界分享经济社会发展的机遇"。③ 中国顺应这一潮流，极力做世界和平的维护者和推动者。

2. 中国政府提出了"睦邻、安邻、惠邻"以及"与邻为善、以邻为伴"的外交政策，体现"协和万邦"交往理念

中华民族一直讲求"和为贵""以德服人"，"协和万邦"是中国文化的一贯精神与传统。《尚书·尧典》曰："克明俊德，以亲九族。九族既睦，平章百姓。百姓昭明，协和万邦。黎民于变时雍。"中华文化有亲诚惠容、平等相待、守望相助，将心比心、以诚待人，重情重义、先利后义的传统美德。我们的民族和人民重感情、讲诚信、尚道义、有胸怀，有包容开放的襟怀，一向倡导和睦相处，共商共建共享。

---

① 《习近平出席博鳌亚洲论坛 2015 年年会开幕式并发表主旨演讲　迈向命运共同体　开创亚洲新未来》，《人民日报》2015 年 3 月 29 日。

② 《习近平在德国发表重要演讲　强调中国坚定不移走和平发展道路》，《人民日报》2014 年 3 月 30 日。

③ 《习近平在印度尼西亚国会发表重要演讲时强调　共同谱写中国印尼关系新篇章，携手开创中国—东盟命运共同体美好未来》，《人民日报》2013 年 10 月 4 日。

习近平指出："中国将奉行与邻为善、以邻为伴的周边外交方针和睦邻、富邻、安邻的周边外交政策，贯彻亲、诚、惠、容的周边外交理念，愿意同所有邻国和睦相处。"① 中国一向秉持开放包容、互学互鉴、和平合作、互利共赢的理念，并积极促成与其他国家尤其是周边国家经济紧密合作。在实践中，中国提出的"一带一路"倡议，促进周边各国政策相互沟通、设施相互联通、贸易相互畅通、资金相互融通，使各国加深理解、增强信任、增进友谊，为构建政治互信、经济互惠、文化互通的人类利益共同体、命运共同体和责任共同体提供了建设性意义。

人类命运共同体理念把周边、地区和双边三个不同层次的命运共同体建设有机统一起来。首先，周边是我国安身立命之所、发展繁荣之基，打造周边命运共同体对于中国外交来说具有优先性。其次，地区在国际关系中具有特殊价值，是连接中国和世界的重要节点，打造中国与特定地区的命运共同体，对于构建人类命运共同体具有先导和示范作用。如中国积极倡议和构建亚洲命运共同体。最后，双边关系是国际关系的基本形式和中国对外关系的基本内容。中国通过与巴基斯坦、哈萨克斯坦、老挝等国构建双边命运共同体，为打造中国与特定地区的命运共同体奠定坚实基础。

人类命运共同体的构建表明了中国政府对民族、国家和人类发展的关切和担当意识，彰显了中国文化兼济天下的情怀。习近平强调："雨果说，世界上最宽阔的是海洋，比海洋更宽阔的是天空，比天空更宽阔的是人的胸怀。对待不同文明，我们需要比天空更宽阔的胸怀。文明如水，润物无声。我们应该推动不同文明相互尊重、和谐共处，让文明交流互鉴成为增进各国人民友谊的桥梁、推动人类社会进步的动力、维护世界和平的纽带。我们应该从不同文明中寻求智慧、汲取营养，为人们提供精神支撑和心灵慰藉，携手解决人类共同面临的各种挑战。"②

---

① 《习近平出席亚太经合组织工商领导人峰会开幕式并发表主旨演讲 坚持亚太大家庭精神和命运共同体意识，创造和实现亚太梦想 中国发展将给亚太和世界带来巨大商机和利益》，《人民日报》2014 年 11 月 10 日。

② 《习近平在联合国教科文组织总部发表演讲》，《人民日报》2014 年 3 月 28 日。

二 中国方案

“这是最好的时代，也是最坏的时代。”① 面对云谲波诡的国际局势，带着对人类命运的深刻关切，中国以强烈的使命感和责任感提出命运共同体思想。人类命运共同体是中国特色大国外交理论体系的核心范畴，它引领着我国外交的新理念新思想新战略。人类命运共同体理念把坚持正确义利观，坚持公平、开放、全面、创新的发展观，坚持共同、综合、合作、可持续的安全观，坚持共商共建共享的全球治理观等新理念新思想新战略有机整合起来，形成了一个结构完整、层次鲜明、内容科学、逻辑严密的理论体系。这一理论体系以人类命运共同体理念为引领，有清晰目标，有明确原则，有具体路径，各部分彼此呼应、相互支撑、浑然一体。

在几千年文明发展史上，人类创造了灿烂的文明成果，但战争和冲突从未间断，经历了无数的苦难，付出了惨痛的代价，古往今来，过上幸福美好生活始终是人类孜孜以求的梦想。21 世纪的今天，互联网、大数据、云计算、量子卫星、人工智能迅猛发展，人类生活的关联性与透明化前所未有，同时人类面临的全球性问题数量之多、规模之大、程度之深也前所未有。世界各国人民前途命运越来越紧密地联系在一起。人类命运共同体的建设不仅是中国人民的心愿，更与世界人民的命运息息相关。

（一）人类命运共同体的新机遇

习近平在亚太经合组织第二十五次领导人非正式会议上再一次提出了人类命运共同体的思想，他指出，面临当前国际形势，人类有两种选择。一种是，人们为了争权夺利恶性竞争甚至兵戎相见，这很可能带来灾难性危机。另一种是，人们顺应时代发展潮流，齐心协力应对挑战，开展全球性协作，这就将为构建人类命运共同体创造有利条件。② 人类命运共同体的创造是解决人类发展难题的中国方案，必将开创人类更加光明的未来。

中华民族讲求“天下一家”，主张民胞物与、协和万邦、天下大同，憧

---

① 转引自《习近平谈治国理政》第 2 卷，外文出版社，2017，第 476 页。

② 习近平：《携手建设更加美好的世界——在中国共产党与世界政党高层对话会上的主旨讲话》，《人民日报》2017 年 2 月 2 日。

憬“大道之行，天下为公”的美好世界。中华民族拥有悠久历史和灿烂文明，近代以后历经血与火的磨难，但是中国人民没有向命运屈服，而是奋起抗争、自强不息，始终相信中华民族伟大复兴的梦想指日可待。植根于中华民族血脉深处的文化基因呼吁我们将每个民族、每个国家的前途命运都紧紧联系在一起，应该风雨同舟，荣辱与共。世界各国人民生活在同一片蓝天下、拥有同一个家园，努力把我们生于斯、长于斯的这个星球建成一个和睦的大家庭，把世界各国人民对美好生活的向往变成现实，这便是人类命运共同体建设的旨归。世界各国尽管有这样那样的分歧矛盾、这样那样的磕磕碰碰，但终归是一家人，应该秉持“天下一家”理念，求同存异、和睦共处，共同为构建人类命运共同体而努力。

（二）人类命运共同体视域下的新世界

人类命运共同体视域下的新世界应该和平而宽容。纵观人类文明发展进程，尽管千百年来人类一直期盼永久和平，但始终面临战火的威胁。面对日益复杂化、综合化的安全威胁，共同消除引发战争的根源，共同解救被枪炮驱赶的民众，共同保护被战火烧灼的妇女儿童，让和平的阳光普照大地，让人人享有安宁祥和，是每一个民族的期盼。人类命运共同体视域下的新世界，物质技术水平已经发展到古人难以想象的程度，但是发展不平衡不充分的问题仍然普遍存在，南北发展差距依然巨大，世界上还有很多国家的民众生活在困境之中。应该抛开陈旧的思维，摒弃尔虞我诈、以邻为壑的错误观念，坚持共同、综合、合作、可持续的新安全观，营造公平正义、共建共享的安全格局，推进开放、包容、普惠、平衡、共赢的经济全球化，创造全人类共同发展的良好条件，共同推动世界各国发展繁荣，共同消除许多国家民众依然面临的贫穷落后，让发展成果惠及世界各国，让人人享有富足安康。

人类命运共同体视域下的新世界应该文明而美丽。中国有句古话：“万物并育而不相害，道并行而不相悖。”① 我们的世界是丰富多彩的、文明是多样的，让人类创造的各种文明交相辉映，编织出斑斓绚丽的图画，共同消除现实生活中的文化壁垒，共同抵制妨碍人类心灵互动的观念纰缪，共

① 转引自习近平《在纪念马克思诞辰200周年大会上的讲话》，人民出版社，2018，第22页。

同打破阻碍人类交往的精神隔阂，让各种文明和谐共存，让人人享有文化滋养。人类的进步需要求同存异、开放包容；文明的发展需要相互交流、互学互鉴。历史呼唤人类文明同放异彩，不同文明和谐共生、相得益彰，共同为人类发展提供精神力量。同时也要意识到，美丽的文明需要美丽的环境来支撑。地球是人类的共同家园，也是人类到目前为止唯一的家园。新世界不仅是精神层面的繁荣，更体现在自然层面的和谐。我们应该共同呵护好地球家园，坚持人与自然共生共存的理念，像对待生命一样对待生态环境，对自然心存敬畏，共同保护不可替代的地球家园，营造和谐宜居的人类家园。尊重自然、顺应自然、保护自然，让自然生态休养生息，让人人都享有绿水青山。

（三）人类命运共同体视域下的新战略

构建人类命运共同体是一个历史过程，需要付出长期艰苦的努力，蓝图不可能一蹴而就，梦想也不可能一夜成真。为了构建人类命运共同体，需要锲而不舍、驰而不息的努力。我们党的奋斗目标是为中国人民谋幸福，也是为人类进步事业而不断追求，我们党将继续通过深化自身实践，探索人类社会发展规律并同世界各国分享经验，通过推动中国发展给世界创造更多机遇，我们“不能因现实复杂而放弃梦想，也不能因理想遥远而放弃追求”①。

1. 维护世界和平安宁

中国共产党在中国社会的动荡中诞生，“目睹”了战乱频仍、民不聊生的中国社会悲惨遭遇。党从 1921 年成立伊始，就为实现中国和平稳定、人民安居乐业而不懈奋斗，带领中国人民进行了长达 28 年的武装斗争，经过一代又一代共产党人的巨大牺牲换来了新中国，中国共产党人深知和平的可贵，也具有坚定维护和平的决心。在当今新时代的背景下，中国将继续高举和平、发展、合作、共赢的旗帜，始终不渝走和平发展道路。中国将积极参与全球治理体系改革和建设，推动国际政治经济秩序朝着更加公正合理的方向发展，积极推进全球伙伴关系建设，参与国际热点难点问题的政治解决进程，促进世界和平合作。中国向世界声明：无论发展到什么程

① 习近平：《携手建设更加美好的世界——在中国共产党与世界政党高层对话会上的主旨讲话》，人民出版社，2017，第 8 页。

度，都永远不称霸，永远不搞扩张。倡议世界各国政党同我们一道，做世界和平的建设者、全球发展的贡献者、国际秩序的维护者。

2. 促进世界共同发展

根据党的十九大精神的指引，到2020年中国将全面建成小康社会，到2035年中国将基本实现社会主义现代化，到21世纪中叶中国将建成富强民主文明和谐美丽的社会主义现代化强国。中国的强大将造福世界，党就是为人民服务的，党从人民中走来、依靠人民发展壮大，不仅对中国人民有着深厚情怀，而且对世界各国人民有着深厚情怀，愿意为世界各国人民造福。长期以来，中国为广大发展中国家提供了大量无偿援助、优惠贷款，提供了大量技术支持、人员支持、智力支持，为广大发展中国家建成了大批经济社会发展和民生改善项目。成千上万的中国科学家、工程师、企业家、技术人员、医务人员、教师、普通职工、志愿者等正奋斗在众多发展中国家广阔的土地上，帮助他们改变命运。中国倡议世界各国政党同我们一道，为世界创造更多合作机会，努力推动世界各国共同发展繁荣。

3. 支持文明交流互鉴

“他山之石，可以攻玉。”① 中国共产党历来强调同世界各国人民和各国政党开展对话和交流合作，支持各国人民加强人文往来和民间友好。我们党以开放的眼光、开阔的胸怀对待世界各国人民的文明创造，树立全局意识，放眼全世界，积极学习借鉴世界各国人民创造的文明成果，并结合中国实际加以运用。如同马克思主义真理传入中国一样，我们将结合中国国情，不断推进马克思主义中国化时代化大众化，使之成为指导我们党前进和促进中国人民不断进步的科学真理。未来几年，我们党计划向世界各国政党提供1.5万名人员来华交流的机会，倡议将世界政党高层对话会机制化，使之成为具有广泛代表性和国际影响力的高端政治对话平台，以期更好地促进各国之间的文化交流和借鉴。

① 转引自习近平《携手建设更加美好的世界——在中国共产党与世界政党高层对话会上的主旨讲话》，人民出版社，2017，第10页。

第五章　中国特色社会主义的实践论

“哲学家们只是用不同的方式解释世界，而问题在于改变世界。”① 这句刻在马克思墓碑上的名言凝聚着马克思对全部哲学史的高度概括，熔铸着马克思对哲学本身的深切反思，表达了马克思革命的标志性特征——实践性。马克思的实践观实现了哲学的世界观、认识论和方法论的统一。习近平新时代中国特色社会主义思想，正是从中国建设的实践出发，对马克思主义实践转向的新发展。

第一节　统筹推进“五位一体”总体布局

党的十九大报告指出，“中国特色社会主义事业总体布局是‘五位一体’”。站在新的历史方位，党的十九大对我国社会主义现代化建设作出新的战略部署，并明确以“五位一体”的总体布局推进中国特色社会主义事业，从经济、政治、文化、社会、生态文明五个方面，制定了新时代统筹推进“五位一体”总体布局的战略目标。

新时代“五位一体”总体布局是一个有机整体，经济建设是根本，政治建设是保障，文化建设是灵魂，社会建设是条件，生态文明建设是基础，共同致力于全面提升我国物质文明、政治文明、精神文明、社会文明、生态文明，统一于把我国建成富强民主文明和谐美丽的社会主义现代化强国的新目标。走进新时代，踏上新征程，按照党的十九大精神的指引把“五位一体”总体布局统筹推向前进，我们就一定能不断开辟中国特色社会主

① 《马克思恩格斯文集》第1卷，人民出版社，2009，第506页。

义事业新局面，奋力谱写社会主义现代化新征程的壮丽篇章。

一　打造现代化经济体系

（一）适应经济发展新常态

"明者因时而变，知者随世而制。"[①] 科学认识当前形势，准确研判未来走势，是做好经济工作的前提。"十三五"时期，我国经济发展的显著特征就是进入了新常态，其主要特点是"三期叠加"，即增长速度换挡期、结构调整阵痛期、前期刺激政策消化期。[②] 经济形势越是变幻莫测，我们越要冷静观察、谨慎从事、谋定而后动，适应、把握、引领新常态。

1. "三期叠加"的趋势性变化

新常态是对我国经济发展阶段性特征的高度概括，是对我国经济转型升级的规律性认识，是制定当前及未来一个时期我国经济发展战略和政策的重要依据。习近平指出："新常态下，我国经济发展的主要特点是：增长速度要从高速转向中高速，发展方式要从规模速度型转向质量效率型，经济结构调整要从增量扩能为主转向调整存量、做优增量并举，发展动力要从主要依靠资源和低成本劳动力等要素投入转向创新驱动。"[③]

面对经济发展新常态，既要深化理解、统一认识，又要坚持发展、主动作为。努力做到观念上适应、认识上到位、方法上对路、工作上得力，切实把思想和行动统一到中央的认识和判断上来，不断增强调结构、转方式的自觉性和主动性。

2. 正确认识经济新常态

前文提到在新常态下，我国经济发展的主要变化。这些变化是我国经济向形态更高级、分工更优化、结构更合理的阶段演进的必经过程。我国经济发展中的新状态、新格局、新阶段是在经济发展历程中不断形成的，经济发展新常态是长期的历史阶段，全面认识和把握新常态，需要从时间和空间的大角度审视我国发展。新常态是我国不同发展阶段更替变化的结

---

① 转引自《习近平谈治国理政》第2卷，外文出版社，2017，第245页。

② 《习近平在中央经济工作会议上的讲话》，2013年12月10日。

③ 《习近平谈治国理政》第2卷，外文出版社，2017，第245页。

果，这是符合事物发展螺旋式上升的运动规律的正确认识。

正确认识新常态，首先从时间上看，我国一直是农业大国，第一产业在我国古代一直是支柱产业，农耕文明长期居于世界领先水平。工业革命开始后，我国开始落伍，直接造成了国力的衰落和近代的贫弱境地。中华人民共和国成立后，我们党领导人民开始大规模工业化建设，集中发展重工业，但依然遭遇了种种挫折。改革开放以来，我们用几十年时间走完了发达国家几百年走过的发展历程，经济总量跃升为世界第二，制造业规模跃居世界第一，创造了世界发展的奇迹。然而随着改革的深入，经济总量不断增大，我们在发展中的新情况新问题也不断出现。当前，我国面临着经济发展速度换挡节点；面临着经济发展结构调整节点，低端产业产能过剩要集中消化，中高端产业要加快发展；面临着经济发展动力转换节点，低成本资源和要素投入形成的驱动力明显减弱，经济增长需要更多驱动力创新，适应新常态成为经济战略首先要面对的问题。

其次从空间上看，改革开放以来，我们认识到要充分有效利用国际市场，经济也因此迎来大发展趋势，我国迅速成长为世界贸易大国。2008 年国际金融危机爆发，世界经济进入深度调整期，全球贸易发展进入低迷期，导致我国出口需求增速放缓。新常态就是我国经济发展中的出口优势和参与国际产业分工模式面临的新挑战，维持出口高增长、出口占国内生产总值的高比例已不大可能。根据世界贸易大国的发展数据分析，当货物出口占世界总额的比重达到 10% 左右，就会出现拐点，增速要降下来。我国货物出口占世界总额的比重 2010 年超过 10%，2014 年达到 12.3%，这意味着我国出口增速拐点已经到来。因此目前我国必须把经济增长动力更多放在创新驱动和扩大内需特别是消费需求上。

经济发展新常态下，尽管经济面临较大下行压力，但我国仍处于发展的重要战略机遇期，对我国未来经济发展态势仍需要充满信心。毕竟，我国经济存在韧性好、潜力足、回旋余地大的优势，我国经济发展长期向好的基本面没有变，经济持续增长的良好支撑基础和条件没有变，经济结构调整优化的前进态势没有变。放眼长远，把握大势，坚持以经济建设为中心，坚持稳中求进的工作基调，变中求新、新中求进、进中突破，从而推动我国发展不断迈上新台阶。

3. 正确把握经济新常态

认识经济发展新常态要准确到位。习近平指出，把握经济发展新常态要注意克服几种倾向："其一，新常态不是一个事件，不要用好或坏来判断。有人问，新常态是一个好状态还是一个坏状态？这种问法是不科学的。新常态是一个客观状态，是我国经济发展到今天这个阶段必然会出现的一种状态，是一种内在必然性，并没有好坏之分，我们要因势而谋、因势而动、因势而进。其二，新常态不是一个筐子，不要什么都往里面装。新常态主要表现在经济领域，不要滥用新常态概念，搞出一大堆'新常态'，什么文化新常态、旅游新常态、城市管理新常态等，甚至把一些不好的现象都归入新常态。其三，新常态不是一个避风港，不要把不好做或难做好的工作都归结于新常态……"① 新常态要彻底抛弃用旧的思维逻辑和方式方法再现高增长的想法，要更好发挥主观能动性、更有创造精神地推动发展，切实把思想和行动统一到党中央重大判断和决策部署上来。

引领经济发展新常态要注重提高发展质量和效益。从经济政策指引经济方向把握来说，实施宏观调控，注重引导市场行为和社会心理预期，实现反周期目标；稳定经济增长，加强供给侧结构性改革，实现由低水平供需平衡向高水平供需平衡的跃升；调整产业结构，发挥创新引领发展第一动力作用，做好"加减乘除"法，引导增量，主动减量；促进区域发展，着力塑造区域协调发展新格局，重点实施"一带一路"建设、京津冀协同发展、长江经济带建设三大战略，注重人口经济和资源环境空间均衡；推进城镇化，有效合理布局规划，注重以人为核心，推动更多人口融入城镇；扩大对外开放，要更加注重推进高水平双向开放，提高我国在全球治理中的制度性话语权；保护生态环境，促进人与自然和谐共生，加快促进形成绿色生产方式和消费方式；保障和改善民生，做好精准帮扶工作，使人民群众有更多获得感。

（二）推进供给侧结构性改革

习近平 2016 年在重庆调研时强调："当前和今后一个时期，制约我国

① 《习近平在省部级主要领导干部学习贯彻党的十八届五中全会精神专题研讨班上的讲话》，《人民日报》2016 年 5 月 10 日。

经济发展的因素，供给和需求两侧都有，但矛盾的主要方面在供给侧。”[①] 党的十九大报告指出：“深化供给侧结构性改革。建设现代化经济体系，必须把发展经济的着力点放在实体经济上，把提高供给体系质量作为主攻方向，显著增强我国经济质量优势。”[②] 推进供给侧结构性改革，是用改革的办法推进结构调整，减少无效和低端供给，扩大有效和中高端供给，重点是要解放和发展生产力，增强供给结构对需求变化的适应性和灵活性，提高全要素生产率。而“供给侧一旦实现了成功的颠覆性创新，市场就会以波澜壮阔的交易生成进行回应”。[③] 当前推进供给侧结构性改革，重点是“三去一降一补”，也就是去产能、去库存、去杠杆、降成本、补短板。相互关联、互为补充。去产能、去库存是为了帮助企业去杠杆；降成本、补短板是为了提高企业竞争力、改善企业发展条件、增强经济潜在增长能力。五大重点任务，要按照中央统一部署，有力、有度、有效落实好。

1. 去产能

去产能，重点加强对钢铁、煤炭等行业去产能，严控盲目新增产能，化解过剩产能，淘汰落后产能。对此国家已制订了方案，运用市场化、法治化手段，加大环保、能耗、质量、安全等方面的标准制度建设和执法力度，并已经开始行动。最新数据显示，2016 年要压减煤炭产能 2.5 亿吨以上、粗钢 4500 万吨左右，力争 5 年内压减粗钢产能 1 亿～1.5 亿吨，3～5 年内退出煤炭产能 5 亿吨左右、减量重组 5 亿吨左右。去产能初见成效。

2. 去库存

去库存，重点是解决部分城市尤其是三、四线城市房地产库存问题。要分类指导、因城施策，改善城镇居民居住条件，释放住房市场需求。我国仍处于工业化、城镇化进程之中，房地产不像普通商品那样可以在不同城市之间流动，房地产市场供求状况在不同城市之间有很大差异。因此去库存要深化住房制度改革，加快户籍制度改革，推进农业转移人口市民化，

① 《习近平在重庆调研时强调　落实创新协调绿色开放共享发展理念　确保如期实现全面建成小康社会目标》，《人民日报》2016 年 1 月 7 日。

② 习近平：《决胜全面建成小康社会　夺取新时代中国特色社会主义伟大胜利——在中国共产党第十九次全国代表大会上的报告》，人民出版社，2017，第 30 页。

③ 习近平：《在省部级主要领导干部学习贯彻党的十八届五中全会精神专题研讨班上的讲话》，人民出版社，2016，第 34 页。

提高户籍人口城镇化率，以解决城镇新居民住房需求为主要出发点，以建立购租并举的住房制度为主要方向，进一步提高库存较多城市的棚改货币化安置比例。同时出台落实鼓励和支持农民工等群体在城镇购房的政策，扩大住房有效需求，促进房地产市场稳定健康发展。

3. 去杠杆

去杠杆，重点是全面客观解决政府债务问题。目前我国政府负债率为40%左右，中央政府负债率为16%左右，地方政府性债务，70%是有资产支撑、有回报机制的，主要表现在非金融类企业部门。高杠杆的形成是历史的、长期的过程，短期内很难一下子降下来。杠杆率偏高，与我国经济发展阶段、以银行为主导的间接融资结构等密切相关。杠杆率快速变动触发金融危机的概率明显高于温和变动的概率，政策上操之过急，快速去杠杆和快速加杠杆，都不利于经济增长和金融稳定。因此，要坚持金融服务实体经济的基调不变，坚持防范金融风险的基调不变，在保持经济平稳增长的基础上，首先遏制住杠杆率上升势头，再以市场化方式通过并购重组、引入战略投资者、市场化法治化债转股逐步去杠杆。通过建立债务风险预警制度、强化企业预算约束、提高股权融资比重等方式，化解降低债务存量控制债务增量。

4. 降成本

降成本，即综合施策降低企业负担和成本。成本过高，不仅企业难以承受，产业发展也将难以持续，我国经济竞争力就会降低。当前不少企业反映各种负担比较重、成本上涨很快、生产经营困难，有些企业甚至向成本更低的国家转移。如果这个问题持续下去，甚至会出现更多风险。近年来，国家实施了“营改增”、扩大小微企业税收优惠、阶段性降低“五险一金”缴存比例、缓解融资难融资贵问题、降低电价和物流费用等一系列政策，国务院也印发了降低实体经济企业成本工作方案。降成本不能仅靠中央政府的政策，也需要地方从实际出发采取一些管用对路的措施，并将这些措施落实好，让企业真正受益，方可达到降成本的目的。

5. 补短板

补短板，重点是贯彻精准扶贫方略，解决脱贫问题。农村贫困问题是全面建成小康社会最大的短板。打赢脱贫攻坚战，要贯彻落实精准脱贫基本方略，充分发挥政治优势和制度优势，确保贫困县全部摘帽，农村贫困人口实现脱贫，解决区域性整体贫困。同时在补齐公共服务短板方面，建立健全更加公平、更可持续的社会保障机制，增加公共产品和服务供给；在补齐基础设施短板方面，提高投资有效性和精准性，推动形成市场化、可持续的投入机制和运营机制；在补齐生态环境短板方面，实施资源节约集约循环利用、环境治理保护等重大工程，大力发展节能环保产业，加强环境基础设施建设，实现生态质量总体改善。

（三）加快建设创新型国家

适应和引领经济发展新常态，推进供给侧结构性改革，从根本上要靠创新。党的十九大报告明确指出，要加快建设创新型国家。创新是引领发展的第一动力，是建设现代化经济体系的战略支撑。[①] 建设创新型国家，找准世界科技发展趋势，要抓好顶层设计，找准我国科技发展现状和应走的路径，抓住机遇，落实任务，有所作为。

1. 建设国家创新体系

国家创新体系是决定国家发展水平的基础，国际竞争在很大程度上是科技创新能力体系的比拼。党的十八大以来，我国科技创新基地建设速度加快，综合性国家科学中心统筹推进，科技创新能力体系建设迈上新台阶。战略科技力量作为国家创新体系的中坚力量，在大型科研基础设施建设方面取得突破性进展。58 个重大科研基础设施和 5.8 万台大型科研仪器纳入统一的国家网络管理平台。大型综合性科研机构研究能力大幅度提升，建成 500 米口径的世界最大球面射电望远镜（FAST）、超大型高超声速激波风洞等重大科技设施，布局国家重点实验室等创新平台。企业技术创新能力建设进一步增强，2016 年企业在全社会研发经费支出中占比超过 77.5%，涌现出大量具有国际影响力的科技创新型企业。

国家创新体系是开放的，不是封闭的，要全方位提升科技创新的国际化水平，在取得一系列重大科研成果的同时，面对建设世界科技强国的要求，我国必须大力加强国家创新体系能力建设，系统打造我国战略科技力

① 习近平：《决胜全面建成小康社会　夺取新时代中国特色社会主义伟大胜利——在中国共产党第十九次全国代表大会上的报告》，人民出版社，2017，第 31 页。

量。在未来的科技规划中要做到以下几点。一是在重大创新领域布局国家实验室，建设体现国家意志、世界一流水平的战略科技创新基地。二是聚焦能源、生命、粒子物理等领域建设一批重大科技基础设施，加快建设上海张江、安徽合肥、北京怀柔3个综合性科学中心。三是优化整合国家科研基地和平台布局，围绕国家战略和创新链进行布局，推动科技资源开放共享。四是按照企业为主体、市场为导向、产学研深度融合的要求推动技术创新，建设一批引领企业创新和产业发展的国家技术创新中心，支持量大面广的中小企业提升创新能力，培育一批核心技术能力突出、集成创新能力强的创新型领军企业。打造“一带一路”协同创新共同体，积极牵头或参与国际大科学计划和工程。①

2. 建设高端科技创新人才队伍

“功以才成，业由才广。”② 人才是创新的根基，创新驱动实质上是人才驱动，综合国力竞争归根到底是人才竞争。一切科技创新活动都是人做出来的。要以识才的慧眼、爱才的诚意、用才的胆识、容才的雅量、聚才的良方，培养和聚集人才，健全发挥人才作用的体制机制，创造人尽其才的政策环境。

人才是创新活动中最为活跃、最为积极的因素，是衡量一个国家综合国力的重要指标。党的十九大报告提出，培养造就一大批具有国际水平的战略科技人才、科技领军人才、青年科技人才和高水平创新团队。目前我国在创新型科技人才方面还存在结构性矛盾突出、世界级科技大师缺乏、领军人才和尖子人才不足、工程技术人才培养同生产和创新实践脱节等问题。因此，建设高端科技创新人才队伍是实施创新驱动发展战略的优先任务。首先，大力推进创新型科技人才结构战略性调整，加强高端科技创新人才队伍建设，突出“高精尖缺”导向，加强战略科技人才、科技领军人才、高水平创新团队的选拔和培养。其次，在世界科技前沿和战略性新兴产业领域，培养具有发展潜力的中青年科技创新领军人才，为青年人才开辟特殊支持渠道。再次，培养造就企业家人才队伍，建设具有全球战略眼

① 王志刚：《加快建设创新型国家》，《人民日报》2017年12月7日。

② （西晋）陈寿：《三国志·蜀书·董允传》。

光、创新能力和社会责任感的人才队伍，保护企业家的创新收益和财产权。复次，加大海外高层次人才引进力度，面向全球精准引进高层次创新人才。最后，大力推进创新教育，提升全社会创新意识和创新能力，造就规模宏大、富有创新精神、敢于承担风险的创新创业人才队伍。

“一年之计，莫如树谷；十年之计，莫如树木；终身之计，莫如树人。”[①] 人才是创新的核心要素。中华民族历来具有尚贤爱才的优良传统，建立创新型国家，必须有一支高素质的人才队伍。要牢牢把握集聚人才举措，树立强烈的人才意识，寻觅人才求贤若渴，发现人才如获至宝，举荐人才不拘一格，使用人才各尽其能，择天下英才而用之。

3. 深化科技体制改革

“穷理以致其知，反躬以践其实。”[②] 深化科技体制改革，破除一切制约科技创新的思想障碍和制度藩篱，以改革释放创新活力，让一切创新源泉充分涌流。习近平指出，深化科技体制改革目标就是打通科技和经济社会发展之间的通道。[③] 建设创新型国家必须坚持科技创新和体制机制创新双轮驱动，消除“孤岛现象”，让两个轮子协调运转，才能把创新驱动的新引擎全速发动起来。党的十九大报告提出深化科技体制改革，要在落实的力度和方法上下功夫，包括加大研发费用加计扣除、高新技术企业税收优惠、固定资产加速折旧等政策的落实力度。在推进项目评审、人才评价、机构评估改革方面完善支持企业创新的普惠性政策体系，完善国家技术转移体系，打造连接国内外技术、资本、人才等创新资源的技术转移网络，激发科技人员积极性。在知识产权保护方面，完善科技成果转化激励评价制度，加大创造、保护、运用，深化科技成果权益管理改革，强化创新型国家在知识产权等方面的法治保障。建立符合国际规则的政府采购制度，扩大创新产品和服务的市场空间，营造公平、开放、透明的市场环境。

（四）实施乡村振兴战略

党的十九大报告指出，实施乡村振兴战略，要坚持农业农村优先发展，

---

① 《管子·权修篇》。

② 《宋史·朱熹传》。

③ 《习近平关于科技创新论述摘编》，中央文献出版社，2016，第58页。

按照产业兴旺、生态宜居、乡风文明、治理有效、生活富裕的总要求，建立健全城乡融合发展体制机制和政策体系，加快推进农业农村现代化。[①] 2018 年 3 月 8 日上午，习近平在参加山东代表团审议中，再一次对乡村振兴战略作了重点阐释，为“三农”工作作出了具体擘画。习近平指出，要推动乡村振兴健康有序进行，规划先行、精准施策、分类推进，科学把握各地差异和特点，注重地域特色，体现乡土风情，特别要保护好传统村落、民族村寨、传统建筑，不搞一刀切，不搞统一模式，不搞层层加码，杜绝“形象工程”。“要深刻认识实施乡村振兴战略的重要性和必要性，扎扎实实把乡村振兴战略实施好。”[②]

“洪范八政，食为政首。”农业农村农民问题是关系国计民生的根本性问题。没有农业农村的现代化，就没有国家的现代化。实施乡村振兴战略是全面建成小康社会、全面建设社会主义现代化强国的必然要求。深入理解乡村振兴战略的总要求，才能科学制定战略规划，走好中国特色社会主义乡村振兴道路。实施乡村振兴战略是一篇大文章。农业强不强、农村美不美、农民富不富，决定着亿万农民的获得感和幸福感，决定着我国全面小康社会的成色和社会主义现代化的质量。如期实现第一个百年奋斗目标并向第二个百年奋斗目标迈进，最艰巨最繁重的任务在农村，最广泛最深厚的基础在农村，最大的潜力和后劲也在农村。实施乡村振兴战略，是解决人民日益增长的美好生活需要和不平衡不充分的发展之间的矛盾的必然要求，是实现“两个一百年”奋斗目标的必然要求，是实现全体人民共同富裕的必然要求。

实施乡村振兴战略，必须立足国情农情，切实增强责任感使命感紧迫感。乡村振兴战略是党“三农”工作一系列方针政策的继承和发展，是中国特色社会主义进入新时代做好“三农”工作的总抓手。建立健全实施乡村振兴战略财政投入保障制度，公共财政更大力度向“三农”倾斜，开拓投融资渠道，强化乡村振兴投入保障，应以更大的决心、更明确的目标、

---

① 习近平：《决胜全面建成小康社会　夺取新时代中国特色社会主义伟大胜利——在中国共产党第十九次全国代表大会上的报告》，人民出版社，2017，第 32 页。

② 《习近平在参加十三届全国人大一次会议山东代表团审议时的讲话》，2018 年 3 月 8 日。

更有力的举措举全党全国全社会之力，推动农业全面升级、农村全面进步、农民全面发展，健全适合农业农村特点的农村金融体系，强化金融服务方式创新，提升金融服务乡村振兴的能力和水平，谱写新时代乡村全面振兴新篇章。

实施乡村振兴战略的目标任务是：到2020年，乡村振兴取得重要进展，制度框架和政策体系基本形成；到2035年，乡村振兴取得决定性进展，农业农村现代化基本实现；到2050年，乡村全面振兴，农业强、农村美、农民富全面实现。实施乡村振兴战略的指导思想是党的十九大精神和习近平新时代中国特色社会主义思想。“三农”问题是全党工作的重中之重，加强党对“三农”工作的领导，应坚持稳中求进的工作总基调。建立健全城乡融合发展体制机制和政策体系，牢固树立新发展理念，加快推进乡村治理体系和治理能力现代化。坚持党管农村工作，坚持农业农村优先发展，坚持农民主体地位，坚持乡村全面振兴，坚持城乡融合发展，坚持人与自然和谐共生，坚持因地制宜、循序渐进，加快推进农业农村现代化，打造产业兴旺、生态宜居、乡风文明、治理有效、生活富裕的高质量发展，让农业成为有奔头的产业，让农民成为有吸引力的职业，让农村成为安居乐业的美丽家园，走中国特色社会主义乡村振兴道路。

加强农村专业人才队伍建设，发挥科研人才支撑作用，人才是乡村振兴的“第一资源”，鼓励引导工商资本参与农村振兴，鼓励社会各界人士投身乡村建设。习近平强调：“要推动乡村人才振兴，把人力资本开发放在首要位置，强化乡村振兴人才支撑，加快培育新型农业经营主体。”① 他说，让愿意留在乡村、建设家乡的人留得安心，让愿意上山下乡、回报乡村的人更有信心，激励各类人才在农村广阔天地大施所能、大展才华、大显身手，打造一支强大的乡村振兴人才队伍，“在乡村形成人才、土地、资金、产业汇聚的良性循环”②。加强“三农”工作干部队伍的培养、配备、管理、使用，把到农村一线锻炼作为培养干部的重要途径，形成人才向农村基层

---

① 《习近平谈到“高质量发展”的20个关键词》，新华网，http://www.xinhuanet.com/politics/2018-03/15/c_129829690.htm。

② 《习近平谈到“高质量发展”的20个关键词》，新华网，http://www.xinhuanet.com/politics/2018-03/15/c_129829690.htm。

一线流动的用人导向，造就一支懂农业、爱农村、爱农民的农村工作队伍。

加强和改善党对“三农”工作的领导。实施乡村振兴战略是一项长期的历史性任务，要科学规划、注重质量、从容建设。强化乡村振兴规划引领，制定国家乡村振兴战略规划，部署若干重大工程、重大计划、重大行动，就要切实确保党始终总揽全局、协调各方，提高党把方向、谋大局、定政策、促改革的能力和定力，提高新时代党领导农村工作的能力和水平。建立实施乡村振兴战略领导责任制，实行中央统筹、省负总责、市县抓落实的工作机制。健全党委统一领导、政府负责、党委农村工作部门统筹协调的农村工作领导体制。各级党委和政府要坚持工业农业一起抓、坚持城市农村一起抓，把农业农村优先发展的要求落到实处。

全面深化农村改革，持续加大强农惠农富农政策力度，扎实推进农业现代化和新农村建设，是党和国家事业全面开创新局面的重要支撑。党的十八大以来，粮食生产能力跨上新台阶，农业供给侧结构性改革迈出新步伐，农民收入持续增长，农村民生全面改善，脱贫攻坚战取得决定性进展，农村生态文明建设显著加强，农民获得感显著提升，农村社会稳定和谐。农业农村发展取得的重大成就和“三农”工作积累的丰富经验，为实施乡村振兴战略奠定了良好基础。

产业兴旺是实现乡村振兴的基石。发展现代农业是产业兴旺最重要的内容，其重点是通过产品、技术、制度、组织和管理创新，提高良种化、机械化、科技化、信息化、标准化、制度化和组织化水平，推动农业、林业、牧业、渔业和农产品加工业转型升级。一方面，大力发展以新型职业农民、适度经营规模、作业外包服务和绿色农业为主要内容的现代农业；另一方面，推进农村一、二、三产业融合发展，促进农业产业链延伸，为农民创造更多就业和增收机会。

生态宜居是提高乡村发展质量的保证。推动乡村生态振兴，习近平强调要“坚持绿色发展”，加强农村突出环境问题综合治理，扎实实施农村人居环境整治三年行动计划，推进农村“厕所革命”，完善农村生活设施，打造农民安居乐业的美丽家园，让良好生态成为乡村振兴支撑点。[①] 坚定走绿

① 《习近平在参加十三届全国人大一次会议山东代表团审议时的讲话》，2018 年 3 月 8 日。

色发展道路，乡村振兴就会迸发持久的活力。其内容涵盖村容整洁，村内水、电、路等基础设施完善，以保护自然、顺应自然、敬畏自然的生态文明理念纠正单纯以人工生态系统替代自然生态系统的错误做法，等等。它提倡保留乡土气息、保存乡村风貌、保护乡村生态系统、治理乡村环境污染，实现人与自然和谐共生，让乡村人居环境绿起来、美起来。

乡风文明是乡村建设的灵魂。乡风文明建设既包括促进农村文化教育、医疗卫生等事业发展，改善农村基本公共服务；又包括大力弘扬社会主义核心价值观，传承遵规守约、尊老爱幼、邻里互助、诚实守信等乡村良好习俗，努力实现乡村传统文化与现代文明的融合；还包括充分借鉴国内外乡村文明的优秀成果，实现乡风文明与时俱进。推动乡村文化振兴，习近平强调要“加强农村思想道德建设和公共文化建设，以社会主义核心价值观为引领，深入挖掘优秀传统农耕文化蕴含的思想观念、人文精神、道德规范，培育挖掘乡土文化人才，弘扬主旋律和社会正气，培育文明乡风、良好家风、淳朴民风，改善农民精神风貌，提高乡村社会文明程度，焕发乡村文明新气象”①。

治理有效是乡村善治的核心。深化村民自治实践，发展农民合作经济组织，推动乡村组织振兴，关键在党。习近平要求“打造千千万万个坚强的农村基层党组织，培养千千万万名优秀的农村基层党组织书记”。② 同时，“确保乡村社会充满活力、安定有序”。③ 治理越有效，乡村振兴战略的实施效果就越好。为此，应建立健全党委领导、政府负责、社会协同、公众参与、法治保障的现代乡村社会治理体制，健全自治、法治、德治相结合的乡村治理体系，加强农村基层基础工作，加强农村基层党组织建设，深化村民自治实践，建设平安乡村。进一步密切党群、干群关系，有效协调农户利益与集体利益、短期利益与长期利益，确保乡村社会充满活力、和谐有序。建立健全党委领导、政府负责、社会协同、公众参与、法治保障的

① 《习近平在参加十三届全国人大一次会议山东代表团审议时的讲话》，2018 年 3 月 8 日。

② 《习总书记两会金句点亮新时代》，中国新闻网，http://www.chinanews.com/gn/2018/03/-24/8475067/.shtml。

③ 《习近平总书记同出席 2018 年全国两会人大代表、政协委员共商国是纪实》，中国文明网，https://mp.weixin.qq.com/s?_biz=MzA5ODA0NDIzOA%3D%3D&idx=1&mid=2652309793&sn=5274d5a9c5fd3626f67d28e9251f2134。

现代乡村社会治理体制。

生活富裕是乡村振兴的目标。乡村振兴战略的实施效果要用农民生活富裕程度来评价。为此，要努力保持农民收入较快增长，持续降低农村居民的恩格尔系数，不断缩小城乡居民收入差距，让广大农民群众和全国人民一道进入全面小康社会，向着共同富裕目标稳步前进。

二　发展民主政治

（一）保障人民当家作主

党的十九大报告指出："人民代表大会制度是坚持党的领导、人民当家作主、依法治国有机统一的根本政治制度安排，必须长期坚持、不断完善。"① 人民代表大会制度之所以具有强大生命力和显著优越性，关键在于它深深植根于人民之中。

党的领导是人民当家作主和依法治国的根本保证，人民当家作主是社会主义民主政治的本质特征，依法治国是党领导人民治理国家的基本方略。发展社会主义民主政治，关键是坚持三者统一。正如习近平指出："在中国，发展社会主义民主政治，保证人民当家作主，保证国家政治生活既充满活力又安定有序，关键是要坚持党的领导、人民当家作主、依法治国有机统一。"② 这是当代中国政治制度和政治过程最鲜明的特征、最显著的优势。党的领导、人民当家作主、依法治国是一个相辅相成的有机整体，三者统一于我国社会主义民主政治伟大实践。人民代表大会制度是根本政治制度，为党的领导、人民当家作主、依法治国提供了有效可靠的制度载体，为实现"三者有机统一"创造了根本制度环境和重要运行条件。"三者有机统一"是社会主义民主政治的根本性质、核心理念和实践要求，为推动人民代表大会制度与时俱进、完善发展确立了根本政治方向和政治遵循。同时为坚持和完善人民代表大会制度，习近平提出要做到"四个必须"："必须毫不动摇坚持中国共产党的领导、必须保证和发展人民当家作主、必须

① 习近平：《决胜全面建成小康社会　夺取新时代中国特色社会主义伟大胜利——在中国共产党第十九次全国代表大会上的报告》，人民出版社，2017，第37页。

② 《十八大以来重要文献选编》（中），中央文献出版社，2016，第54页。

全面推进依法治国、必须坚持民主集中制。”[①] 深刻阐明了党的领导、人民当家作主、依法治国和民主集中制的重要关联。从制度构建和实践要求上提升了人民代表大会制度的核心理念，丰富了人民代表大会制度的核心内涵、基本特征和本质要求。将保证人民依法享有广泛的权利和自由落实到国家政治生活和社会生活之中，凝聚起全体人民的智慧和力量。

坚持人民主体地位，通过人民代表大会制度发挥党总揽全局、协调各方的领导核心作用，贯彻党的群众路线，密切同人民群众的联系，倾听人民呼声，回应人民期待，保证人民当家作主。没有人民当家作主，就没有社会主义，就没有社会主义现代化，就没有中华民族伟大复兴。人民代表大会制度是中国人民在人类政治制度史上的伟大创造，是深刻总结近代以来中国政治生活惨痛教训得出的基本结论，是中国社会激荡变革发展的历史结果，更是中国人民掌握自己命运的必然选择。人民代表大会制度的理论和实践在新时代中国特色社会主义背景下，不断丰富完善、与时俱进。在习近平新时代中国特色社会主义思想指引下，坚定不移走中国特色社会主义政治发展道路，长期坚持、全面贯彻、不断发展人民代表大会制度，是加强人民当家作主制度保障的正确方向和根本途径。

（二）发挥社会主义协商民主的重要作用

习近平指出，要发展社会主义协商民主，扩大人民群众有序政治参与，保证人民广泛参加国家治理和社会治理，形成生动活泼、安定团结的政治局面。[②] 人民群众是社会主义协商民主的重点。协商民主的实质，就是要推进公民有序的政治参与。在中国共产党的领导下，在把协商民主与选举民主结合起来的过程中，要始终体现“公民有序的政治参与”这一现代民主精神，社会主义协商民主制度在长期探索和实践中已融入我国民主制度与民主生活的方方面面，引导群众以理性合法的形式表达利益要求、解决利益矛盾。而人民政协就是公民实现有序的政治参与的主要形式，是我国民主建设和发展的战略性基础平台。

---

① 《忠实践行“四个必须”扎实推进人大工作》，求是网，http://www.qstheory.cn/laigao/2015-04/25/c_1115085779.htm。

② 《习近平谈治国理政》第2卷，外文出版社，2017，第41页。

从政治发展角度看，坚持和全面发展协商民主形式，完全符合现代民主精神。民主主要有两个方面的基本作用：首先可以促使传统国家向现代国家转型，实现构成国家的各民族、各阶层、各团体的共存与共生，保证中国在现代国家框架下保持内在一体性；其次是使人民成为国家的主人，发展人民民主，让人民当家作主，共同掌握、行使国家权力。民主的两个基本作用使人民联合成为有机整体，保障了人民以整体的力量掌握国家权力，实现各民族、各阶层、各团体的共存与共生。协商民主的本质从民主的发展逻辑来说，实际上也是民主原初的存在与运行形式。

“名非天造，必从其实。”① 民主的形式是多样的，协商民主是中国社会主义民主政治中独特的民主形式，根源于中华民族长期形成的天下为公、兼容并蓄、求同存异的优秀政治文化，是人民民主长期实践的产物，体现的是人民民主的本质要求。党通过协商民主制度建立了人民民主政权，缔造了人民共和国，多党合作和政治协商制度，将党的群众路线转化为全面吸纳公民参与民主决策和民主管理的制度体系，并使其成为有效的基本政治制度。协商民主制度充实和巩固了基层群众自治制度，保障广大人民群众在日常生活和生产中拥有自己权利、实现自我管理。协商民主制度是维护公共利益的制度基础与行动路径，与党所领导的民主实践共同成长。

协商民主制度让广大人民群众更加直接地参与国家治理，为人民当家作主的政治实践提供了广阔的政治空间与实践平台，更是人民民主作为新型现代民主的关键所在。新时代中国特色社会主义背景下，协商民主制度日益完善的体系为人民群众参与国家治理提供更加有效的保障，在增强社会活力、保持人民团结、促进社会和谐的基础上，为推动民族振兴和国家发展贡献了积极力量，保持了我国政治、经济和社会发展处在稳定、协调、可持续的状态。随着社会的发展，健全社会主义协商民主制度的战略部署，将为我国民主发展创造更多参与空间、制度平台以及工作机制，开创我国政治建设和发展的新境界。

（三）深化机构和行政体制改革

2018 年 2 月 26 日，党的第十九届中央委员会第三次全体会议提出深化

---

① （清）王夫之：《思问录·外篇》。

党和国家机构改革是推进国家治理体系和治理能力现代化的一场深刻变革，明确了党和国家机构职能体系是中国特色社会主义制度的重要组成部分，在一些重要领域和关键环节取得了重大进展，为党和国家事业取得历史性成就、发生历史性变革提供了有力保障。

深化党和国家机构改革，应坚持以马克思列宁主义、毛泽东思想、邓小平理论、“三个代表”重要思想、科学发展观、习近平新时代中国特色社会主义思想为指导，适应新时代中国特色社会主义发展要求。深化党和国家机构改革的目标是构建系统完备、科学规范、运行高效的党和国家机构职能体系，形成总揽全局、协调各方的党的领导体系，职责明确、依法行政的政府治理体系，中国特色、世界一流的武装力量体系，联系广泛、服务群众的群团工作体系，推动人大、政府、政协、监察机关、审判机关、检察机关、人民团体、企事业单位、社会组织等在党的统一领导下协调行动、增强合力，全面提高国家治理能力和治理水平。

深化党和国家机构改革的首要任务是，完善坚持党的全面领导。具体包括加强党对各领域各方面工作领导，确保党的领导全覆盖，确保党的领导更加坚强有力。要建立健全党对重大工作的领导体制机制，强化党的组织在同级组织中的领导地位，更好发挥党的职能部门作用，统筹设置党政机构，推进党的纪律检查体制和国家监察体制改革。深化党和国家机构改革的重要任务是，转变政府职能，优化政府机构设置和职能配置。破除制约市场在资源配置中起决定性作用、更好发挥政府作用的体制机制弊端，围绕推动高质量发展，建设现代化经济体系，调整优化政府机构职能，合理配置宏观管理部门职能，深入推进简政放权，完善市场监管和执法体制，改革自然资源和生态环境管理体制，完善公共服务管理体制，强化事中事后监管，提高行政效率，全面提高政府效能。深化党和国家机构改革的必然要求是，统筹党政军群机构改革，加强党的集中统一领导、实现机构职能优化协同高效。要统筹设置相关机构和配置相近职能，理顺和优化党的部门、国家机关、群团组织、事业单位的职责，完善党政机构布局，深化人大、政协和司法机构改革，深化群团组织改革，推进社会组织改革，加快推进事业单位改革，深化跨军地改革，增强党的领导力，提高政府执行力，激发群团组织和社会组织活力，增强人民军队战斗力，使各类机构有机衔接、相互协调。

深化党和国家机构改革是一个系统工程，各项改革应相互促进、相得益彰，形成总体效应，理顺中央和地方职责关系，更好发挥中央和地方两个积极性。要统筹优化地方机构设置和职能配置，构建从中央到地方运行顺畅、充满活力、令行禁止的工作体系，构建简约高效的基层管理体制。在会议精神指引下，深化党和国家机构改革应当做到以下几方面。

其一，统筹推进各类机构改革，完善国家治理的组织架构。顺利推进新时代中国特色社会主义各项事业，必须从组织机构上发挥党的领导这个最大体制优势，协调好并发挥出各类机构的职能作用，形成适应新时代发展要求的党政群机构新格局。为此，需要统筹考虑党和国家各类机构设置，完善科学领导和决策、有效管理和执行的体制机制。一是统筹考虑各类机构设置，科学配置党政部门及其内设机构权力，明确职责。紧紧围绕发挥党总揽全局、协调各方作用和切实加强党的长期执政能力建设，进一步理顺职责关系，按照改革要求进行调整完善。把各地区各部门各方面意见摸清楚，把机构设置存在的问题弄清楚，综合考虑各方面情况，科学制定改革方案。机构设置要体现符合实际、科学合理、更有效率的要求，做到精干高效。二是统筹使用各类编制资源，形成科学合理的管理体制。坚持机构编制“瘦身”与“健身”相结合，通盘考虑组织机构调整与编制资源配备，创新管理，优化结构，盘活用好各类编制资源。三是完善国家机构组织法。与改革实践相比，我国机构法制建设相对滞后，需要适应依法治国、依法行政的进程，进一步完善国家机构组织法律体系，推进机构组织的科学化、规范化、法制化，通过立法巩固改革成果。

其二，深化简政放权、坚持放管结合，进一步转变政府职能。职能转变是深化行政体制改革的核心。经过持续努力，这项工作取得了重要进展，积累了宝贵经验。同时应看到，职能转变任务还很重，需要进一步推进简政放权，加强和创新监管，强化社会管理和公共服务等职责。一是加大简政放权力度，深化行政审批制度改革，释放市场发展活力。在前期改革成果基础上，进一步精简各类审批、证照等事项，深入推进精准放权协同放权，对下放事项要创造条件保障地方和基层接得住、接得好。二是坚持放管结合放管并举，创新监管方式。强化监管手段，积极探索新型监管模式，着力提高事中事后监管有效性，切实维护公平竞争的市场秩序。三是规范行政行为、优化办事流程，增强政府公信力和执行力，建设人民满意的服务型政府。进一步精简环节，规范行政程序、行为、时限和裁量权，加快实施“互联网+政务服务”，提高政务公开水平，营造稳定公平透明、可预期的营商环境。

其三，优化地方各级权力配置，更好发挥贴近基层和群众的管理服务优势。不同层级各有其职能重点，对那些由下级管理更为直接高效的事务，应赋予地方更多自主权，这样既能充分调动地方积极性、因地制宜做好工作，也有利于中央部门集中精力抓大事、谋全局。为此，需要进一步合理界定各层级间职能配置、优化机构设置，发挥各自比较优势。一是推进不同层级间权责合理配置，赋予省级及以下政府更多自主权。进一步加大放权力度，把那些地方切实需要也能够有效承接的事项下放给地方。同时，地方各层级间也要明确职责重点。省一级主要是强化规划管理、政策法规、标准规范、监督检查等职责，市县级主要是强化执行和执法监管职责，做好直接面向企业和群众的服务与管理。二是推进地方党政机构改革，在省市县，对职能相近的党政机关探索合并设立或合署办公。这些年来，一些地方根据本地区发展实际整合设置党政机构，取得了一定成效。要总结提炼成功经验，探索在省市县按照职能重点综合设置党政机构，进一步推动机构职能的精简整合，形成管理合力。三是构建简约精干的基层行政管理体制。按照充实一线、加强基层的原则，将适宜由基层管理的行政审批、行政处罚等权力事项下沉，整合审批、服务、执法等方面力量和资源，提升基层管理服务水平。

（四）巩固和发展爱国统一战线

习近平在党的十九大报告中强调：“巩固和发展爱国统一战线。”① 这是立足我国发展新的历史方位，贯彻落实习近平新时代中国特色社会主义思想的重大举措，是发展社会主义民主政治的重要任务，也是为我们党肩负起新时代历史使命凝聚力量的战略部署。巩固和发展爱国统一战线，对于

① 习近平：《决胜全面建成小康社会　夺取新时代中国特色社会主义伟大胜利——在中国共产党第十九次全国代表大会上的报告》，人民出版社，2017，第 39 页。

把中华儿女广泛团结起来，投身决胜全面建成小康社会、开启全面建设社会主义现代化国家新征程的伟大实践，聚合起实现中华民族伟大复兴中国梦的磅礴力量，具有十分重要的意义。

1. 统一战线是党的事业取得胜利的重要法宝

“海纳百川，有容乃大。”我们党历来高度重视统战工作，坚持把马克思主义统战基本原理同中国实际相结合，创立了党的统一战线理论。它有着深厚的历史和理论渊源，也有着我们党在各个历史时期的丰富实践。毛泽东同志指出，所谓政治，就是把我们的人搞得多多的，把敌人搞得少少的[①]，并将统一战线称为党战胜敌人的三大法宝之一。习近平强调，统战工作的本质要求是大团结大联合，解决的就是人心和力量问题。[②] 我们党运用统一战线这个法宝，围绕革命、建设、改革大目标，广泛争取人心和力量，统一战线在建立新中国、建设新中国、开拓改革路、实现中国梦的过程中发挥了重要作用。

在长期革命、建设、改革中，我们党进行了统一战线的成功实践，逐步形成完整的统一战线理论。在党的抗日民族统一战线指引下，中国进行了历史上唯一一次全民族奋起抵抗外来侵略的战争，取得了近代以来抗击外敌入侵的第一次完全胜利。在人民解放战争即将胜利之际，各民主党派、各人民团体、各社会贤达积极响应我们党的“五一口号”，参加政治协商会议，共商建国大业。中华人民共和国成立后，我们党在巩固政权、进行社会主义改造和建设、实行改革开放中，充分发挥统一战线的功能作用，彰显了统一战线的广泛性、包容性、多样性和社会性，为党和国家事业注入了强大活力。

党的十八大以来，以习近平同志为核心的党中央把统一战线摆在治国理政重要位置，先后召开民族工作会议、统战工作会议、宗教工作会议等重要会议，制定统一战线工作条例等重要文件，其数量之多、分量之重，在统一战线历史上是不多见的。习近平发表了一系列重要讲话，提出认识统一战线地位作用的新论断、把握统一战线发展规律的新理论、指导统战

① 转引自《十八大以来重要文献选编》（中），中央文献出版社，2016，第556页。

② 《习近平关于全面建成小康社会论述摘编》，中央文献出版社，2016，第97页。

工作实践的新理念、做好各领域统战工作的新要求，构成了习近平新时代中国特色社会主义思想的统战篇，丰富了党的统一战线理论的科学内涵，有力推动了统战工作在新的历史起点上开拓奋进。

中国特色社会主义进入了新时代，社会主要矛盾已经转化为人民日益增长的美好生活需要和不平衡不充分的发展之间的矛盾，社会结构和利益格局深刻变化，新的社会阶层不断涌现，思想观念日益多样，改革发展稳定任务依然艰巨繁重。肩负历史使命、实现新的目标，需要我们运用好统一战线这一重要法宝，最大限度地凝聚共识、凝聚人心、凝聚智慧、凝聚力量，最大限度地调动积极因素、激发创造活力，万众一心，以必胜的信心、昂扬的斗志、扎实的努力投身新的历史实践。

2. 始终坚持统一战线工作基本要求

习近平强调，人心是最大的政治。人心向背、力量对比是决定党和人民事业成败的关键，是重大战略问题。①

用共同奋斗目标聚精会神。统一战线的实质，就是要在一个共同的目标下，实现各民族、各党派、各阶层、各方面人民最广泛的团结。决胜全面建成小康社会、夺取新时代中国特色社会主义伟大胜利、实现中华民族伟大复兴的中国梦，是中国人民的共同奋斗目标。目标就是旗帜。巩固和发展爱国统一战线，必须把共同目标作为政治动力源和前进方向标，团结和联合不同党派、不同民族、不同宗教、不同阶层的各方面成员，在共同目标下统一思想、统一意志、统一步调，众志成城，共建伟业。

用共同思想政治基础凝心聚魂。统一战线是广泛的政治联盟。联盟的广泛和牢固程度，取决于思想根基的坚实程度，离开这一条，就没有统一战线。要高举爱国主义、社会主义旗帜，把坚持和发展中国特色社会主义作为巩固共同思想政治基础的主轴，引导统一战线成员充分认识习近平新时代中国特色社会主义思想的科学内涵、实践要求、精神实质，充分认识我国社会主义民主政治的优越性和生命力，在事关道路、制度、旗帜、方向等根本问题上立场不含糊、原则不动摇，增强中国特色社会主义道路自信、理论自信、制度自信、文化自信。

---

① 《十八大以来重要文献选编》（中），中央文献出版社，2016，第556页。

用新时代中国特色社会主义伟大实践汇智聚力。建设中国特色社会主义是亿万群众的事业。面对新时代、新使命、新任务，单靠我们党是不可能的，必须善集众智、广集众力。做好统一战线工作，必须瞄准建设中国特色社会主义主战场，让一切智慧、知识、技术等向主战场集中，让一切人力、物力、财力等向主战场聚合，众人划桨开大船，不断把新时代中国特色社会主义推向前进。

用党的集中统一领导强基固本。统一战线是中国共产党领导的统一战线。做好统战工作，最根本的是要坚持党的领导。党对统一战线的领导主要是政治领导，即政治原则、政治方向、重大方针政策的领导，主要体现为党委领导而不是部门领导、集体领导而不是个人领导。这是巩固和发展统一战线的政治保证。必须保持政治定力、思想定力和战略定力，增强政治意识、大局意识、核心意识、看齐意识，实行的政策、采取的措施都要有利于坚持和巩固党的领导地位，推动广大统一战线成员自觉接受和维护中国共产党的领导，形成“众星捧月”之势。

3. 切实突出统一战线工作着力重点

形势任务在不断变化，统一战线内部结构也在变化，必须统筹兼顾，全面用力，重点发力。进一步做好民主党派工作。中国共产党领导的多党合作和政治协商制度是我国的基本政治制度，具有鲜明的中国特色。要坚持长期共存、互相监督、肝胆相照、荣辱与共，把中国共产党的先进性和民主党派的进步性有机统一起来，支持民主党派按照中国特色社会主义参政党要求更好履行职能。要坚持政党协商制度，完善内容和形式，健全知情和反馈机制，凝聚共识、优化决策。

进一步做好党外知识分子和新的社会阶层人士工作。党外知识分子工作是统一战线的基础性、战略性工作，新的社会阶层人士是建设中国特色社会主义的重要力量。现在，党外知识分子构成更加多样，新的社会阶层人士也多是知识分子。要坚持尊重知识、尊重知识分子，以教育引导为主线，以培养使用为重点，以组织起来为依托，以健全机制为支撑，把党外知识分子和新的社会阶层人士紧紧团结在党的周围，发挥他们的智慧和才能，为中国特色社会主义事业凝聚新力量。

进一步做好非公有制经济领域工作。促进非公有制经济健康发展和非公有制经济人士健康成长，是重大经济问题，也是重大政治问题。要坚持团结、服务、引导、教育的方针，既要做好鼓励支持引导非公有制经济发展的工作，更要担负起团结引导非公有制经济人士的责任。要引导非公有制经济人士发扬企业家精神，始终保持发展的信心和定力，积极投身构建亲清新型政商关系实践，洁身自好走正道，遵纪守法办企业，光明正大搞经营，在不断创造物质财富的同时创造精神财富。

进一步做好民族工作和宗教工作。民族工作、宗教工作都是全局性工作。要全面贯彻党的民族政策，坚持中国特色解决民族问题的正确道路，坚持和完善民族区域自治制度，坚持统一和自治相结合，铸牢中华民族共同体意识，让各民族像石榴籽一样紧紧抱在一起，共同团结奋斗、共同繁荣发展。全面贯彻党的宗教工作基本方针，加强各民族交往交流交融，促进民族因素和区域因素相结合，坚持宗教中国化方向，保护合法、制止非法、遏制极端、抵御渗透、打击犯罪，积极引导宗教与社会主义社会相适应。

4. 准确把握统一战线工作基本规律

毛泽东同志说过，统一战线是一门专门科学。[①] 做好新时代统战工作，必须认识和把握其工作规律。

统战工作的主体是各级党组织。统一战线历来是党的总路线总政策的重要组成部分，统战工作应当成为各级党组织的分内之事。各级党委抓统战工作，主要是抓大事、议大事，把统战工作纳入总体工作部署，坚持重点工作和统战工作相统筹、党的建设和统战工作相协调，一起谋划、一起部署、一起落实。

统战工作的本质是扩大共识。统一战线说到底是通过寻找政治、经济、文化等方面的契合点，在共同政治基础上，团结各方面人士，为共同事业而奋斗，这是统战工作的真谛所在。要牢牢把握大团结大联合的主题，照顾同盟者利益，关注统一战线成员的思想和精神需求，求同存异、增强包容性，为扩大共识创造条件。要积极为党外人士发挥作用搭建舞台，做到用好一个人、赢得一片人心。

① 《毛泽东文集》第 3 卷，人民出版社，1996，第 415 页。

统战工作的核心是掌握政策。统一战线团结什么样的人、怎么团结人，都有很强的政治性、政策性。掌握了政策，就把握住了统战工作的核心。要熟悉和掌握新时代中国特色社会主义基本方略，研究弄通统一战线政策，善于运用政策协调关系，注意从政策走向、实施效果上观察问题。要以党中央的政策为指导，坚持问题导向，加强调查研究，解决好突出问题。

统战工作的关键是把握好度。统战工作归根到底是处理一致性与多样性关系。一致性和多样性不是一成不变的，而是具体的、历史的、发展的。政治水平、政策水平在很大程度体现在工作中度的把握上。把握好度，要一切以时间、地点、条件为转移，把一致性与多样性的关系放在具体条件下去考量，放在大局中去权衡，在尊重多样性中寻求一致性，增进一致而不强求一律、尊重差异而不扩大分歧、包容多样而不弱化主导，找到最大公约数，画出最大同心圆。

统战工作的重要方式是联谊交友。联谊交友贯穿于运用政策调节关系、团结—批评—团结、培养使用党外代表人士等各项工作方式之中。和党外人士交朋友，关键是交流思想、交换看法，在平等交谈中增进感情、增进共识。要拓展交友领域，丰富交友渠道，创新交友方式，多接触、多谈心、多帮助，讲尊重、讲平等、讲诚恳，不忘老朋友，结交新朋友，多交深交挚友诤友，努力扩大朋友圈。

三　建设文化强国

（一）牢牢掌握意识形态工作领导权

“是非疑，则度之以远事，验之以近物。”① “如果我们用西方资本主义价值体系来剪裁我们的实践，用西方资本主义评价体系来衡量我国发展，符合西方标准就行，不符合西方标准就是落后的陈旧的，就要批判、攻击，那后果不堪设想！”② 在当前复杂的国际国内形势下，意识形态工作的社会环境和现实条件发生了深刻变化，马克思主义一元化指导思想面临多样化社会思潮的挑战日益凸显，我国在走近世界舞台中央的过程中面临各种敌

① 《荀子·大略》。

② 《习近平谈治国理政》第2卷，外文出版社，2017，第327页。

对势力的遏制和渗透的挑战日益凸显。要把意识形态工作领导权牢牢掌握在手中，不断巩固马克思主义在意识形态领域的指导地位，巩固全党全国人民团结奋斗的共同思想基础。

1. 牢牢掌握传播主导权

互联网作为一种新的传媒技术，打破了传统的时间与空间的限制，成为一种新载体。面对党的执政环境和新闻传播环境的新变化，习近平在具体深入分析判断的基础上强调，网上舆论工作是一项长期任务，要尊重新闻传播规律，创新方法手段，切实提高党的新闻舆论传播力、引导力、影响力、公信力。[①] 因此我们要掌握网上舆论工作主动权，坚持正面宣传，大力弘扬主旋律，传播正能量，要始终把坚持正确导向摆在首位。面对形势的不断发展，党的新闻舆论要把握网上舆论主动权，要在理念、内容、体裁、形式、方法、机制等方面进一步创新，不断增强针对性和实效性，努力构建新的舆论导向模式。在互联网建设、管理和内容生产方面，要加强网络社会管理，推进网络依法有序规范运行，创新网上宣传方式，使网络空间清朗起来。

2. 巩固马克思主义主阵地

马克思主义是社会主义意识形态的旗帜和灵魂，是我们立党立国的根本指导思想，是党和人民团结一致、始终沿着正确方向前进的根本思想保证。老祖宗决不能丢、大道理要经常讲。要加强对习近平系列重要讲话精神的学习，做到真学、真懂、真信、真用，坚定理想信念、筑牢思想根基，自觉做习近平新时代中国特色社会主义思想的坚定信仰者和忠实践行者。信念的坚定来自理论的自觉。坚持和巩固马克思主义在我国意识形态领域的指导地位，是做好意识形态工作的基础。

3. 占领宣传思想阵地

习近平强调，宣传思想阵地，我们不去占领，人家就会去占领。[②] 目前我们党的新闻舆论工作的职责和使命是，“高举旗帜、引领导向，围绕中心、服务大局，团结人民、鼓舞士气，成风化人、凝心聚力，澄清谬误、

---

① 《习近平谈治国理政》第 2 卷，外文出版社，2017，第 331 页。

② 《十八大以来重要文献选编》（上），中央文献出版社，2014，第 465 页。

明辨是非，联接中外、沟通世界”[①]。要承担起这个职责和使命，必须把政治方向摆在第一位，牢牢坚持正确舆论导向，坚持守土有责、守土负责、守土尽责，始终保持高度的政治敏锐性和政治鉴别力。树立马克思主义新闻观，始终坚持正面宣传为主，引导正确舆论导向。始终以党的旗帜为旗帜、以党的方向为方向、以党的意志为意志，把对党绝对忠诚作为安身立命之本，把握正确政治方向和宣传导向，所有工作都有利于坚持中国共产党领导和我国社会主义制度，有利于推动改革发展，有利于增进全国各族人民团结，维护社会和谐稳定，让党的主张成为时代最强音。

意识形态决定文化前进方向和发展道路，对一个政党、一个国家、一个民族的生存和发展至关重要。党的十八大以来，以习近平同志为核心的党中央高度重视意识形态工作，反复强调意识形态工作是党的一项极端重要的工作，关乎旗帜、关乎道路、关乎国家政治安全，一刻也不能放松和削弱意识形态工作。党的十九大报告着眼新时代坚持和发展中国特色社会主义，立足党和国家事业发展全局，明确提出牢牢掌握意识形态工作领导权这一重大任务。

（二）培育和践行社会主义核心价值观

“倡导富强、民主、文明、和谐，倡导自由、平等、公正、法治，倡导爱国、敬业、诚信、友善，积极培育和践行社会主义核心价值观。”[②] 社会主义核心价值观是当代中国精神的集中体现，凝结着全体人民共同的价值追求。党的十八大从国家、社会和公民三个层面概括了社会主义核心价值观的价值目标、价值取向和价值准则。从党的十八大到十九大，这三个“倡导”，勾绘出一个国家的价值内核、一个社会的共同理想、亿万国民的精神家园，在全社会激起强烈的共鸣。

习近平在十八届中央政治局第十三次集体学习时强调，“一种价值观要真正发挥作用，必须融入社会生活，让人们在实践中感知它、领悟它。要注意把我们所提倡的与人们日常生活紧密联系起来，在落细、落小、落实上下功夫”。“要利用各种时机和场合，形成有利于培育和弘扬社会主义核

① 《习近平谈治国理政》第2卷，外文出版社，2017，第332页。

② 《十八大以来重要文献选编》（上），中央文献出版社，2014，第578页。

心价值观的生活情景和社会氛围，使核心价值观的影响像空气一样无所不在、无时不有。”①

1. 弘扬中华优秀传统文化，加强道德教育实践

习近平指出：“中华文化源远流长，积淀着中华民族最深层的精神追求，代表着中华民族独特的精神标识，为中华民族生生不息、发展壮大提供了丰厚滋养。”② 中华优秀传统文化蕴藏着优秀的传统美德，我们应认真汲取中华优秀传统文化的思想精华和道德精髓，广泛开展道德教育实践活动，增强人们的价值判断力和道德责任感，做好创造性转化和创新性发展。继承和弘扬中华优秀传统文化和传统美德，大力普及“爱国、敬业、诚信、友善”等基本道德规范，激活其生命力，增强其影响力和感召力，为涵养社会主义核心价值观提供重要源泉，不断提高人们的道德水平、提升人们的道德境界。

2. 把社会主义核心价值观融入生命，让其无处不在

融入各行各业。无论是机关、学校还是企业事业单位、社会组织，无论是生产经营领域还是社会服务领域，各行各业虽然领域不同、性质不同、业务不同，但培育和践行社会主义核心价值观的要求是一致的，应该把核心价值观的精神融入各行各业的实际工作。在实际工作中各行各业要深化拓展精神文明创建活动，加强职业道德建设，充分体现社会主义核心价值观的要求，彰显正确价值导向，形成各方面工作与核心价值观建设同频共振，使社会主义核心价值观在本行业本领域深深扎根。

融入大众的日常生活。培育和践行社会主义核心价值观，形成有利于弘扬社会主流价值的生活情景和社会氛围，要按照社会主义核心价值观的基本要求，完善市民公约、乡规民约、学生守则等行为准则，使社会主义核心价值观成为人们日常生活的基本遵循。利用仪式感强化核心价值观教育，在升国旗仪式、入学入队入团入党仪式及重大纪念日、祭奠日、民族传统节日中，开展有教育意义的纪念活动，弘扬主流价值观念，传递社会正能量，使核心价值观入脑入心。

① 《习近平谈治国理政》，外文出版社，2014，第 165 页。

② 《习近平谈治国理政》，外文出版社，2014，第 164 页。

在政策制度、法律法规的制定实施中融入核心价值观。结合推进国家治理体系和治理能力现代化的实践，结合全面深化改革的进程，做好有关政策、法规的制定和修订工作，把社会主义核心价值观的要求体现到各方面政策制度、法律法规之中。社会主义核心价值观规定着我国政策制度、法律法规的性质和方向，要形成有利于培育和践行社会主义核心价值观的政策支持和法律保障。充分发挥政策、法规的导向和约束作用，使正确行为得到鼓励、错误行为受到制约，强化人们践行社会主义核心价值观的行动自觉。

培育和践行社会主义核心价值观，是推进中国特色社会主义伟大事业、实现中华民族伟大复兴中国梦的战略任务。社会主义核心价值观不是空洞的，它渗透在每一个中国人的生活轨迹中，与人们的生产生活和现实利益密切相关，与中国的经济发展和社会进步有着水乳交融的联系。培育和践行社会主义核心价值观是一项复杂的系统工程，要摆在全局工作的重要位置，全面提高公民道德素质，增强全社会的价值观自信，激发全民族奋发进取、锐意创新的斗志，为实现中华民族伟大复兴的中国梦提供坚强思想道德支撑。

（三）坚持以人民为中心的创作导向

党的十九大报告明确指出："社会主义文艺是人民的文艺，必须坚持以人民为中心的创作导向，在深入生活、扎根人民中进行无愧于时代的文艺创造。"① 文艺是时代前进的号角，最能代表一个时代的风貌。文艺要反映好人民心声，就要坚持为人民服务、为社会主义服务这个根本方向。坚持马克思主义的文艺观，首先要坚持以人民为中心的创作导向，推动文艺繁荣发展。习近平指出："实现'两个一百年'奋斗目标、实现中华民族伟大复兴的中国梦是长期而艰巨的伟大事业。伟大事业需要伟大精神。实现这个伟大事业，文艺的作用不可替代，文艺工作者大有可为。"② "社会主义文艺，从本质上讲，就是人民的文艺。"③ 因此，文艺创作坚持以人民为中心，把人民作为文艺表现的主体，把人民作为文艺审美的鉴赏家和评判者，把为人民服务作为文艺工作者的天职，是党对文艺战线提出的一项基本要求，

---

① 习近平：《决胜全面建成小康社会　夺取新时代中国特色社会主义伟大胜利——在中国共产党第十九次全国代表大会上的报告》，人民出版社，2017，第43页。

② 习近平：《在文艺工作座谈会上的讲话》，人民出版社，2015，第6页。

③ 习近平：《在文艺工作座谈会上的讲话》，人民出版社，2015，第13页。

是决定我国文艺事业前途命运的关键。

首先，对待人民要保持谦卑。人民是创造历史的真正动力，要树立人民是历史主体的思想。古往今来，一切有理想有追求的文艺工作者，不仅在情感上，更在行动上密切与人民的血肉联系，在表现人民的思想情感和生活实践中获得艺术的升华。伟大的文学家、艺术家总是对人民的伟大创造和高尚情操怀有一份谦卑，他们常常自称“人民的学生”，在热爱人民、尊重人民、了解人民、理解人民的基础上创作出为人民所喜爱、对人民有深刻影响的优秀作品。关注人民命运、反映人民心声、激励人民前进，是一切进步文艺的共同特征。脱离了人民，文艺就成了少数人把玩的清供，就丧失了推动社会进步的动力。

其次，对待生活要保持赤诚。文艺不是凭空想象、生编硬造，而是以现实为基础，是对现实的集中、典型、戏剧化的表现。生活是文艺创作的源头活水。文艺工作者应以真诚之心面对生活，诚实地描写生活、反映生活，以人民为主角，尊重现实，扎根生活，聚焦于人民、聚焦于现实生活，如此文艺作品才能生生不息、万古长青。“艺术源于生活，又高于生活”，既满怀热情地讴歌真善美，又严肃认真地批判假丑恶。

最后，对待艺术要保持虔诚。文学艺术是人类智慧与情感的结晶，文艺创作不是抒发个人志趣的工具，更不是个人追名逐利的工具。艺术创造是艰苦卓绝的劳动，“披阅十载，增删五次”，对人们的世界观、人生观、价值观具有重大影响。文艺工作者只有以严肃认真的态度对待艺术创作，摆正与人民、与生活、与艺术的关系，才能走上创作的坦途，才能拿出思想性和艺术性俱佳的优秀作品。文艺创作要自觉坚持以人民为中心的导向，才能迎来事业的辉煌，为建设社会主义文化强国贡献聪明才智。

（四）传承和弘扬中华优秀传统文化

列宁说过：“只有了解人类创造的一切财富以丰富自己的头脑，才能成为共产主义者。”[①] 中华优秀传统文化是我们建设社会主义先进文化不可缺少的基础和起点。这种对于中华优秀传统文化的深刻认识，是代表中国最广大人民根本利益的一个重要方面，是赢得人民群众拥护的文化战略方针，

① 《列宁专题文集·论社会主义》，人民出版社，2009，第 395 页。

是中国特色社会主义的重要组成部分。

党的十九大报告指出，中国特色社会主义文化，源自于中华民族5000多年文明历史所孕育的中华优秀传统文化，熔铸于党领导人民在革命、建设、改革中创造的革命文化和社会主义先进文化，植根于中国特色社会主义伟大实践。[①] 继承发扬文化，一是不能忘记中华优秀文化传统，二是不能忘记中国人民在革命斗争中以鲜血和生命创造的革命传统。在中国特色社会主义文化建设中，既要重视中华优秀传统文化，又要重视革命文化和社会主义先进文化。

革命传统，就是革命文化的传统。中华文化正是在革命文化和社会主义先进文化中，以其科学性、民族性和大众性，彰显出中华优秀传统文化的生命力和精神基因。中国革命传统中凝结了中华民族的优良传统，是中华优秀传统文化的积极成果在新形式中的延伸和再创造。“富贵不能淫，贫贱不能移，威武不能屈”“苟利国家生死以，岂因祸福避趋之”就是中华优秀传统文化的基本精神。由于革命传统的承继，中华优秀传统文化才得以延绵不绝。如果抛弃传统，数典忘祖，忘记红船精神、井冈山精神、长征精神、西柏坡精神，社会主义先进人物就不会接连涌现，改革开放也不会呈现勃勃生机。为社会主义建设、为改革开放作出杰出贡献的先进人物，就是中华优秀传统文化与革命文化精神相结合的当代表现。

1. 中华优秀传统文化是中华民族的精神基因

习近平指出：“文明特别是思想文化是一个国家、一个民族的灵魂。无论哪一个国家、哪一个民族，如果不珍惜自己的思想文化，丢掉了思想文化这个灵魂，这个国家、这个民族是立不起来的。”[②] 对于中华民族而言，我们的优秀传统文化就是我们中华民族强大基因，是我们的“根”和“魂”、我们的精神家园。中华文明之所以历经5000多年而没有中断，是因为传统文化的“根”和“魂”没有中断。传统文化将56个民族13亿多人紧紧凝聚在一起，历经沧桑，成为贯穿中华民族发展历程的精神基因。自

① 习近平：《决胜全面建成小康社会　夺取新时代中国特色社会主义伟大胜利——在中国共产党第十九次全国代表大会上的报告》，人民出版社，2017，第41页。

② 习近平：《在纪念孔子诞辰2565周年国际学术研讨会暨国际儒学联合会第五届会员大会开幕会上的讲话》，人民出版社，2014，第9页。

强不息、厚德载物、刚健有为的理想信念和道德追求，讲仁爱、重民本、守诚信、崇正义、尚和合、求大同的思想理念，牢固积淀在中国人的思维模式和行为方式中，是中华民族生命力、凝聚力、创造力的重要源泉。

2. 中华优秀传统文化是涵养社会主义核心价值观的道德源泉

中华传统文化素以道德教化闻名于世。习近平在北京大学师生座谈会上揭示了核心价值观的真谛："古人说：'大学之道，在明明德，在亲民，在止于至善。'核心价值观，其实就是一种德，既是个人的德，也是一种大德，就是国家的德、社会的德。"[①] 他进而指出："国无德不兴，人无德不立。如果一个民族、一个国家没有共同的核心价值观，莫衷一是，行无依归，那这个民族、这个国家就无法前进。"[②] 我国是一个大国，必须确立反映全国人民共同认可的价值观"最大公约数"，使全体人民同心同德、团结奋进，其功在当代，利在千秋。他深情地指出："中华文明绵延数千年，有其独特的价值体系。""今天，我们提倡和弘扬社会主义核心价值观，必须从中汲取丰富营养，否则就不会有生命力和影响力。"[③] 他如数家珍，列举了"民惟邦本""和而不同""天行健，君子以自强不息""大道之行也，天下为公""天下兴亡，匹夫有责""言必信，行必果""仁者爱人""与人为善""己所不欲，勿施于人""扶贫济困"等思想理念，指出："像这样的思想和理念，不论过去还是现在，都有其鲜明的民族特色，都有其永不褪色的时代价值。"[④] 我们提倡的社会主义核心价值观，富强、民主、文明、和谐，自由、平等、公正、法治，爱国、敬业、诚信、友善，把涉及国家、社会、公民的价值要求融为一体，既体现了社会主义本质要求，又充分体现了对中华优秀传统文化的传承和升华。

3. 大力弘扬中华优秀传统文化

对传统文化应坚持取其精华、去其糟粕、批判改造、推陈出新、古为

① 习近平：《青年要自觉践行社会主义核心价值观——在北京大学师生座谈会上的讲话》，人民出版社，2014，第 4 页。

② 习近平：《青年要自觉践行社会主义核心价值观——在北京大学师生座谈会上的讲话》，人民出版社，2014，第 4 页。

③ 习近平：《青年要自觉践行社会主义核心价值观——在北京大学师生座谈会上的讲话》，人民出版社，2014，第 7 页。

④ 习近平：《青年要自觉践行社会主义核心价值观——在北京大学师生座谈会上的讲话》，人民出版社，2014，第 7 页。

今用的方针，习近平强调“要处理好继承和创造性发展的关系，重点做好创造性转化和创新性发展”。[①] 要求科学对待文化传统，提出不忘历史才能开辟未来，善于继承才能善于创新。[②] 要善于把弘扬优秀传统文化和发展现实文化有机统一起来，坚持古为今用、以古鉴今，推陈出新。有鉴别地对待、有扬弃地继承，结合新的实践和时代要求进行正确取舍，努力实现传统文化的创造性转化、创新性发展，使之与现实文化相融相通。为此，需要加强对中华优秀传统文化的挖掘和阐发，把跨越时空、超越国度、富有永恒魅力、具有当代价值的文化精神弘扬起来，使其服务于以文化人的时代任务，弘扬时代精神，传播当代中国文化创新成果。

（五）推进文化的继承与创新

习近平强调，一个民族的文化是一个有机整体。[③] 最有生命力的文化是传统与当代的最佳结合，把文化看作活的机体。建设中国特色社会主义文化，最重要的是适应新时代、立足现实进行创造性转化和创新性发展。这是正确对待中国传统文化的总开关。创造性，是人类活动的本质特征，是传统文化的不断积累和创造性转化。传统文化中具有民族性、科学性、人民性因素的是中华文明的精华，而封建的、迷信的、落后的东西都是传统中的糟粕。中华优秀传统文化的价值正在于它是源头活水，关键是要坚持马克思主义的基本观点和方法。如果中华优秀传统文化不再创造，不再与新时代特征相结合，表面上是尊重传统文化，实际上是在贬低和变相抛弃传统文化。实现文化的创造性转化和创新性发展，不是歪曲中华优秀传统文化，而是从传统文化蕴藏的智慧中生发出与时代适应的新的诠释。

四　保障改善民生

“天视自我民视，天听自我民听。”[④] 我们党一直把人民利益作为根本出发点，坚持人民利益高于一切。毛泽东要求全党全心全意为人民服务，邓

---

① 《习近平谈治国理政》，外文出版社，2014，第 164 页。

② 《习近平谈治国理政》第 2 卷，外文出版社，2017，第 313 页。

③ 习近平：《决胜全面建成小康社会　夺取新时代中国特色社会主义伟大胜利——在中国共产党第十九次全国代表大会上的报告》，人民出版社，2017，第 41 页。

④ 《尚书·泰誓中》。

小平要求做工作必须考虑群众拥护不拥护、赞成不赞成、高兴不高兴、答应不答应。党的十九大报告更是明确指出，人民对美好生活的向往就是党的奋斗目标。[①] 人民是否真正得到实惠，人民生活是否真正得到了改善，人民权益是否真正得到了保障，是检验党的一切工作的成效。正如习近平指出，“保障和改善民生没有终点站，只有连续不断的新起点”[②]。

（一）解决好人民群众切身利益问题

1. 实施积极的就业政策

“人有恒业，方能有恒心。一个人有了就业，就容易安定；一个家庭有一人就业，就增加一分稳定的力量。”[③] 就业是最大的民生，是最大的民生工程、民心工程、根基工程。因此，解决好人民群众切身利益问题，要坚持就业优先战略和积极就业政策，保障经济的稳定增长、社会的安定团结，持续地调整经济结构。

首先，大力发展服务业并开展职业技能培训。服务业是就业最大的容器，而就业主力军是农民工，中国有2亿多农民工，他们学历普遍较低，就业需求旺盛，应该促使他们在中学学习阶段都能够掌握与市场需求相适应的就业技能，并采取多种措施加强对他们的技能培训，使他们在城市、在现代农业发展中能够找到合适自己的岗位，使他们的职业素质与岗位的需求相一致。

其次，转变就业观念，促进就业的社会公正。“三百六十行，行行出状元”，每个领域，即使是看似很平凡的岗位也可以作出不平凡的事。推进就业中的机会平等，促进企业在用人制度方面的改革，公平公正地选择人才和员工。并营造一种社会氛围，形成一种适应就业需要的观念，使更多的人乃至于每个人都能通过自己的努力、自己的本事、自己的职业才能获得应有的岗位、应有的报酬。

2. 推进公正的教育政策

教育是灵魂工程。党的十八大以来，以习近平同志为核心的党中央高

① 习近平：《决胜全面建成小康社会　夺取新时代中国特色社会主义伟大胜利——在中国共产党第十九次全国代表大会上的报告》，人民出版社，2017，第21页。

② 《十八大以来重要文献选编》（上），中央文献出版社，2014，第462页。

③ 习近平：《在第二次中央新疆工作座谈会上的讲话》，2014年5月28日。

度重视教育事业，教育兴则国兴，教育强则国强，对教育工作作出一系列重大决策部署。党的十九大报告指出："建设教育强国是中华民族伟大复兴的基础工程，必须把教育事业放在优先位置，加快教育现代化，办好人民满意的教育。"①

大力促进教育公平，全民共享优质教育，通过教育帮助个体实现自我发展，以增强人民群众获得感为根本标准，促进社会纵向流动。"一是加快缩小城乡差距。推进城乡学校建设、教师编制、生均公用经费基准定额、基本装备配置'四统一'。全面改善贫困地区义务教育薄弱学校基本办学条件，实施国家农村和贫困地区定向招生专项计划。二是加快缩小区域差距。实施中西部高等教育振兴计划，实施国家支援中西部地区招生协作计划，加快发展民族教育。三是加快缩小校际差距。全国1824个县（市、区）通过义务教育均衡发展评估认定。四是加快缩小群体差距。进一步健全覆盖各级各类教育的家庭经济困难学生资助体系，免除普通高中建档立卡家庭经济困难学生学杂费。不断扩大残疾人受教育机会。完善进城务工人员随迁子女就学保障和农村留守儿童关爱服务体系。"②

质量是教育的生命线，重视教育就是重视未来，加快教育由量的增长向质的提升转变，要进一步深化教育综合改革，深化基础教育人才培养模式改革。一是推进世界一流大学和一流学科建设，使高校在实施创新驱动发展战略中发挥越来越重要的作用，进一步落实和扩大高校办学自主权。二是大力推进职业教育建设，推进具备条件的普通本科高校向应用型转变，注重培养学生的创新精神和实践能力，并积极努力促进教育对外开放，加强中国教育国际竞争力。坚持目标导向和问题导向相结合、顶层设计和基层探索相结合、综合改革和重点突破相结合，关键领域和重要环节取得突破性进展。

3. 全面建成多层次社会保障体系

首先，坚持全覆盖、保基本、多层次、可持续的基本方针，"覆盖全民、城乡统筹、权责清晰、保障适度、可持续"是奋斗目标。覆盖全民，

① 习近平：《决胜全面建成小康社会　夺取新时代中国特色社会主义伟大胜利——在中国共产党第十九次全国代表大会上的报告》，人民出版社，2017，第45页。

② 陈宝生：《努力办好人民满意的教育》，《人民日报》2017年9月8日。

就是要不断扩大社会保障覆盖面，基本实现法定人员全覆盖；城乡统筹，就是要统筹推进城乡居民社会保障体系建设，合理缩小社会保障领域的城乡差异；权责清晰，就是要明确各级政府和用人单位、个人、社会的社会保障权利、义务和责任；保障适度，就是要根据经济发展确定保障待遇水平，合理引导群众的保障预期；可持续，就是要确保各项社会保险基金收支平衡，制度长期稳定运行。这是社会保障体系自身发展完善的必然要求，与全面建成小康社会目标相契合。

其次，按照兜底线、织密网、建机制的基本要求，更好体现社会公平正义，努力满足人民群众差异化需求。“兜底线、织密网、建机制”是基本要求。兜底线，就是要发挥社会政策的托底功能，切实保障群众基本生活需求，兜住民生保障底线，坚守社会稳定底线；织密网，就是要实现制度最广泛的覆盖，让人人都能享受基本社会保障；建机制，就是要持续深化改革，建立健全体制机制，不断提高社会保障法治化、制度化水平。

最后，积极完善社会福利、慈善事业、优抚安置等制度。坚持以社会保险为主体，积极救助底层百姓。积极构建基本养老保险、职业年金与个人储蓄性养老保险、商业保险相衔接的养老保险体系，协同推进基本医疗保险、大病保险、补充医疗保险、商业健康保险发展。以政府为主体，积极发挥市场作用，促进社会保险与补充保险、商业保险相衔接，在保基本基础上满足人民群众多样化多层次的保障需求。

（二）打造共建共治共享的社会治理格局

党的十九大报告提出了“打造共建共治共享的社会治理格局”①，进而对新时代社会治理作了富有深刻内涵的表述。“共建、共治、共享”既是对党的十八大以来我国社会治理实践探索的总结，也是对未来社会治理发展和创新提出的新目标和新要求。这一新格局的提出，不仅凝聚了党和全国人民社会治理探索的集体智慧，而且从根本上体现了以人民为中心的主体定位，是对全体人民参与权利的肯定。

1. 共建共治共享社会治理格局的新时代内涵

共建就发展社会事业而言，是在教育、医疗、卫生、就业、社保以及

---

① 习近平：《决胜全面建成小康社会　夺取新时代中国特色社会主义伟大胜利——在中国共产党第十九次全国代表大会上的报告》，人民出版社，2017，第49页。

社会服务等相关领域共同参与社会建设。政府通过一系列政策安排，为市场主体和各种社会力量创造更多发挥作用的机会，从而增强人民的获得感、幸福感和安全感。社会组织是国家治理现代化中的重要角色，是新时代市场经济进一步发展的增长点，具有促进社会和谐与秩序稳定的意义。因此，在公共财政制度、收入分配制度、社会保障制度的构建过程中，党在发挥领导作用的同时，也必须为社会各界和广大人民的有序参与落实机制，促进社会组织健康发展，激发社会力量参与社会建设的能力和活力。

共治是人们参与公共事务、参与社会治理。参与权是人民群众的一项重要权利，也是人性需求的组成部分。依据马斯洛需求层次规律，在新时代的背景下，人民对于民主、法治、公平、正义和个人价值实现的愿望日益凸显。党和政府要积极为人民群众参与治理创造条件。

共享是共同享有改革成果。习近平强调，要让全体人民共享改革成果。我们追求的发展是造福人民的发展，我们追求的富裕是全体人民共同富裕。改革开放以来，我国经济发展突飞猛进，然而不平衡不充分的发展作为主要矛盾仍然存在。城乡之间、地域之间、群体之间存在一定差距，发展成果没有很好地惠及每个家庭每个人。改革发展最终的判断标准是人民是否真正得到了实惠。因此，要保障民心、保障制度，守住底线、突出重点，保障低收入群体和弱势群体的基本生活，共享治理成果。

2. 共建共治共享社会治理格局的新时代内容

党的十九大报告指出："加强社会治理制度建设，完善党委领导、政府负责、社会协同、公众参与、法治保障的社会治理体制。"① 我国的社会治理制度建设的首要任务就是明确多元治理主体的角色、职责及其相互关系。提高社会治理的质量能力水平。党的十九大报告强调，要"提高社会治理社会化、法治化、智能化、专业化水平"②。"社会化"就是广泛动员社会成员，激发强大社会参与力量；"法治化"就是坚持以法律为准绳，明确权利义务、界定责任界限、规范社会行为、整合社会秩序；"智能化"就是构建

① 习近平：《决胜全面建成小康社会 夺取新时代中国特色社会主义伟大胜利——在中国共产党第十九次全国代表大会上的报告》，人民出版社，2017，第49页。

② 习近平：《决胜全面建成小康社会 夺取新时代中国特色社会主义伟大胜利——在中国共产党第十九次全国代表大会上的报告》，人民出版社，2017，第49页。

智能化治理平台体系，实现精确、高效、便捷的新型社会治理；“专业化”就是培养一批具有先进的理念、科学的态度的专家型的管理干部，用专业的方法、精细的标准，为加强和创新社会治理提供各种专业服务。做到既具有现代国家的社会治理之多元、协商、依法、共治等共性，又具有中国特色。从执政党、政府到社会组织再到公民个体，社会治理的根本利益一致。“不能要带血的生产总值”，确保社会安全有序发展。有效的社会治理要加强预防和化解社会矛盾机制建设，确保人民内部矛盾能够得到及时有效的解决。生命至上、安全第一，要树立安全发展理念，健全公共安全体系，完善安全生产责任制。同时加快社会治安防控体系建设，依法打击和惩治违法犯罪活动，保护人民生命、财产安全，有效维护社会秩序和国家安全发展。

党的十九大第一次把社会心理服务和培育自尊自信、理性平和、积极向上的社会心态确立为加强和创新社会治理的任务，因此还要注重加强社会心理服务体系建设，培育自尊自信、理性平和、积极向上的社会心态。社会心理健康是我国社会主义社会的本质属性和文明进步的重要标志。建设和完善社会心理服务、疏导、危机干预机制，调节社会情绪，整合社会心态，构筑社会心理防线，有效维护社会稳定，在党和政府组织下，由社会团体大力协同、公民个体广泛参与。通过培训心理知识，指导心理健康，找准解决我国现实存在的社会心理问题之突破口，依托专业团体和专业人士，搭建社会心理整治工作平台。不断提高社会心理服务的针对性和有效性，培养大国公民气度情怀。

习近平指出：“社会治理的重心必须落到城乡社区，社区服务和管理能力强了，社会治理的基础就实了。”① 社区治理是社会治理的最基本层级和最基础方式。加强社区治理体系建设，推动社会治理重心向基层下移，是巩固党和国家长治久安、人民安居乐业的社会基础。我国社会问题主要集中在基层，解决社会问题的基本力量也在基层。社区治理组织要积极发挥自主能动作用，不断加强城市和农村基层基础工作，要把基层党组织建设成宣传党的主张、贯彻党的决定、团结动员群众、推动改革发展的坚强战

① 《习近平关于全面深化改革论述摘编》，中央文献出版社，2014，第101页。

斗堡垒。夯实国家治理的基石，不断健全城乡社区治理体系，深入调研治理体制问题，深化拓展网格化管理，让基层有能力更好地为群众提供精准有效的服务和管理。

（三）坚持总体国家安全观

习近平在党的十九大报告中强调："坚持总体国家安全观。统筹发展和安全，增强忧患意识，做到居安思危，是我们党治国理政的一个重大原则。"① 安全，关乎人民的最基本利益。国家安全是人民幸福安康的基本要求，是安邦定国的重要基石。维护人民利益，保障人民安全，是国家的最基本职责。国家自身安全，是国家担负起保障人民安全职责的根本前提。国家安全观既要以人民安全为宗旨，又要坚持保障人民安全与保障国家自身安全有机统一。

每个国家的安全观都会因国情、安全形势与任务而有自己的特点，即使同一个国家在不同历史阶段也会有不同的安全形势与任务。近年来，随着国际安全环境的变化，暴力恐怖袭击等非传统安全问题越来越突出，大多数国家越来越重视非传统安全问题。我国的总体国家安全观正是在准确把握中国国家安全形势新特点新趋势的基础上提出的重大战略思想。

习近平指出："必须坚持总体国家安全观，以人民安全为宗旨，以政治安全为根本，以经济安全为基础，以军事、文化、社会安全为保障，以促进国际安全为依托，走出一条中国特色国家安全道路。"② 贯彻落实总体国家安全观，必须既重视外部安全，又重视内部安全，对内求发展、求变革、求稳定、建设平安中国，对外求和平、求合作、求共赢、建设和谐世界；既重视国土安全，又重视国民安全，坚持以民为本、以人为本，真正夯实国家安全的群众基础；既重视传统安全，又重视非传统安全，构建集政治安全、国土安全、军事安全、经济安全、文化安全、社会安全、科技安全、信息安全、生态安全、资源安全、核安全等于一体的国家安全体系。③

① 习近平：《决胜全面建成小康社会 夺取新时代中国特色社会主义伟大胜利——在中国共产党第十九次全国代表大会上的报告》，人民出版社，2017，第 24 页。

② 《习近平谈治国理政》，外文出版社，2014，第 200～201 页。

③ 《习近平主持召开中央国家安全委员会第一次会议强调 坚持总体国家安全观 走中国特色国家安全道路》，《人民日报》2014 年 4 月 16 日。

“明者防祸于未萌，智者图患于将来。”① 当前，中国正处在关键时期，发展仍是第一要务。要实现“两个一百年”奋斗目标，必须坚定不移地按照既定战略方针谋发展，重要的是处理好安全与发展之间的关系。“发展是安全的基础，安全是发展的条件，富国才能强兵，强兵才能卫国”。既不能片面追求发展而忽视安全，更不能为了追求绝对安全而牺牲发展。从“体系”出发，强调“总体性”，从体系的高度来审视国家安全，就要求将各领域的安全统合到一起，统筹兼顾各种安全。

在中国特色国家安全体系中，各领域安全构成一个有机整体，然而所有这些领域的安全，最终都服务于人民。“国家安全一切为了人民、一切依靠人民。”② 以政治安全为根本，以经济安全为基础，以军事、文化、社会安全为保障。兼顾全球化、信息化、网络化时代的各个领域，以国际安全为依托。关注网络、海洋、太空、极地等新型安全领域，加强国际合作。处理好外部安全与内部安全，国土安全与国民安全，传统安全与非传统安全，自身安全与国际安全之间的关系。

没有安全和稳定，一切都无从谈起。贯彻总体国家安全观，必须聚焦和围绕实现“两个一百年”奋斗目标和中华民族伟大复兴这个历史使命，以人民安全为宗旨，走中国特色国家安全道路，努力开创国家安全工作新局面。

五　建设美丽中国

恩格斯指出：“我们不要过分陶醉于我们人类对自然界的胜利。对于每一次这样的胜利，自然界都对我们进行报复。”③ 生态文明建设是中国发展史上的一场深刻变革。党的十八大把生态文明放到中国特色社会主义事业的总体布局的突出位置，强调保护生态环境就是保护生产力，改善生态环境就是发展生产力。习近平更是多次谈到生态环境保护是“功在当代、利在千秋”的事业。据统计，习近平在党的十九大报告中 89 次提到“环境”

① （西晋）陈寿：《三国志·吴书·吕蒙传》。
② 《习近平谈治国理政》，外文出版社，2014，第 201 页。
③ 《马克思恩格斯文集》第 9 卷，人民出版社，2009，第 559 ~ 560 页。

及相关词语，彰显出中国治理环境问题的决心。

（一）“美丽中国”的建设理念

习近平指出，生态兴则文明兴，生态衰则文明衰。[①] 人类文明发展史就是人与自然的关系史，生态环境的变化直接影响文明的兴衰演替。人因自然而生、人与自然共生，无论从世界还是从中华民族的历史看，人与自然关系是人类社会最基本的关系。把生态文明建设摆在全局工作的突出位置，构建人与自然和谐发展的现代化建设新格局，就要树立正确的生态观。

建立长效机制，树立“绿水青山就是金山银山”[②] 的绿色发展观。这就要求我们用长远的目光看待发展理念，经济的发展与环境的保护是内在统一、相互促进、协调共生的。保护生态环境就是保护自然价值和增值自然资本的过程，是保护经济社会发展潜力和后劲的过程。保护生态环境是可持续的发展观，把生态环境优势转化为经济社会发展优势，绿水青山就可以源源不断地带来金山银山。正如习近平提出，要推动形成绿色发展方式和生活方式，树立和贯彻新发展理念，努力实现经济社会发展和生态环境保护协同共进。[③]

生态环境是民生所指。环境就是民生，人民期盼享有更优美的环境。“人的命脉在田，田的命脉在水，水的命脉在山，山的命脉在土，土的命脉在树。”[④] 金木水火土，太极生两仪，两仪生四象，四象生八卦，循环不已。打好生态环境保护攻坚战，对于提升人民群众获得感、幸福感至关重要。随着我国生产力水平明显提高和人民生活显著改善，社会主要矛盾发生变化，人民群众在各个领域的要求逐步提高，应增加优质生态产品供给，满足人民群众对良好生态环境的新期待。

依靠完备的法治搞好生态环境。习近平指出，保护生态环境必须依靠制度、依靠法治。[⑤] 生态环境是一个整体，是各种自然要素相互依存而实现循环的自然链条。在生态环境保护问题上，一定要加强法治监管。构建产

① 《习近平关于全面建成小康社会论述摘编》，中央文献出版社，2016，第 164 页。

② 《习近平谈治国理政》第 2 卷，外文出版社，2017，第 559 页。

③ 《习近平谈治国理政》第 2 卷，外文出版社，2017，第 395 页。

④ 《习近平关于全面深化改革论述摘编》，中央文献出版社，2014，第 109 页。

⑤ 《习近平关于全面建成小康社会论述摘编》，中央文献出版社，2016，第 168 页。

权清晰、多元参与、激励约束并重、系统完整的生态文明制度体系，发挥制度和法治的引导功能，建立有效的生态文明法律体系。源头严防、过程严管、后果严惩，规范各类开发、利用、保护活动的思路，为生态文明建设提供体制机制保障。

建设绿色家园是人类的共同梦想。在全球生态文明建设问题上国际社会应该携手同行。工业文明一度对生态环境造成了灾难，时代的进步也让世界各国意识到可持续发展和人的全面发展的重要意义，共谋全球生态文明建设之路。以人与自然和谐相处为目标，构建尊崇自然、绿色发展的经济结构和产业体系，建设生态文明体系。我国是最大发展中国家，应为全球环境治理提供中国理念、中国方案。

（二）“美丽中国”成效显著

党的十八大以来，在习近平生态文明建设重要战略思想指引下，生态环境保护效果显著。在思想认识上、治理力度上、执法监管上都达到前所未有的程度。绿色发展理念日益深入人心，保护环境、人人有责的观念逐步深入人心。环境保护本身就是发展的机遇，加强环境保护才能收获长远利益。解决好产业、能源、交通等问题，可以提升一个地区的经济发展质量，提高城市核心竞争力。

中共中央、国务院印发了《关于加快推进生态文明建设的意见》《生态文明体制改革总体方案》，中央全面深化改革领导小组审议通过了40多项生态文明建设和环境保护具体改革方案。国务院发布实施大气、水、土壤污染防治三大行动计划，环境改革的制度体系不断完善。环境信息公开，政府、企业、公众共治的环境治理体系初步形成。环境保护法、大气污染防治法、水污染防治法、环境影响评价法、核安全法、环境保护税法等法律完成制修订，核安全法、土壤污染防治法进入立法审议程序。新环境保护法从2015年开始实施。最高人民法院、最高人民检察院出台办理环境污染刑事案件的司法解释，一些地区组建环境警察队伍，环境司法保障得到加强。在打击环境违法行为方面力度空前。

在中央的大力推动下，解决了一大批突出环境问题。针对一些地方履职不到位、环境质量持续恶化等问题，环境保护部公开约谈40多个市（州、县）。我国资源能源效率不断提升，能源消费结构发生积极变化，单位 GDP 能耗不断降低，成为世界利用新能源、可再生能源第一大国。环境基础设施建设加速推进，成为全世界污水处理、垃圾处理能力最大的国家。2016 年，全国共立案查处环境违法案件 13.78 万件，下达处罚决定 12.47 万份，罚款 66.33 亿元，同比分别增长 34%、28% 和 56%。京津冀、长三角、珠三角三个区域细颗粒物（PM2.5）平均浓度与 2013 年相比都下降了 30% 以上。全国酸雨面积占国土面积比例由历史高点的 30% 左右下降到 7.2%。地表水国控断面Ⅰ—Ⅲ类水体比例增加到 67.8%，劣Ⅴ类水体比例下降到 8.6%，大江大河干流水质稳步改善。[①] 森林覆盖率由 21 世纪初的 16.6% 提高到 22% 左右。陆地自然保护区面积约占全国陆地面积的 14.88%，高于世界平均水平。

2016 年，在第二届联合国环境大会上，联合国环境署发布《绿水青山就是金山银山：中国生态文明战略与行动》报告，全面介绍中国生态文明建设的行动与成效，中国向联合国交存《巴黎协定》批准文书，《中国落实 2030 年可持续发展议程国别方案》，联合国积极评价“中国是全球可持续发展理念和行动的坚定支持者和积极实践者”。在解决国内环境问题的同时，我国积极参与全球环境治理，已批准加入 30 多项与生态环境有关的多边公约或议定书。在蒙特利尔议定书框架下，累计淘汰消耗臭氧层物质占发展中国家淘汰量的一半以上。积极推进绿色“一带一路”建设。

（三）“美丽中国”经验启示

以习近平同志为核心的党中央顺应时代潮流、顺应人民意愿作出推进生态文明建设的重大政治决定。在波澜壮阔、丰富生动的工作实践中，我们深刻体会到，推进生态文明建设和环境保护要做好三个方面的工作。

其一，深入贯彻落实习近平生态文明建设重要战略思想，积极推动形成绿色发展方式和生活方式。习近平多次强调“绿水青山就是金山银山”[②]，正确处理人与自然、发展与保护的关系，坚决摒弃损害甚至破坏生态环境的发展模式，摒弃以牺牲生态环境为代价换取一时一地经济增长的做法，

① 李干杰：《全力打好污染防治攻坚战》，人民网，http://theory.people.com.cn/n1/2015/0115/c40531-29765033.html。

② 《习近平谈治国理政》第 2 卷，外文出版社，2017，第 559 页。

牢固树立和贯彻落实新发展理念。习近平生态文明建设重要战略思想是破解资源环境瓶颈、实现中华民族永续发展的行动纲领，有利于形成节约资源和保护环境的空间格局、产业结构、生产方式和生活方式，实现发展与保护的内在统一、相互促进。

其二，民心是最大的政治，环保事关民心，要把保护环境作为重大民生民心工程，加快推进生态文明体制改革，坚决打好环境保护攻坚战。必须把环境保护作为供给侧结构性改革的重要领域和内容，以改善生态环境质量为核心，把生态文明建设纳入制度化、法治化轨道，聚焦突出问题，以解决制约事业发展的体制机制问题为导向，以整合提升生态环境质量改善效果为目标，确保生态环境质量得到改善，确保绿水青山常在、自然生态系统安全，强化环境保护主体责任，加大督察问责力度，为人民群众创造良好生产生活环境。

其三，不断推动生态文明建设迈上新台阶。生态文明建设和环境保护是亿万人民群众共同参与、共同建设、共同享有的事业，需要全社会共同行动构建政府、企业、公众共同参与的绿色行动体系，加强宣传教育，提高全社会生态文明素养。进一步增强“四个意识”，坚决扛起生态文明建设的政治责任，引导公众将生态环保意识转化为保护生态环境的意愿和行动，形成人人、事事、时时崇尚生态文明和环境保护的良好氛围。习近平在党的十九大报告中明确指出，加快生态文明体制改革，建设美丽中国。[①] 回顾过去工作与历史变革，中国的生态文明建设成效显著，生态文明制度体系加快形成，全面节约资源有效推进，生态环境治理明显加强。在习近平新时代中国特色社会主义思想指引下，中国生态文明建设之路必将越走越宽广，中华民族必将实现永续发展的千年大计。

生态兴则文明兴，生态衰则文明衰。“五位一体”总体布局相互渗透、互相促进，具有内在一致性，按照“五位一体”总体布局，围绕引领经济新常态、贯彻新发展理念，适度扩大总需求，推进供给侧结构性改革，促进经济社会全面协调可持续发展，对实现“两个一百年”奋斗目标和中华

① 习近平：《决胜全面建成小康社会　夺取新时代中国特色社会主义伟大胜利——在中国共产党第十九次全国代表大会上的报告》，人民出版社，2017，第50页。

民族伟大复兴的中国梦具有重要意义。开拓发展新思路、新境界，必须统筹推进“五位一体”总体布局，推进全面建成小康社会进程，不断把“两个一百年”奋斗目标向前推进。正如习近平指出的那样，全面建成小康社会是我们党向人民、向历史作出的庄严承诺，是13亿多中国人民的共同期盼。我们要坚持“五位一体”的总体布局，在推动经济发展的基础上，建设社会主义市场经济、民主政治、先进文化、生态文明、和谐社会。

第二节　协调推进“四个全面”战略布局

一　全面建成小康社会

党的十九大报告指出，“从现在到二〇二〇年，是全面建成小康社会决胜期”①。小康，是一个充满传统文化色彩的概念。据考证，“小康”这个概念出自《礼记·礼运》，意思是说，人们有劳有逸，日子就能过好，是中华民族自古以来追求的理想社会状态。改革开放之初，邓小平同志首先用小康来诠释中国式现代化，明确提出到20世纪末“在中国建立一个小康社会”的奋斗目标。全面建成小康社会，不是一个“数字游戏”或“速度游戏”，而是一个实实在在的目标，是我们现阶段的战略目标，也是实现中华民族伟大复兴中国梦的关键一步。

（一）新时代战略机遇

1. 全面建成小康社会的新时期

“知其事而不度其时则败。”② 当前，国际国内环境正发生深刻复杂变化。全面认识这一时期的发展形势特征、国际国内环境，认清我们所处的国内外发展环境和条件，谋大事、定大局，圆梦全面小康，实现百年目标，对于我们把握发展方位，主动适应环境，增强发展信心，采取有效举措，确保如期全面建成小康社会，至为重要。

针对目前我国所处的国内外发展环境，习近平指出：“时和势总体于我

---

① 习近平：《决胜全面建成小康社会　夺取新时代中国特色社会主义伟大胜利——在中国共产党第十九次全国代表大会上的报告》，人民出版社，2017，第27页。

② （唐）陆贽：《论缘边守备事宜状》。

有利，我国发展的重要战略机遇期仍然存在。”[①] 从国际看，国际金融危机深层次影响在相当长时期依然存在，全球经济贸易增长乏力，保护主义抬头，地缘政治关系复杂多变，传统安全威胁和非传统安全威胁交织，外部环境不稳定不确定因素增多。这是我国发展面临的外部不利因素。但同时要看到，和平与发展的时代主题没有变，世界多极化、经济全球化、文化多样化、社会信息化深入发展，世界经济在深度调整中曲折复苏，新一轮科技革命和产业变革蓄势待发，全球治理体系深刻变革，发展中国家群体力量继续增强，国际力量对比逐步趋向平衡，我国发展的外部环境有望总体保持和平稳定。[②] 从国内看，我国经济存在诸多矛盾，风险隐患增多，发展方式粗放，不平衡、不协调、不可持续问题仍然突出。经济发展“三期叠加”，发展方式粗放，创新能力不强，产能过剩严重，城乡区域发展不平衡，资源约束趋紧，企业效益下滑；基本公共服务供给不足，收入差距较大，人口老龄化加快，消除贫困任务艰巨；国民素质和社会文明程度有待提高；法治建设有待加强。厘清“十三五”发展思路，就要清醒认识风险和挑战，充分估计难点和复杂性，深入研究各类风险，统筹兼顾、有序推进。

但同时要看到，我国经济社会发展前景广阔，仍处于可以大有作为的重要战略机遇期。首先我国物质基础雄厚、人力资本丰富、市场空间广阔、发展潜力巨大，具有经济持续增长的良好支撑基础和条件。经济结构调整优化仍处于前进态势。经济韧性好、潜力足、经济发展方式加快转变，新的增长动力正在孕育形成，经济长期向好基本面没有改变，回旋空间大的基本特质没有变，有条件而且完全有能力推动经济社会发展、综合国力、人民生活再上新台阶。

2. 全面建成小康社会的新图景

“十三五”规划提出，在提高发展平衡性、包容性、可持续性的基础上，到 2020 年国内生产总值和城乡居民人均收入比 2010 年翻一番。要实现

---

① 《习总书记在浙江考察讲话凸显政治智慧和战略定力》，新华网，http://www.xinhuanet.com//politics/2015-05/31/c_1115463108.htm。

② 《新起点上的新蓝图——如何理解全面建成小康社会新的目标要求》，《人民日报》2016 年 1 月 28 日。

翻一番的目标，在我国经济发展进入新常态的背景下，必须加快转变经济发展方式，使主要经济指标平衡协调，认识、适应、引领经济发展新常态，发展空间格局得到优化，投资效率和企业效率明显上升，工业化和信息化融合发展水平进一步提高，产业迈向中高端水平，先进制造业加快发展，新产业新业态不断成长，服务业比重进一步上升，消费对经济增长贡献明显加大，促进经济转型升级、迈向中高端水平，始终使经济保持中高速增长。

“立国之道，惟在富民。”在经济平稳增长的基础上，要不断提高居民收入。保障和改善民生，是全面建成小康社会极其重要的内容。“十三五”规划要求，到2020年现行标准下的7017万农村贫困人口要实现脱贫，贫困县要全部摘帽，解决区域性整体贫困，让所有贫困地区和贫困人口一道迈入全面小康社会。因为要促进人民生活水平和质量普遍提高，就要健全就业、教育、文化、社保、医疗、住房等公共服务体系，着力解决群众最关心最直接最现实的利益问题，使人们有更多的获得感。

实现全面建成小康社会的目标，要促进人民思想道德素质、科学文化素质、健康素质明显提高。抓好物质文明建设的同时，加强精神文明建设，既要努力满足人民的物质需求，也要努力满足人民的精神文化需求。国民素质和社会文明程度显著提高，全社会法治意识不断增强，中国梦和社会主义核心价值观更加深入人心。社会主义向上向善、诚信互助的社会风尚更加浓厚，公共文化服务体系基本建成，文化产业成为国民经济支柱性产业，中华文化影响持续扩大。

推动形成绿色发展方式和生活方式，把生态环境质量总体改善作为重要目标。针对当前依然严峻的生态环境形势，未来五年将大力度加以推进，使生态环境质量总体改善。良好的生态环境，是提升人民生活质量的重要内容，也是全面建成小康社会的题中应有之义。对此，要大幅提高能源资源开发利用效率，有效控制能源和水资源消耗、建设用地、碳排放总量，大幅减少主要污染物排放总量，基本形成主体功能区布局和生态安全屏障。

邓小平在视察南方时指出：“恐怕再有三十年的时间，我们才会在各方面形成一整套更加成熟、更加定型的制度。”① 按照以习近平同志为核心的

① 《邓小平文选》第3卷，人民出版社，1993，第372页。

党中央的战略规划，今后我们的一项重大任务，就是通过全面深化改革、进一步扩大开放，革除体制机制弊端，到2020年使国家治理体系和治理能力现代化取得重大进展，各领域基础性制度体系基本形成，各方面制度更加成熟更加定型。

（二）新时代关键问题

思深方益远，谋定而后动。现在，全面建成小康社会进入了决胜阶段。习近平指出："这个时跨本世纪头20年的奋斗历程到了需要一鼓作气向终点线冲刺的历史时刻。完成这一战略任务，是我们的历史责任，也是我们的最大光荣。"① "十三五"时期是全面建成小康社会、实现我们党确定的"两个一百年"奋斗目标的第一个百年奋斗目标的决胜阶段。我国发展的环境、条件、任务、要求等都发生了新的变化。全面建成小康社会，既具有充分条件，也面临艰巨任务，前进道路矛盾叠加、风险隐患增多，挑战依然严峻复杂。我们要准确把握战略机遇期内涵的深刻变化，更加有效地应对各种风险和挑战，继续集中力量把自己的事情办好，不断开拓发展新境界，决战决胜、乘风破浪，奋力夺取全面建成小康社会的伟大胜利。

1. 坚持先进的理念引领

"理者，物之固然，事之所以然也。"② 理念是行动的先导，统领全局、把持方向、立意高远，发展的实践都是由发展理念来引导的，并集中体现着发展的思路、方向和着力点。新常态下，我国经济发展表现出速度变化、结构优化、动力转换三大特点，要用新的理念引领新的发展，适应新常态、把握新常态、引领新常态。"十三五"时期我国发展，既要看速度，也要看增量，更要看质量，要着力实现有质量。首先增长速度要从高速转向中高速，其次发展方式要从规模速度型转向质量效率型，同时经济结构调整要从增量扩能为主转向调整存量、做优增量并举，发展动力要从主要依靠资源和低成本劳动力等要素投入转向创新驱动。要把发展基点放在创新上，把创新摆在国家发展全局的核心位置，实现有效益、没水分、可持续的增长，着力在转变经济发展方式、优化经济结构、改善生态环境、提高发展

① 《习近平谈治国理政》第2卷，外文出版社，2017，第72页。

② 转引自《十八大以来重要文献选编》（中），中央文献出版社，2016，第774页。

质量和效益中实现经济增长。

2. 大力补齐短板

通过着力补短板解决发展不平衡问题，直接成为影响全面建成小康社会的重要因素。我国社会事业发展、生态环境保护、民生保障方面存在着一些明显的短板、农村贫困人口脱贫，也是一个突出短板。坚持科学发展，加大结构性改革力度，提高发展的协调性和平衡性，通过着力转方式解决发展质量和效益问题，就要着力补齐经济社会发展的短板，努力实现更高质量、更有效率、更加公平、更可持续的发展，实现全面建成小康社会奋斗目标。推动“十三五”时期经济社会发展，必须全力做好补齐短板这篇大文章，着力提高发展的协调性和平衡性，坚持发展是硬道理的战略思想不动摇。

3. 做好风险防范措施

我国目前面临的重大风险，既包括国内的经济、政治、意识形态、社会风险以及来自自然界的风险，也包括国际经济、政治、军事风险。各种风险往往不是孤立出现的，很可能是相互交织并形成一个风险综合体。当前和今后一个时期，可能是我国发展面临的各方面风险不断积累甚至集中显露的时期。因此，加强重大风险防范，保护国家安全关系到全面建成小康社会进程。这就要求我们着力增强风险防控意识和能力，要求各级党委和政府把自己职责范围内的风险防控好，增强责任感和自觉性。同时加强对各种风险源的调查研判，提高动态监测、实时预警能力，推进风险防控工作科学化、精细化。针对不同的风险对症下药、综合施策，出手及时有力，化风险在源头，防止小风险的演变、大风险的扩大，防止个别风险综合化、局部风险系统化、经济风险政治化、国际风险国内化。

2020 年全面建成小康社会，是中华民族伟大复兴征程上的关键一步。小康社会是中华民族自古以来追求的理想社会状态，全面建成小康社会的发展目标既符合中国发展实际，又深得人民群众的认同和支持，与每个人对美好生活的追求是一致的。人们为美好未来所作出的每一分努力，都是为全面建成小康社会付出的具体行动。全国各族人民树立攻坚克难的信心，凝聚起推动事业发展的强大力量，是实现全面小康目标的坚强力量保障。

（三）打赢脱贫攻坚战

“天下之治乱，不在一姓之兴亡，而在万民之忧乐。”习近平 2018 年 2 月 11 日在四川大凉山考察时谈到，“愚昧、落后、贫穷就是‘鬼’。这些问题解决了，有文化、讲卫生，过上好日子，‘鬼’就自然被驱走了”①。习近平指出，没有贫困地区的小康，没有贫困人口的脱贫，就没有全面建成小康社会。② 小康不小康，关键看老乡。全面建成小康社会，关键在于补齐扶贫开发这块“短板”。全面建成小康社会，突出的短板就在民生领域。习近平多次强调，坚决打赢脱贫攻坚战，真正把让人民群众过上好日子作为自己的奋斗目标。确保到 2020 年所有贫困地区和贫困人口一道进入全面小康社会，一个民族，一个家庭，一个人都不能少。2018 年是脱贫攻坚作风建设年，“打好脱贫攻坚战是党的十九大提出的三大攻坚战之一，对如期全面建成小康社会、实现我们党第一个百年奋斗目标具有十分重要的意义”③。

消除贫困、改善民生、逐步实现共同富裕，是社会主义的本质要求，是我们党的重要使命。到 2020 年让几千万贫困人口生活好起来，是全面建成小康社会的刚性目标、底线任务，更是不容有失的品质工程、民心工程。党的十八大以来，习近平把扶贫开发作为关乎党和国家政治方向、根本制度和发展道路的大事，作为经济社会发展规划的主要内容，提出了一系列新思想、新观点、新论断和新要求。

扶贫开发是中国特色社会主义的本质要求。党的十八大报告提出，公平正义是中国特色社会主义的内在要求，共同富裕是中国特色社会主义的根本原则，社会和谐是中国特色社会主义的本质属性。④ 因此，实施扶贫开发战略，消除贫困与不公，促进和谐发展，实现共同富裕，是矢志不渝走中国特色社会主义道路的必然选择。习近平同志指出，如果贫困地区长期贫困，面貌长期得不到改变，群众生活长期得不到明显提高，那就没有体

① 《习近平凉山之行，这 5 个细节令人感动》，人民网，http://politics.people.com.cn/n1/2018/0214/c1024-29824611.html。

② 《习近平关于协调推进“四个全面”战略布局论述摘编》，中央文献出版社，2015，第 47 页。

③ 《扎扎实实把脱贫攻坚战推向前进——习近平总书记在打好精准脱贫攻坚战座谈会上的重要讲话引起热烈反响》，《人民日报》2018 年 2 月 16 日。

④ 《十八大以来重要文献选编》（上），中央文献出版社，2014，第 78～79 页。

现我国社会主义制度的优越性，那也不是社会主义。[①] 从我国发展实践看，无论是从1949年到1978年对减贫开发道路的不懈探索，还是改革开放以来在全国范围广泛实施的扶贫开发战略，都充分说明中国特色社会主义的建设发展史也是消除贫困、改善民生、实现共同富裕的创造史。实践证明，我们成功走出了一条中国特色扶贫开发道路。

扶贫开发体现中国共产党人的使命担当。我们党自诞生之日起就勇敢担当起带领中国人民创造幸福生活、实现中华民族伟大复兴的历史使命，并且一路披荆斩棘、流血牺牲，百折不挠地为之奋斗。在新的历史时期，我们必须以更加强烈的为民造福情怀，践行让人民过上幸福生活、实现中华民族伟大复兴的崇高追求，完成消除贫困、改善民生、逐步实现共同富裕的重要使命。“善为国者，遇民如父母之爱子，兄之爱弟，闻其饥寒为之哀，见其劳苦为之悲。”[②] 习近平同志引用这句古话，就是要告诉人们，我们党作为马克思主义政党，执政的目的就是实现好、维护好、发展好最广大人民的根本利益，而不是为了一部分人、少数人的利益。实现好、维护好、发展好最广大人民的根本利益，当前最紧迫、最艰难的任务就是要坚持精准扶贫、精准脱贫，做好扶贫开发工作。

扶贫开发是全面建成小康社会的刚性任务。全面建成小康社会的主旨与要义，既在“小康”，又在“全面”。“小康”追求的是发展水平与质量，“全面”追求的是发展的平衡性、协调性、可持续性。全面建成小康社会，要求我们高度重视农村贫困人口脱贫这一最突出的短板，想方设法补齐短板，统筹推进经济建设、政治建设、文化建设、社会建设、生态文明建设，实现经济社会全面、协调、可持续发展。习近平同志将全面脱贫作为全面建成小康社会的刚性任务，紧紧抓住扶贫开发这一全社会关注的重大问题，充分体现了我们党促进全体人民共享改革发展成果的发展理念和致力于实现中华民族伟大复兴的坚定决心。

“全面建成小康社会，最艰巨最繁重的任务在农村、特别是在贫困地

① 《习近平在党的十八届二中全会第二次全体会议上的讲话》，2013年2月28日。

② 习近平：《携手消除贫困　促进共同发展：在2015减贫与发展高层论坛的主旨演讲》，人民出版社，2015，第5页。

区。”[①] 加快推进深度贫困地区脱贫攻坚，集中力量攻关，万众一心克难，确保深度贫困地区和贫困群众同全国人民一道进入全面小康社会，要做到以下几个关键点。

首先，明确脱贫的目标，加大投入力度。习近平指出：“脱贫攻坚的目标就是实现‘两个确保’：确保农村贫困人口实现脱贫，确保贫困县全部脱贫摘帽。”[②] 第一个“确保”，即2020年，实现农村贫困人口衣食住有保障，基本公共服务主要领域指标接近全国平均水平，义务教育、基本医疗配套落实到位，实现贫困地区农民人均可支配收入增长幅度高于全国平均水平；第二个“确保”，即我国现行标准下农村贫困人口实现脱贫，贫困县全部摘帽，解决区域性整体贫困。2020年，即使深度贫困地区达不到发达地区的发展水平，也要努力使这些地区的群众实现“两不愁三保障”。在确立了脱贫目标之后，需要政府的大力支持，要发挥政府投入的主体和主导作用，发挥金融资金的引导和协同作用。重点关注深度贫困地区，各级财政要加大对深度贫困地区的转移支付规模，增加脱贫攻坚资金，增加金融投入，落实惠民项目，保险机构降低对深度贫困地区的保费收取标准，新增建设用地指标优先保障深度贫困地区发展用地需要。通过各种举措，形成强大投入合力，支持深度贫困地区脱贫攻坚。

其次，集中优势兵力，精准扶贫发力。“分则力散，专则力全。”从各地实际出发，针对各地区深度贫困的原因，集中力量办大事。对居住在自然条件特别恶劣地区的群众加大易地扶贫搬迁力度，对因病致贫群众加大医疗救助、临时救助、慈善救助等帮扶力度，对生态环境脆弱的禁止开发区和限制开发区群众增加护林员等公益岗位，对无法依靠产业扶持和就业帮助脱贫的家庭实行政策性保障兜底。健全公共服务、建设基础设施、发展产业、培育集体经济。以深度贫困地区的区域发展为精准扶贫的基础，改善经济发展方式，重点发展特色农业、劳动密集型的加工业和服务业，交通建设项目要尽量做到向进村入户倾斜，水利工程项目要向贫困村和小型农业生产倾斜，生态保护项目要提高贫困人口参与度和受益水平，新型

---

① 习近平：《做焦裕禄式的县委书记》，中央文献出版社，2015，第16页。

② 《习近平在中央扶贫开发工作会议上的讲话》，2015年11月27日。

农村合作医疗和大病保险制度要对贫困人口实行政策倾斜，打通脱贫攻坚政策落实“最后一公里”。

再次，加大各方帮扶力度，扶贫同时要扶智、扶志。加大东部地区和中央单位对深度贫困地区的帮扶支持，强化帮扶责任，对东西部扶贫协作和对口支援、中央单位定点帮扶的对象在深度贫困地区的，在资金、项目、人员方面增加力度。并通过多种形式，积极引导社会力量广泛参与深度贫困地区脱贫攻坚，帮助深度贫困群众解决生产生活困难。在全社会广泛开展向贫困地区、贫困群众献爱心活动，广泛宣传为脱贫攻坚作出突出贡献的典型事例，为社会力量参与脱贫攻坚营造良好氛围。开展“携手奔小康行动”“万企帮万村行动”。同时注重调动贫困群众的积极性、主动性、创造性，改进工作方式方法，改变简单给钱、给物、给牛羊的做法，多采用生产奖补、劳务补助、以工代赈等机制，注重培育贫困群众发展生产和务工经商的基本技能，激发贫困地区和贫困群众脱贫致富的内在活力，提高贫困地区和贫困群众自我发展能力，不大包大揽，不包办代替，教育和引导广大群众用自己的辛勤劳动实现脱贫致富。

最后，加大组织领导力度，加强检查督查。解决深度贫困问题，加强组织领导是保证。打攻坚战的关键是人，“四个意识”要落实在行动上。深度贫困地区脱贫攻坚要强化落地，吹糠见米，人员到位、责任到位、工作到位、效果到位，统筹做好进度安排、项目落地、资金使用、人力调配、推进实施等工作，把脱贫攻坚作为“十三五”期间头等大事和第一民生工程来抓，坚持以脱贫攻坚统揽经济社会发展全局，把夯实农村基层党组织同脱贫攻坚有机结合起来，发挥好村党组织在脱贫攻坚中的战斗堡垒作用，确保第一书记和驻村干部用心用情用力做好帮扶工作。打赢脱贫攻坚战绝非朝夕之功，不是轻轻松松的事。在贫困问题错综复杂的深度贫困地区，要实施最严格的考核评估，对不严不实、弄虚作假的严肃问责，坚持年度脱贫攻坚报告和督查制度，加强扶贫资金管理使用，加强督查问责，对挪用乃至贪污扶贫款项的行为必须坚决纠正、严肃处理。做到扶贫工作务实，脱贫过程扎实，脱贫结果真实，让脱贫成效真正获得群众认可、经得起实践和历史检验。

二　全面深化改革

（一）全面深化改革的总目标

党的十九大报告在回顾过去五年的成绩时谈到“全面深化改革取得重大突破。蹄疾步稳推进全面深化改革，坚决破除各方面体制机制弊端。改革全面发力、多点突破、纵深推进，着力增强改革系统性、整体性、协同性，压茬拓展改革广度和深度，推出一千五百多项改革举措，重要领域和关键环节改革取得突破性进展，主要领域改革主体框架基本确立。中国特色社会主义制度更加完善，国家治理体系和治理能力现代化水平明显提高，全社会发展活力和创新活力明显增强”。[①] 全面深化改革的总目标，就是完善和发展中国特色社会主义制度，推进国家治理体系和治理能力现代化。

1. 推进国家治理体系和治理能力现代化

“橘生淮南则为橘，生于淮北则为枳。”[②] 一个国家选择什么样的治理体系，是由这个国家的历史传承、文化传统、经济社会发展水平决定的，是由这个国家的人民决定的。国家治理体系和治理能力，是一个国家的制度安排和制度执行能力的集中体现，是一个相辅相成的有机整体。国家治理体系是一个国家的制度体系，包括经济、政治、文化、社会、生态文明和党的建设等各领域体制机制、法律法规安排，是一套相互协调的国家制度；国家治理能力是运用国家制度管理各方面事务的能力，包括改革发展稳定、内政外交国防、治党治国治军等各个方面。两者紧密联系，相互作用，一脉相承、有机统一。有了好的治理体系，才能提高治理能力；提高治理能力，才能发挥治理体系的效能。1992年邓小平指出：“恐怕再有三十年的时间，我们才会在各方面形成一整套更加成熟更加定型的制度。”[③] 今天，中国站在改革开放的新起点上，推进国家治理体系和治理能力现代化，有着重大的时代意义。

“推进国家治理体系和治理能力现代化，就是要适应时代变化，既改革

---

① 习近平：《决胜全面建成小康社会　夺取新时代中国特色社会主义伟大胜利——在中国共产党第十九次全国代表大会上的报告》，人民出版社，2017，第3～4页。

② 《晏子春秋·内篇杂下》。

③ 《邓小平文选》第3卷，人民出版社，1993，第372页。

不适应实践发展要求的体制机制、法律法规，使各方面制度更加科学、更加完善，实现党、国家、社会各项事务治理制度化、规范化、程序化。”① 国家治理体系既包括人民代表大会制度、中国共产党领导的多党合作和政治协商制度、民族区域自治制度、基层群众自治制度等政治制度，中国特色社会主义法律体系，公有制为主体、多种所有制经济共同发展的基本经济制度，也包括经济、政治、文化、社会、生态文明等各领域的制度安排、体制机制。治理能力则是我们运用这些制度和体制机制管理经济社会事务的能力。完善和发展中国特色社会主义制度，是为了更好地提高党带领人民管理经济社会事务的能力。推进国家治理体系和治理能力现代化，是为了更好发挥制度优势，把制度优势转化为管理经济社会事务的效能。推进国家治理体系和治理能力现代化，是完善和发展中国特色社会主义制度的必然要求。

推进国家治理体系和治理能力现代化，在加强制度建设的同时，把治理能力建设摆在更加突出的位置。改革开放以来，我们党十分重视各项制度建设，通过不懈努力不断完善各方面的制度和体制机制。但是随着经济社会发展，社会管理面临许多新情况新问题，许多问题尚未找到有效的解决办法。在新时代背景下，面临的挑战更加严峻，加强治理能力建设显得至关重要。加强治理能力建设，包括加强和创新社会管理，把各方面制度和体制机制的优势转化为管理经济社会事务的实际效能，促进现代化建设各个环节、各个方面协调发展。不断促进生产关系与生产力相协调、上层建筑与经济基础相协调，为不断解放和发展社会生产力、继续充分释放全社会创造活力提供制度保障，使中国特色社会主义制度不断发展和完善。

加强党的执政能力建设。改革开放以来，在党的领导下，我们无论是在制度建设还是在管理经济社会事务方面都取得了巨大成就，以世界上少有的速度持续快速发展起来，人民生活显著改善，城乡面貌发生翻天覆地的变化，充分说明我们党在制度建设和管理经济社会事务上的智慧和能力。但同时也要看到，我们在制度建设和管理能力方面还有许多不足，还有许多亟待完善和提高的地方。推进国家治理体系和治理能力现代化，还要适

① 《习近平关于全面建成小康社会论述摘编》，中央文献出版社，2016，第78页。

应时代发展要求，改革不适应实践要求的体制机制，不断构建新的制度和体制机制，使经济、政治、文化、社会、生态文明和党的建设等各方面制度和体制机制更加科学、更加完善。在新的时代条件下加强党的执政能力建设，积极推动党和国家各项工作制度化、规范化、程序化，不断提高党科学执政、民主执政、依法执政能力。

2. 完善和发展中国特色社会主义制度

首先要坚持社会主义市场经济改革方向。方向问题至关重要，无论理论和实践实现多大创新，都不能离开根本，不能偏离正确的方向。习近平多次强调，中国是一个大国，决不能在根本性问题上出现颠覆性错误。[①] 全面深化改革，必须坚持正确的方向。社会主义市场经济体制改革是建设中国特色社会主义进程中的重大理论和实践创新，解决了世界上其他社会主义国家长期没有解决的一个重大问题。坚持社会主义市场经济改革方向，不仅是经济体制改革的基本遵循，也是全面深化改革的重要依托。我国在不断推进经济体制改革的征途中，实现了从计划经济体制向社会主义市场经济体制的历史性突破。创造性地提出经济体制改革的核心问题是处理好政府和市场的关系，使市场在资源配置中起决定性作用和更好发挥政府作用。同时促使各方面体制改革朝着建立完善的社会主义市场经济体制这一方向协同推进，各方面自身相关环节更好适应社会主义市场经济发展提出的新要求。社会主义市场经济既要发挥市场经济的长处，又要发挥社会主义制度的优越性，这是社会主义市场经济也是中国特色社会主义的特色和优势所在。

其次要发挥经济体制改革引领作用。党的十九大报告明确指出，实现“两个一百年”奋斗目标、实现中华民族伟大复兴的中国梦，要推动经济持续健康发展。特别强调进一步深化供给侧结构性改革，建设现代化经济体系，把发展经济的着力点放在实体经济上，把提高供给体系质量作为主攻方向，加快建设制造强国，加快发展先进制造业。经济建设仍然是全党的中心工作，坚持以经济建设为中心不动摇，就必须坚持以经济体制改革为重点不动摇。经济体制改革对其他方面改革具有重要影响和传导作用，重

① 《习近平谈治国理政》，外文出版社，2014，第348页。

大经济体制改革的进度决定着其他方面很多体制改革的进度，具有牵一发而动全身的作用。我国经济已由高速增长阶段转向高质量发展阶段，正处在转变发展方式、优化经济结构、转换增长动力的攻关期。推动经济发展质量变革、效率变革、动力变革，提高全要素生产率，着力加快建设实体经济、着力在全面深化改革中，要坚持以经济体制改革为主轴，以供给侧结构性改革为主线，努力在重要领域和关键环节改革上取得新突破，以此牵引和带动其他领域改革，使各方面改革协同推进，构建市场机制有效、微观主体有活力、宏观调控有度的经济体制。

（二）让人民群众有更多获得感

民之所望，施政所向。① 党的十九大报告强调“把人民对美好生活的向往作为奋斗目标，依靠人民创造历史伟业”②。这就要求我们必须坚持以人民为中心的发展思想，始终把人民利益摆在至高无上的地位，保证全体人民在共建共享发展中有更多获得感。我们要按照党的十九大的战略部署，根据新时代我国社会主要矛盾的变化，精心研究和解决满足人民日益增长的美好生活需要的主要制约因素，进一步拓宽视野，多措并举，多谋民生之利，多解民生之忧，让人民群众有更多获得感。

1. 在解决发展不平衡不充分问题中让人民有更多获得感

中国特色社会主义进入新时代，我国社会主要矛盾已经转化为人民日益增长的美好生活需要和不平衡不充分的发展之间的矛盾。党的十九大报告中关于我国社会主要矛盾的新表述，科学揭示了我国经济社会发展和社会需求发生的新变化，同时也充分表达出人民希望有更多获得感的新诉求。

从社会需求看，我国稳定解决十几亿人的温饱问题、人民生活总体上达到小康水平这两个目标已经提前实现，不久将全面建成小康社会，人民美好生活需要日益广泛，呈现多样化多层次多方面的特点，人民不仅对物质文化生活提出更高要求，而且在民主、法治、公平、正义、安全、环境等方面的要求日益增长。从我国经济社会发展看，经过改革开放以来的快

---

① 转引自《十八大以来重要文献选编》（上），中央文献出版社，2014，第626页。

② 习近平：《决胜全面建成小康社会　夺取新时代中国特色社会主义伟大胜利——在中国共产党第十九次全国代表大会上的报告》，人民出版社，2017，第21页。

速发展，我国社会生产力水平总体上显著提高，供给不足状况已经根本改变，更加突出的问题是发展不平衡不充分，这已经成为满足人民日益增长的美好生活需要的主要制约因素。

我们应从全局高度科学研判我国社会主要矛盾变化对党和国家工作提出的新要求，在贯彻新发展理念、建设现代化经济体系的基础上，着力解决好发展不平衡不充分问题，按照“五位一体”总体布局，统筹推进经济建设、政治建设、文化建设、社会建设、生态文明建设，大力提升发展质量和效益，更好呼应和满足人民在经济、政治、文化、社会、生态等方面日益增长的需要，更好推动人的全面发展、社会全面进步、全体人民共同富裕，使人民的获得感大大增强，真正在共建共享中把对美好生活的向往变为现实。

2. *在持续释放改革红利中让人民有更多获得感*

改革开放是决定当代中国命运的关键一招，也是决定实现“两个一百年”奋斗目标、实现中华民族伟大复兴的关键一招。改革开放只有进行时，没有完成时。从全面建成小康社会到基本实现现代化，再到把我国建成富强民主文明和谐美丽的社会主义现代化强国，归根到底靠全面深化改革提供根本动力。

当前我国正处在全面建成小康社会的决胜期，同时也处在各方面制度更加成熟更加定型的关键时期，在统筹推进“五位一体”总体布局、协调推进“四个全面”战略布局的过程中，摆在我们面前的重大历史任务就是要通过全面深化改革，坚持和完善中国特色社会主义制度，不断推进国家治理体系和治理能力现代化，坚决破除一切不合时宜的思想观念和体制机制弊端，破除利益固化的藩篱，吸收人类文明有益成果，构建系统完备、科学规范、运行有效的制度体系，为满足人民日益增长的美好生活需要、在共建共享发展中有更多获得感提供根本而又长效的制度保障。

中国特色社会主义进入新时代，我们应站在更高起点上谋划和推进改革，认真总结运用好党的十八大以来形成的改革经验，深化对改革规律的认识，保持改革定力，增强改革勇气，狠抓改革落实，坚定不移将改革进行到底。要按照党的十九大部署，在科学统筹各项改革任务中突出重点，深化供给侧结构性改革，不断优化供给结构，提高供给质量，让人民群众共享改革发展成果，不断增强人民获得感的深度与厚度。尤其是要把坚持以人民为中心的发展思想贯彻到深化改革的一切领域和各个环节，多推有利于增添经济发展动力的改革，多推有利于促进社会公平正义的改革，多推有利于增强人民获得感的改革，做到老百姓关心什么、期盼什么，改革就抓住什么，真正推出一批叫得响、立得住、群众认可的硬招实招，把改革含金量充分展示出来，使人民有更多获得感、幸福感、安全感。

3. 在维护社会公平正义中让人民有更多获得感

公平正义是坚持和发展中国特色社会主义的内在要求，也是人民增强获得感的重要筹码。我们必须着眼于创造更加公平的社会环境，努力让改革发展的成果更多更公平惠及全体人民，保证人民当家作主落实到国家政治生活和社会生活之中，让人民群众在每一个司法案件中感受到公平正义。

不断增加收入是人民增强获得感的物质基础。要坚持人人尽责、人人享有，推动经济发展质量变革、效率变革、动力变革，不断增强我国经济创新力和竞争力，在坚持做大“蛋糕”的同时分好“蛋糕”，努力实现更高质量、更有效率、更加公平、更可持续的发展。要坚持按劳分配原则，完善按要素分配的体制机制，促进收入分配更合理、更有序。要鼓励勤劳守法致富，拓宽居民劳动收入和财产性收入渠道，扩大中等收入群体，增加低收入者收入，调节过高收入，取缔非法收入，不断缩小收入分配差距，使全体人民朝着共同富裕的目标不断迈进。

公正司法是维护社会公平正义的最后一道防线。公正司法事关人民利益、事关社会公平正义、事关全面推进依法治国，是人民获得感的法治保证。深化司法体制改革，要广泛听取人民群众意见，深入了解一线司法实际情况，了解人民群众到底期待什么，把解决了多少问题、人民群众对解决问题的满意程度作为评判改革成效的标准。要全面落实司法责任制，对司法腐败零容忍，把司法权关进制度的笼子，同时，深化司法公开，推出司法便民利民措施，让公平正义的阳光照进人民群众的心田。

4. 在补齐民生短板中让人民有更多获得感

党的十八大以来，民生领域的成就可圈可点，人民的获得感显著增强，但脱贫攻坚任务依然艰巨，人民群众在医疗、居住、养老等方面仍面临不少短板，这就需要我们用高质量发展补齐民生短板，抓住人民最关心最直接最现实的利益问题，既尽力而为又量力而行，一件事情接着一件事情办，一年接着一年干，积小胜为大胜，不断增强人民获得感和满意度。

坚决打赢脱贫攻坚战。“小康不小康，关键看老乡。”① 让贫困人口和贫困地区同全国一道进入全面小康社会是我们党的庄严承诺。脱贫攻坚关键是要找准路子，构建好的体制机制，在精准施策上出实招、在精准推进上下实功、在精准落地上见实效。精准脱贫要瞄准特殊贫困人口精准帮扶，进一步向深度贫困地区聚焦发力，把扶贫和扶志、扶智结合起来，激发贫困人口内生脱贫动力，巩固脱贫成果，提高脱贫质量，确保到2020年我国现行标准下农村贫困人口实现脱贫，贫困县全部摘帽，解决区域性整体贫困，做到脱真贫、真脱贫。

实现更高质量和更充分就业。要坚持就业优先战略，实施更加积极的就业政策，创造更多的就业岗位，破除妨碍劳动力、人才社会性流动的体制机制弊端，使人人都有通过辛勤劳动实现自身发展的机会。要建立职业技能培训制度，着力解决结构性就业矛盾。同时，要完善创业扶持政策，鼓励以创业带就业，依法保护广大劳动者的合法权益。

加快推进基本公共服务均等化。随着人民对美好生活需要的日益增长，城乡居民消费结构加快升级，公共服务供给短板日趋明显。完善公共服务体系要坚持普惠性、保基本、均等化、可持续的努力方向，做到把教育事业放到优先位置，努力让每个孩子都能享有公平且有质量的教育；按照兜底线、织密网、建机制的要求，全面建成覆盖全民、城乡统筹、权责清晰、保障适度、可持续的多层次社会保障体系；实施健康中国战略，为人民群众提供全方位全周期健康服务。只要坚持努力补齐影响群众生活品质的短板，从人民群众关心的事情做起，从让人民群众满意的事情做起，人民的获得感、幸福感、安全感就一定会更加充实、更有保障、更可持续。

“民惟邦本，本固邦宁。”② 人民是推动发展的根本力量，实现好、维护好、发展好最广大人民的根本利益是发展的根本目的。习近平的重要讲话具有重要指导意义，要认真学习贯彻总书记重要讲话精神，坚定信心、振奋精神、攻坚克难，扎实推进供给侧结构性改革，尽快补齐民生事业发展

① 《习近平关于全面建成小康社会论述摘编》，中央文献出版社，2016，第21页。

② 转引自《十八大以来重要文献选编》（上），中央文献出版社，2014，第850页。

短板，加快发展现代农业，让每一个家庭、每一个社会成员都有更多实实在在的获得感。

（三）把握改革的规律性

全面深化改革是一项复杂的系统工程，需要加强顶层设计和整体谋划，加强各项改革的关联性、系统性、可行性研究。习近平指出："必须从纷繁复杂的事物表象中把准改革脉搏，把握全面深化改革的内在规律。"[①] 准确把握内在规律，是全面深化改革取得成功的认识前提。改革开放是前无古人后无来者的崭新事业，必须坚持正确的方法论，在不断实践探索中推进。摸着石头过河是正确的改革方法，而摸石头，就是摸规律。

1. 把握规律，做好调查研究

全面深化改革，就其涉及的广泛性、内涵的深刻性、意义的重大性而言，更加需要准确把握内在规律，顺利推进改革，达到预期目的。只有科学分析全面深化改革的基础、动因、环境、矛盾等，深入思考诸多要素的相互关联、相互制约，才能正确认识全面深化改革的内在规律。没有发现规律，就会盲目地改；如果得到的是扭曲的、片面的"规律"，改革就会走弯路或夭折。因此，准确把握全面深化改革的内在规律，是应对全面深化改革艰巨性复杂性的要求，是保障全面深化改革的顺利和效果的要求，是提高党领导全面深化改革能力的要求。

把握规律是一个认识过程，根本的方法是调查研究。没有调查，就没有发言权，更没有决策权。习近平同志强调："研究、思考、确定全面深化改革的思路和重大举措，刻舟求剑不行，闭门造车不行，异想天开更不行，必须进行全面深入的调查研究。"[②]

调查研究的着力点有以下几方面。一是下大功夫总结和运用我国改革开放的成功经验，从学习历史中发现规律。规律蕴含于历史经验之中，40年改革开放丰富而深刻的历史经验，愈益清晰地呈现出改革开放的客观逻辑。凡是成功经验，必是遵循规律的结果；凡是挫折教训，必然是违背规律的结果。二是下大功夫把握党和国家事业发展对改革开放的客观要求，

① 《习近平关于全面深化改革论述摘编》，中央文献出版社，2014，第37页。

② 《习近平关于全面深化改革论述摘编》，中央文献出版社，2014，第38页。

从洞察趋势中把握规律。规律蕴含于发展趋势之中，中国特色社会主义是当代中国社会基本矛盾运动的产物、生产力的推动力量、人民群众的利益需求，构成了改革开放的不竭动力，引领着大趋势，规定着总规律。三是下大功夫了解党内外对改革开放的各种意见和建议，从集思广益中认识规律。规律蕴含于集体智慧之中，来自不同位置、不同视角、不同关系、不同感受的改革认知，虽然不尽相同，但包含的共识，比起个人的臆断，更为合理可行，更加贴近规律。四是下大功夫了解地方、基层和群众在改革方面做的有益探索，从改革实践中提炼规律。规律蕴含于切身体验之中，实践出真知，那些改革开放亲历者的成败得失、盈亏沉浮、酸甜苦辣，最能说明改革的实质、关键和症结，最能表明真实的、活生生的规律。

2. 坚持正确的方法论

“治大国若烹小鲜。”① 改革进入攻坚期和深水区，不能在根本性问题上出现颠覆性错误。习近平指出，深化改革要坚定信心，凝聚共识，统筹谋划，协同推进。②

首先，坚定信心。面对新时代的矛盾和考验，要坚定信心，拿出勇气，敢于啃硬骨头，敢于涉险滩，冲破思想观念的障碍、突破利益固化的藩篱，将改革深入推进。

其次，凝聚共识。当今时代，经济体制深刻变革，社会结构深刻变动，利益格局深刻调整，思想观念深刻变化，更需要全国上下齐心协力、思想统一，找到最大公约数，形成广泛共识，共同应对考验，推进改革步伐前行。不同地方、不同阶层、不同领域，坚持“求同”，转化为共识，可以在部分工作中试点先行，在改革开放上形成聚焦，并尊重人民首创精神，最大限度集中群众智慧。充分团结党内外一切可以团结的力量，调动国内外一切可以调动的积极因素，汇合成推进改革开放的强大力量。

再次，统筹谋划。在深入调查研究的基础上提出顶层设计和总体谋划。不谋全局者，不足谋一域。改革的战略目标、战略重点、优先顺序、主攻方向、工作机制、推进方式都需要提出科学性总体方案。所谓顶层设计，

① 转引自《习近平关于全面建成小康社会论述摘编》，中央文献出版社，2016，第191页。

② 《习近平关于全面深化改革论述摘编》，中央文献出版社，2014，第30页。

就是要对经济体制、政治体制、文化体制、社会体制、生态体制作出统筹设计，对其中各项改革类别的关联性进行分析研判，力求全局和局部相统一、治本和治标相融合，使各项改革发挥最大效能。实现“两个一百年”奋斗目标，要以改革开放为抓手，要有相应的改革开放举措。改革也要养血润燥、化瘀行血，固本培元、强筋壮骨。

最后，协同推进。重大改革牵一发而动全身，需要增强改革措施的协调性，全面考量、协调推进。要坚定信心、大胆探索、勇于开拓，做好配套措施。针对不同的改革类别，鼓励在实践中开创新路，将聚合力量大力推进和摸着石头过河结合起来，既尊重实践，又勇于创新。

三 全面依法治国

党的十九大报告指出，“全面依法治国是中国特色社会主义的本质要求和重要保障。必须把党的领导贯彻落实到依法治国全过程和各方面，坚定不移走中国特色社会主义法治道路”①。长期以来，以习近平同志为核心的党中央站在历史的高度，以人民幸福安康、国家长治久安为宗旨，贯彻中国特色社会主义法治理论，全面推进依法治国，开拓了中国特色社会主义法治道路。中国特色社会主义法治道路，具有鲜明的实践特征和丰富的理论内涵。正确认识和把握其核心要义、本质特征和基本原则，是我们坚定不移走中国特色社会主义法治道路的基本前提和基本遵循。

（一）全面依法治国总目标

“立善法于天下，则天下治；立善法于一国，则一国治。”② 依法治国是坚持和发展中国特色社会主义的本质要求和重要保障，是实现国家治理体系和治理能力现代化的必然要求。全面推进依法治国的总目标即建设中国特色社会主义法治体系，建设社会主义法治国家。习近平指出：“提出这个总目标，既明确了全面推进依法治国的性质和方向，又突出了全面推进依法治国的工作重点和总抓手。”③

① 习近平：《决胜全面建成小康社会 夺取新时代中国特色社会主义伟大胜利——在中国共产党第十九次全国代表大会上的报告》，人民出版社，2017，第22页。

② （北宋）王安石：《周公》。

③ 《十八大以来重要文献选编》（中），中央文献出版社，2016，第147页。

1. 中国特色社会主义法治体系的具体内容

首先要加强立法建设与法治实施。中国特色社会主义法律体系随着实践的发展不断完善，完善立法体制，提高立法质量，加强和改进立法工作，仍然是摆在我们面前的一项紧迫的战略任务。深入推进科学立法、民主立法，加强重点领域立法，增强法律法规的及时性、系统性、针对性、有效性，以形成完备的法律规范体系，解决现实生活中某些法律规范不协调问题。在完善立法的基础上还要加强法治实施。法律的权威在于实施。法律的生命力在于实施，法律的有效实施是全面推进依法治国的重点和难点。目前我国在法律实施上还存在诸多问题，有法不依、执法不严、违法不究的现象仍然存在，部分地区以权谋私、徇私枉法、破坏法治的问题还很严重。为此，必须建立高效的法治实施体系，坚持严格执法、公正司法，使法治具有最坚实的支撑力量。

其次加强法治监督，完善法治保障。缺乏监督的权力必然导致腐败。全面推进依法治国，将权力关进制度的笼子，就要建立严密的法治监督体系。健全对权力运行的制约和监督，建立确保宪法法律得以有效实施的责任机制，同时采取有力的法治保障体系。各级党委要切实加强对依法治国的领导，提高依法执政能力和水平，加强法律服务队伍建设，改革和完善不符合法治规律、不利于依法治国的体制机制，完善守法诚信褒奖机制和违法行为惩戒机制，使尊法信法守法成为全体人民的共同追求和自觉行动。努力推动形成良好的法治社会氛围，为全面推进依法治国提供完备的人才保障、制度保障。

2. 中国特色社会主义法治体系的工作布局

坚持依法治国、依法执政、依法行政共同推进。依法治国必须着眼全局、全面部署，努力确保依法执政、依法行政与之齐头并进，重视法治建设的整体推进和协调发展，调动各方面的主动性、积极性。依法治国是党领导人民治理国家的基本方略，是人民通过各种途径和形式管理国家事务，管理社会事务，管理经济文化事业，使国家各项工作都依法进行，实现社会主义民主的制度化、法律化；依法执政是新的历史条件下我们党执政的基本方式，党通过法定程序将党的主张上升为国家意志，并遵守宪法法律，确保宪法法律实施；依法行政是法治状态下政府行为的基本原则和基本方式，法定职责必须为、法无授权不可为，执法严明、公开公正、廉洁高效、守法诚信。依法治国、依法执政、依法行政构成一个有机联系的整体，三者内涵统一、目标一致，彼此协调、共同推进。

坚持法治国家、法治政府、法治社会一体建设。法治国家是法治建设的目标，要求国家权力由宪法和法律赋予，依照法律的程序规定行使，并对行使公权力的行为承担相应的法律责任。法治政府是依法设立，职权由法律赋予且依法行使，对其行为承担法律责任的政府。法治政府的建立直接决定法治国家的建设。法治社会是公民、法人和其他社会组织依照法律行使权利、履行义务，依法进行社会治理，承担社会责任，解决纠纷。法治国家、法治政府、法治社会是法治建设的三大支柱，三者内在统一、相互联系、不可或缺，直接关乎着全面推进依法治国总目标的实现。因此，在全面推进依法治国进程中，必须将法治国家、法治政府、法治社会建设统一起来，同步规划、同步实施。

3. 中国特色社会主义法治体系的基本原则

全面推进依法治国总目标、构建中国特色社会主义法治体系必须遵循五个基本原则：坚持中国共产党的领导、坚持人民主体地位、坚持法律面前人人平等、坚持依法治国和以德治国相结合、坚持从中国实际出发。

第一，坚持党的领导。党的领导是中国特色社会主义最本质的特征，是全面推进依法治国的政治保证。毫不动摇地坚持党对法治建设的领导、与时俱进地加强和改善党对法治建设的领导、把党的领导贯彻到依法治国全过程和各方面，是我国社会主义法治建设的一条基本经验和基本原则。

第二，坚持人民主体地位，完善人民代表大会制度。人民当家作主是依法治国的前提和目标，法治建设必须为了人民、依靠人民、造福人民、保护人民，充分发挥人民的主体作用，把体现人民利益、反映人民愿望、维护人民权益、增进人民福祉落实到依法治国全过程。实现坚持党的领导、人民当家作主、依法治国的有机统一，为全面推进依法治国提供充分的力量和源泉。

第三，坚持法律面前人人平等。公平正义是社会主义的本质属性，任何组织和个人都必须尊重宪法法律权威，都必须在宪法法律范围内活动，都必须依照宪法法律行使权力或权利、履行职责或义务。法律对所有社会成员一视同仁，任何人都不得有超越宪法法律的特权，任何在社会中处于弱势的公民都不得受到歧视。法律面前人人平等，是全面推进依法治国的价值追求，必须维护国家法制统一，加大监督力度，切实保证宪法法律有效实施。

第四，坚持依法治国和以德治国相结合。道德是法律的精神内涵，法律是道德的制度底线。在全面推进依法治国进程中，坚持一手抓法治、一手抓德治，既发挥法律的规范作用，又发挥道德的教化作用，大力弘扬社会主义核心价值观，弘扬中华传统美德，做到法律和道德相辅相成、法治和德治相得益彰。道德和法律具有天然的联系和共同的价值取向。

第五，坚持从中国实际出发。全面推进依法治国，必须突出中国特色、实践特色、时代特色。法治是由经济基础决定的，走中国特色社会主义法治道路，要适应改革发展稳定的法治需求，紧紧围绕社会主义法治建设重大理论和实践问题，推进法治创新。

（二）走中国特色法治道路

法治兴则国家兴，法治衰则国家乱。法律是治国之重器，法治是国家治理体系和治理能力的重要依托。全面推进依法治国是一个系统工程，关系到执政兴国、人民幸福安康、关系党和国家长治久安，是国家治理领域一场广泛而深刻的革命。全面推进依法治国，必须从我国实际出发，坚持和拓展中国特色社会主义法治道路。

1. 中国特色社会主义法治道路的核心要义

道路问题是最根本的问题，道路决定命运，道路决定前途。走什么样的法治道路、建设什么样的法治体系，是由一个国家的基本国情决定的。中国特色社会主义法治道路，是建设社会主义法治国家的唯一正确道路，集中体现了社会主义法治建设的成就和经验。

中国特色社会主义法治道路的核心要义是：坚持党的领导，坚持中国特色社会主义制度，贯彻中国特色社会主义法治理论。习近平强调："党和法治的关系是法治建设的核心问题。全面推进依法治国这件大事能不能办好，最关键的是方向是不是正确、政治保证是不是坚强有力，具体讲就是要坚持党的领导，坚持中国特色社会主义制度，贯彻中国特色社会主义法治理论。"① "这三个方面实质上是中国特色社会主义法治道路的核心要义，

① 习近平：《中共中央关于全面推进依法治国若干重大问题的决定》，2014 年 10 月 23 日。

规定和确保了中国特色社会主义法治体系的制度属性和前进方向。”①

由此可见，坚持党的领导是根本，中国特色社会主义制度是基础，中国特色社会主义法治理论是支撑。党的领导是中国特色社会主义最本质的特征，是社会主义法治最根本的保证。中国特色社会主义制度是中国特色社会主义法治体系的根本制度基础，是全面推进依法治国的根本制度保障。中国特色社会主义法治理论是中国特色社会主义法治体系的理论指导和学理支撑，是全面推进依法治国的行动指南。

2. 中国特色社会主义法治道路的本质特征

坚持党的领导、人民当家作主、依法治国有机统一，是我国社会主义民主法治建设的基本经验，是中国特色社会主义法治道路的本质特征。在中国，发展社会主义民主政治，保证人民当家作主，保证国家政治生活既充满活力又安定有序，关键是要坚持党的领导、人民当家作主、依法治国有机统一。这一重要理论成果，是中国自改革开放以来，不懈探索和经验的总结，是中国人民探索政治发展道路的基本结论，是中国特色社会主义民主政治和法治文明的重要思想。它见证了中国社会激越变革、激荡发展的历史过程，见证了中国人民翻身作主、掌握自己命运的历史选择，见证了马克思主义法学理论的重大发展，是中国特色社会主义法治理论的重大贡献。

社会主义法治必须坚持党的领导，这不仅是社会主义法治的根本要求，更是全国各族人民的利益所系、命脉所在。党的领导和社会主义法治根本上是一致的，全面依法治国，关键在于坚持党领导立法、保证执法、支持司法、带头守法。党的领导是社会主义法治的根本保证。

人民民主是社会主义的生命，国家一切权力属于人民，人民是社会主义国家的主人。人民当家作主是社会主义民主政治的本质和核心。没有民主就没有社会主义，就没有社会主义的现代化，就没有中华民族的伟大复兴。人民民主是依法治国的主体和力量源泉。

依法治国是党领导人民治理国家的基本方略。坚持和改善党的领导，发展人民民主，必须坚持依法治国。依法治国是实现国家治理体系和治理

① 《十八大以来重要文献选编》（中），中央文献出版社，2016，第146页。

能力现代化的必然要求，是坚持和发展中国特色社会主义的本质要求，是维护宪法法律权威，使民主制度化、法律化的重要保障。

四 全面从严治党

党的十九大报告指出，新时代党的建设总要求是："坚持和加强党的全面领导，坚持党要管党、全面从严治党，以加强党的长期执政能力建设、先进性和纯洁性建设为主线，以党的政治建设为统领，以坚定理想信念宗旨为根基，以调动全党积极性、主动性、创造性为着力点，全面推进党的政治建设、思想建设、组织建设、作风建设、纪律建设，把制度建设贯穿其中，深入推进反腐败斗争，不断提高党的建设质量，把党建设成为始终走在时代前列、人民衷心拥护、勇于自我革命、经得起各种风浪考验、朝气蓬勃的马克思主义执政党。"①

（一）把党的政治建设摆在首位

习近平指出，中华民族伟大复兴，绝不是轻轻松松、敲锣打鼓就能实现的。② 这里首先需要我们不断深入推进党的建设这一伟大工程。实现中华民族伟大复兴，关键在党。能否实现中华民族伟大复兴这一总目标，关键在于党能不能发挥其领导核心作用，能不能凝聚起中国力量。所以习近平说："实现党的十八大确定的各项目标任务，实现'两个一百年'目标，实现中华民族伟大复兴的中国梦，必须把我们党建设好。"③ 为了不断深入推进党的建设这一伟大工程，党的十八大以来，以习近平同志为核心的党中央，坚持全面从严治党，大力加强党的建设，做了大量的工作，取得了令人瞩目的成绩，并提高了党建科学化、纯洁化水平，持续巩固党的群众路线教育实践活动成果，建设一支能拒腐防变和抵御风险、担负历史重任、经受得起时代考验的干部队伍。始终坚持以人民为中心的基本原则，将人民放在心中最高位置，团结、依靠人民，造福人民，激发人民实现中国梦

---

① 习近平：《决胜全面建成小康社会 夺取新时代中国特色社会主义伟大胜利——在中国共产党第十九次全国代表大会上的报告》，人民出版社，2017，第61～62页。

② 习近平：《决胜全面建成小康社会 夺取新时代中国特色社会主义伟大胜利——在中国共产党第十九次全国代表大会上的报告》，人民出版社，2017，第15页。

③ 《习近平谈治国理政》，外文出版社，2014，第385页。

的动力，夯实党的执政基础。

加强党的政治建设。政治建设是全面从严治党的鲜明特色，也是保证党的肌体先进纯洁的不二法门。党的十九大报告第一次在党的历史上把政治建设放到了党的建设统领和首要位置，这是党的十八大以来全面从严治党的成功探索从实践到理论的重大飞跃，也是党的建设优良传统的继承发展。把政治建设放在首位，凝聚政治共识、强化政治认同、突出政治挂帅，以鲜明的政治导向引领组织工作开启新征程，是对党的十九大精神的领悟贯彻。

强化党员干部的政治认同。政治认同是政治信仰的前提和基石。必须牢牢抓住思想教育这个根本，加强习近平新时代中国特色社会主义思想武装。思想信仰是“总开关”，必须遵从党中央权威、遵从党的路线方针政策、遵从党章党规党纪、遵从民主集中制、遵从党的文化价值观、遵从党性锻炼要求。

坚守选人用人的政治标准。“万物得其本者生，百事得其道者成。”① 政治标准是选人用人第一位的标准。把精准识别、明辨政治标准贯彻到选人用人各个环节，以对马克思主义的信仰、对共产主义和中国特色社会主义的信念为对党和人民的忠诚正确导向。把信念坚定、忠诚可靠、严守纪律等政治性元素作为评价干部的基本维度，做到全方位了解、关联性研判、多方面印证，系统掌握干部政治表现情况。并以严格责任落实政治标准，重视各级党组织的领导和监督作用，真正把政治素质过硬的干部识别出来、选拔上来。

突出基层党组织政治功能。政治功能是基层党组织的先决性功能。增强基层党组织政治功能重点在于提升组织力，把基层支部建设成为宣传党的主张、贯彻党的决定、领导基层治理、团结动员群众、推动改革发展的坚强堡垒。把政治功能作为建设“最强支部”的重点内容，全面提升基层支部的自主运转力、宣传动员力和示范带动力，加快推进组织设置和活动方式创新，抓紧抓实“一个固定主题党日、‘两学一做’和‘三会一课’”等“123”支部学习教育基本规范，加强基层党组织系统建设和整体建设，

① 转引自《习近平关于全面从严治党论述摘编》，中央文献出版社，2016，第64页。

在发展党员、教育党员、管理党员、监督党员上体现先进性纯洁性，在组织群众、宣传群众、凝聚群众、服务群众上体现向心力战斗力。

（二）全面从严治党永远在路上

习近平同志在党的十九大报告中指出："全面从严治党永远在路上。"[①] 在十九届中央纪委二次全会上，他又强调"重整行装再出发，以永远在路上的执着把全面从严治党引向深入"。[②] 进入新时代，坚持和加强党的全面领导，坚持和发展中国特色社会主义，要准确把握全面从严治党永远在路上的丰富内涵，持续进行党自身的革命性锻造，把党建设得更加坚强有力。

1. 全覆盖

全面从严治党，基础在全面。覆盖各领域、各部门、各层级，把从严治党落实到党的建设各方面。重点聚焦领导干部这个"关键少数"，增强"四个意识"，坚决维护党中央权威和集中统一领导，自觉在思想上政治上行动上同以习近平同志为核心的党中央保持高度一致。坚持和加强党的全面领导不动摇，贯彻党的基本理论、基本路线、基本方略不含糊。全党9000多万名党员在纪律面前一律平等，纪律面前没有特权。始终做政治上的明白人、组织中的合格党员。通过规范党内政治生活、发展积极健康的党内政治文化，营造风清气正的党内政治生态。

加强纪律建设，管住纪律、看住权力、匡正风气。严格执行政治纪律、组织纪律、廉洁纪律、群众纪律、工作纪律和生活纪律，特别注意政治纪律和组织纪律。全面履行党章赋予的监督执纪问责职责，坚决提高纪律执行力，维护纪律严肃性。坚持纪严于法、纪在法前。严抓严查工作落实中失职渎职、敷衍塞责、不敢担当的行为，严抓严查对扶贫款项和涉农资金伸黑手的侵占贪腐行为。对于党员干部中作风不实、漠视群众、欺上瞒下的行为，对于一些苗头性、倾向性问题和违纪违法行为一并依照纪律严肃处理，使广大党员干部知敬畏、存戒惧、守底线，养成纪律自觉。同时有效运用监督执纪严肃查办违纪行为和腐败案件，做到防微杜渐，对于党员

---

① 习近平：《决胜全面建成小康社会　夺取新时代中国特色社会主义伟大胜利——在中国共产党第十九次全国代表大会上的报告》，人民出版社，2017，第61页。

② 《新时代全面从严治党重整行装再出发》，中国新闻网，http://finance.chinanews.com/gn/2018/01/－14/8423536/.shtml。

领导干部违纪违法案件严肃查办。同时加强基层党风廉政建设，及时查处侵害群众利益的腐败问题，让人民群众有更多获得感。

2. 重遏制

全面从严治党，关键在严。“治国必先治党，治党务必从严。”①重遏制在于坚持“严”字当头。严格教育、严格管理、严格监督，严明纪律、严惩腐败，严肃治理党内的各种歪风邪气，扫除监督“死角”“盲区”，避免出现“破窗效应”。对于党员干部中违反中央八项规定精神的问题，要严格监督、紧盯不放、寸步不让。扎实做好依法确权、规范用权、科学配权、严格控权、阳光示权各项工作，让权力在阳光下运行。加强对“两个责任”“一岗双责”落实情况、党的路线方针政策执行情况、党内政治生活状况的监督检查，对失管失察、失职失责的党员、干部坚决予以问责，落实巡视派驻全覆盖、巡视巡察一盘棋，推动全面从严治党纵向延伸、横向拓展。

坚持标本兼治。强化不敢腐的震慑，加大惩治力度，抓好警示教育，深刻剖析典型案例，充分发挥查处案件的警示作用，运用好违纪违法干部忏悔录这个反面教材，使拒腐防变警钟长鸣；扎牢不能腐的笼子，坚持制度治党，深化体制机制改革，完善激励和约束机制，在制度机制上管起来、严起来、硬起来，保证权力受到监督；增强不想腐的自觉，坚持思想建党，教育引导党员、干部不忘初心、牢记使命，坚定理想信念宗旨，牢固树立“四个自信”，不断加强党性修养，修好共产党人的“心学”，自觉净化党内政治生态，努力向高标准看齐，在思想深处筑牢抵御腐朽思想的防火墙。②

3. 长震慑

全面从严治党“永远在路上”。只有起点、没有终点。回顾党的历史可知，我们党自诞生之日起，就把为中国人民谋幸福、为中华民族谋复兴作为初心和使命。党领导人民进行伟大社会革命的历史，也是一部加强党的自我革命、坚持从严治党的历史。党的十九大闭幕后不久，习近平带领中央政治局常委集体瞻仰上海中共一大会址和浙江嘉兴南湖红船，参观南湖革命纪念馆，向全党全国全世界宣示新一届中央领导集体不忘初心、牢记

① 《十五大以来重要文献选编》（中），人民出版社，2001，第1104页。

② 舒国滢：《准确把握全面从严治党永远在路上的内涵》，《学习时报》2017年11月29日。

使命的坚定政治信念。他强调不忘初心，就是要广大党员、干部知道中国共产党从哪里来、怎么走来，将要到哪里去。从历史中总结经验、汲取智慧，用习近平新时代中国特色社会主义思想武装头脑、指导实践、推动工作，增强忧患意识，坚持问题导向，站在政治高度、战略高度和时代高度，登高望远、明确方向，增强预见性、提高洞察力，充分估计前进道路上可能遇到的困难和问题、风险和挑战，以永不懈怠的精神状态和一往无前的奋斗姿态，在不断夺取伟大斗争新胜利中不断增强党的政治领导力、思想引领力、群众组织力、社会号召力，确保党永葆旺盛生命力和强大战斗力，更加自觉地为实现新时代党的历史使命不懈奋斗。

"永远在路上"，全面从严治党常抓不懈。全面从严治党各项工作应该体现在党员、干部的学习、工作和生活中，积极推进"两学一做"学习教育常态化、制度化，扎实开展"不忘初心、牢记使命"主题教育，严格执行"三会一课"、规范党内政治生活，增强党员意识，强化党性观念。针对党内存在的思想不纯、组织不纯、作风不纯的突出问题，还要下大功夫、深功夫、硬功夫、长功夫。坚持自我革命，解决具体问题，防止工作表面化、形式化、充分发挥党组织的领导核心作用和战斗堡垒作用，不断增强党的自我净化、自我完善、自我革新、自我提高能力。狠抓问题的顽固性，破解问题的反复性，坚决纠正各种不正之风，推动形成积极健康的党内政治文化。

"逆水行舟用力撑，一篙松劲退千寻"，牢固树立打持久战的思想。全面从严治党不可能一蹴而就，绝非一朝一夕可以实现，伟大斗争的长期性、复杂性、艰巨性，需要经历一个砥砺淬炼的过程。党的十八大以来全面从严治党成效卓著，但推进执政党自身建设仍然任重道远；反腐败斗争压倒性态势已经形成并巩固发展，但形势依然严峻复杂。全面净化党内政治生态，要持之以恒、坚忍不拔，推动全面从严治党进一步深化。

（三）推动全面从严治党向纵深发展

全面从严治党是一项长期、复杂的系统工程。习近平指出，全党要坚持问题导向，保持战略定力，推动全面从严治党向纵深发展。[①] 今天我们站在新的历史起点上，努力推动全面从严治党向纵深发展，要做到信念坚定，

① 《习近平谈治国理政》第 2 卷，外文出版社，2017，第 64 页。

制度完善，强化监督。

1. 信念坚定

理想信念动摇是最危险的动摇，理想信念滑坡是最危险的滑坡。习近平强调，要炼就“金刚不坏之身”，必须用科学理论武装头脑，不断培植我们的精神家园。[①] 强化思想认识，增强严肃党内政治生活的思想自觉。对应基层党组织实际情况，还不同程度存在党内政治生活流于形式、敷衍应付、党员管理不严不实等问题。我们不仅要认真对待党的组织生活、严肃党员教育管理、重视群众问题的解决，更应时刻居安思危，自我净化、自我革新、自我完善，固本培元、夯实根基，切实增强严肃党内政治生活的思想自觉、行动自觉、责任自觉。加强理想信念教育，凝聚全党思想共识，这是推动全面从严治党向纵深发展的重要基础。一个时期以来，一些党员、干部身上出现这样那样的问题，根源就在于信仰迷茫、精神迷失。广大党员、干部要把对马克思主义的信仰、对社会主义和共产主义的信念作为毕生追求，解决好世界观、人生观、价值观这个“总开关”问题。为此，必须加强学习、提高觉悟。要坚持读原著、学原文、悟原理，牢固树立共产主义远大理想和中国特色社会主义共同理想，不断提高拒腐防变的政治免疫力。尤其要深入学习贯彻习近平同志系列重要讲话精神和治国理政新理念新思想新战略，始终坚定“四个自信”，不断增强“四个意识”，在思想上政治上行动上自觉同以习近平同志为核心的党中央保持高度一致，为推动全面从严治党向纵深发展凝聚起强大的精神动力。[②]

2. 推进制度建设

推动全面从严治党向纵深发展，需要不断完善党的制度，构建起从严管党治党的长效机制。邓小平同志指出：“制度好可以使坏人无法任意横行，制度不好可以使好人无法充分做好事，甚至会走向反面。”[③] 全面从严治党能否落到实处、产生实效，关键要看制度建设是否科学合理。只有不断织密织牢制度的笼子，让权力始终在制度的轨道上运行，全面从严治党

① 《习近平关于党的群众路线教育活动论述摘编》，党建读物出版社、中央文献出版社，2014，第 37 页。

② 吕进、唐庆：《努力推动全面从严治党向纵深发展》，《人民日报》2017 年 9 月 1 日。

③ 《邓小平文选》第 2 卷，人民出版社，1994，第 333 页。

才能更好向纵深发展。加强党的制度建设，就是要构建以党章为根本、若干配套党内法规为支撑的党内法规制度体系。各级党组织要坚持问题导向，建立发现问题、纠正偏差的有效机制，补齐制度设计和执行中的短板，着力提高制度的科学性、系统性、可操作性和制度执行的严格性、规范性，推动全面从严治党向着更加科学、更加严密、更加有效的方向深入发展。①

3. 强化党内监督

党内监督是党的建设的重要内容，也是推动全面从严治党向纵深发展的关键所在。习近平同志指出，全面从严治党，既需要全方位用劲，也需要重点发力。② 加强和规范党内政治生活、加强党内监督，就是重点发力的抓手。信任不能代替监督，权力得不到有效监督就会出现管党治党不力的问题。加大党内监督力度就是要运用监督执纪“四种形态”，把纪律挺在前面，建立健全党中央统一领导、党委（党组）全面监督、纪律检查机关专责监督、党的工作部门职能监督、党的基层组织日常监督、党员民主监督的党内监督体系，确保党内监督没有禁区、没有例外。坚持、完善和落实民主集中制，把民主基础上的集中和集中指导下的民主有机结合起来，把上级对下级、同级之间以及下级对上级的监督充分运用起来，确保党内监督落到实处、见到实效。坚持实事求是，按照讲党性不讲私情、讲真理不讲面子的原则，深入开展批评和自我批评。各级党组织要切实保障党员民主权利，充分调动党员民主监督积极性，在强化监督执纪问责中推动全面从严治党向纵深发展。③

（四）夺取反腐败斗争压倒性胜利

回顾过去的全面从严治党历程，旗帜之鲜明、态度之坚决、意志品质之顽强，主要体现在三个方面：一是始终站在政治和全局的高度来考量，从厚植党执政的政治基础、确保党和国家长治久安以及实现中华民族伟大复兴的高度来谋划和推进全面从严治党；二是始终把纪律挺在前面，尊崇党章，擦亮纪律，使纪律真正成为“带电的高压线”；三是始终坚持刀刃向内强化自

---

① 吕进、唐庆：《努力推动全面从严治党向纵深发展》，《人民日报》2017 年 9 月 1 日。

② 《习近平关于全面从严治党论述摘编》，中央文献出版社，2016，第 47 页。

③ 吕进、唐庆：《努力推动全面从严治党向纵深发展》，《人民日报》2017 年 9 月 1 日。

我监督，坚定不移推进巡视、派驻全覆盖，保持党内监督利剑高悬。①

1. 反腐败斗争形势依然严峻复杂

反腐败斗争是攻坚战，也是持久战。必须拿出永不停步的恒心和韧劲，在坚持中深化，在深化中坚持，持之以恒、勇毅前行，以坚如磐石的决心把反腐败一抓到底。党的十八大以来，全面从严治党成效卓著，反腐败斗争压倒性态势已经形成并巩固发展。但我们也要冷静清醒地看到，夺取反腐败压倒性胜利，一是不能有差不多了该松口气、歇歇脚的想法，二是不能有打好一仗就一劳永逸的想法，三是不能有见好就收的想法。必须以反腐败永远在路上的坚韧和执着，坚持重遏制、强高压、长震慑，把管党治党的螺丝拧得更紧，使全面从严治党的思路举措更科学、更严密、更有效，推动全面从严治党向纵深发展，营造风清气正的良好政治生态。

党的十八大以来，反腐败斗争取得卓著成效，压倒性态势已经形成并巩固发展。但当前党面临的消极腐败的危险仍然尖锐严峻，"四风"问题树倒根在，防止不正之风反弹回潮任务仍然艰巨，一些腐败分子仍然心存侥幸，不收敛、不收手。面对严峻复杂形势，坚定顽强斗志至关重要，而保持定力更为关键。

党的十八大以来，腐败蔓延势头得到有效遏制，但党风廉政建设和反腐败斗争形势依然严峻复杂，全面从严治党依然任重道远。面对依然严峻复杂的反腐败斗争形势，面对人民群众反腐惩恶的热切期盼，我们唯有以持之以恒的坚韧、坚如磐石的决心，坚决铲除腐败这个最致命的"污染源"，坚决打赢反腐败斗争这场攻坚战，才能不断巩固压倒性态势、夺取压倒性胜利，最终实现河清海晏，朗朗乾坤。

这是运用辩证唯物主义和历史唯物主义的观点和方法，对当前反腐败斗争作出的形势判断和战略部署，体现了辩证思维、清醒坚定和必胜信心。有腐必反、有贪必肃是马克思主义政党的政治逻辑，更是我们党的鲜明立场。严峻复杂的形势是长期形成的，巩固压倒性态势、夺取压倒性胜利也必然要经历从量的积累到质的飞跃。党的十八大以来全面从严治党的实践

① 《巩固压倒性态势夺取压倒性胜利》，中国共产党新闻网，http://theory.people.com.cn/n1/2017/1206/c40531-29688955.html。

为夺取压倒性胜利积累了宝贵经验、创造了有利条件，只要我们坚决贯彻党的十九大部署，久久为功、不懈努力，就一定能够向人民交出夺取压倒性胜利的优异答卷。

2. 实现对所有行使公权力的公职人员监察全覆盖

实现对所有行使公权力的公职人员监察全覆盖，是健全完善权力监督制约体系的必然要求，直接关乎党的执政能力和治国理政科学化水平。

一是要统一监督机关。纪委和监察委实行合署办公，能够有效集中党和国家监督力量，形成国家反腐败工作机构。二是要统一监督对象。既在党内实现对全体党员的监督全覆盖，又在国家层面实现对所有公职人员的监察全覆盖，实现监督无死角、无例外。三是统一监督职能。既坚持挺纪在前，维护党章党规党纪，又调查职务违法犯罪，推动执纪和执法相互贯通。四是统一监督目标。既保证党立党为公、执政为民，又保证国家机关依法履职、秉公用权。

实现对所有行使公权力的公职人员监察全覆盖，是健全完善权力监督制约体系的必然要求。要按照中央部署，深化国家监察体制改革，组建监察委员会，构建集中统一、权威高效的国家监察体系。既强化监督执纪问责，用严明的纪律管住全体党员，又要严格执行法律，依法实施监察，纪法结合，共同发力，相辅相成。要在容易滋生腐败的领域，强力推行公开工作，让权力在阳光下运行。要把党内监督和国家监督、党的纪律检查和国家监察有机统一起来，发挥各种监督的优势。

在我国，党内监督与国家监察既具有高度的内在一致性，又具有深度的互补性，二者相互促进、相得益彰。实现对行使公权力的公职人员监察全覆盖，必须做到党内监督与国家监察相结合，纪律检查机关与国家监察机关相统一。当前，必须扎实有序地推进监察体制改革试点工作，整合反腐败资源力量，做好纪法衔接工作，与纪律检查机关合署办公，尽快构筑起集中统一、权威高效的监察体系，确保如期实现对所有行使公权力的公职人员监督全覆盖。

一是坚持党对反腐败工作的统一领导，建立党统一领导下的国家反腐败工作机构，构建集中统一、权威高效的监察体系，从组织形式、职能定位、决策程序等方面将党对反腐败工作的统一领导具体化，为“监察全覆盖”提供坚强的政治保证。二是实现党内监督和国家监察“一体两面”的优势互补，把纪律检查委员会与监察委员会的职能职责整合起来，使反腐败决策指挥、资源力量、措施手段更加集中统一，形成“监察全覆盖”的体制机制独特优势。三是强化改革后纪检监察机关的自我监督，严格审批程序和内控制度，严防“灯下黑”，带头落实“监察全覆盖”。

不敢腐、不能腐、不想腐，是从强力治标到标本兼治、从外在约束到内在自觉的过程，是对反腐败斗争规律的把握和实践深化，体现了他律与自律、法治与德治、治标与治本的辩证统一，彰显了我们党推进党风廉政建设和反腐败斗争的坚韧和执着。

3. 强化不敢腐的震慑，扎牢不能腐的笼子，增强不想腐的自觉

一是强化不敢腐的震慑，持之以恒正风反腐。反腐败斗争必须坚持无禁区、全覆盖、零容忍，必须坚持重遏制、强高压、长震慑。二是扎牢不能腐的笼子，不断完善制度体系。要把制度建设摆在突出位置，加强对权力运行的监督制约，把权力关进制度的笼子，铲除腐败滋生的土壤，放大不能腐的制度效应。三是增强不想腐的自觉，不断加强党的思想政治建设。要把思想教育放在首位，拧紧“总开关”，补足精神之“钙”，坚定“四个自信”，使不想腐成为广大党员干部的价值取向和理想信念，做到“内无妄思，外无妄动”。

深化标本兼治，实现不敢腐、不能腐、不想腐，是反腐败的根本目标，在党风廉政建设和反腐败工作中处于基础性地位。必须始终坚持治标不放松，更加关注治本，坚决遏制和预防腐败现象。坚持重遏制、强高压、长震慑，对胆敢不收敛、不收手的，重拳出击、严惩不贷。要注重建章立制，进一步编密制度的笼子，使想腐败者无机可乘、无空可钻。要坚持真抓严管，强化制度的刚性约束，充分释放制度的力量，让制度的笼子成为铁笼子。要固本培元，加强思想政治建设，夯实理想信念基础，使党员干部对腐败病毒有强大的免疫力和抵抗力。

在反腐败问题上，我们应始终保持清醒忧患的头脑、坚如磐石的决心，始终保持惩治腐败的高压态势。重点要审查不收敛不收手，问题线索反映集中、群众反映强烈，现在处于重要岗位且可能还要提拔使用的领导干部，三种情况同时具备并且政治腐败和经济腐败相交织的，作为重中之重；加

大惩治群众身边的腐败问题，严肃查处损害群众利益的案件。坚持标本兼治，推进反腐败国家立法，扎牢不能腐的笼子，做到用制度管权管人管事；深化廉政教育，强化警示教育，引导党员干部坚定理想信念，拧紧思想“总开关”，切实构筑起不想腐的堤坝。

一方面，要坚持整体推进，做到辩证施策、综合施策。立体化压缩腐败空间，靠严惩提升腐败成本，靠制度减少腐败机会，靠教育消除腐败动机。另一方面，要坚持问题导向，突出查处重点，释放党的纪律不可触碰的强烈信号，不断减存量、遏增量。围绕强化党的自我监督和群众监督，扎实推进监察体制改革试点，推动构建作风建设长效机制，强化制度执行，努力化风为俗、成为习惯。

习近平指出，“四个全面”的战略布局是从我国发展现实需要中得出来的，是从人民群众的热切期待中得出来的，也是为推动解决我们面临的突出矛盾和问题提出来的。① 落实好全面建成小康社会、全面深化改革、全面依法治国、全面从严治党的战略布局，为实现两个一百年奋斗目标、实现中华民族伟大复兴中国梦提供广泛力量支持。

第三节　贯彻新发展理念

“青山遮不住，毕竟东流去。”深刻的变革不会一帆风顺，不可能一蹴而就，必然会遇到困难和阻力，但中国变革的决心是坚定的，方向是明确的，不会有丝毫动摇。理念是行动的先导，一定的发展实践都是由一定的发展理念引领的。发展理念是否对头，从根本上决定着发展成效乃至成败。实践告诉我们，发展是一个不断变化的进程，发展环境不会一成不变，发展条件不会一成不变，发展理念自然也不会一成不变。②

一　新发展理念是一场深刻变革

（一）新发展理念随时代发展而变革

创新、协调、绿色、开放、共享的发展理念不是凭空得来的，而是在

① 《习近平在同党外人士共迎新春时的讲话》，2015 年 2 月 11 日。

② 《十八大以来重要文献选编》（中），中央文献出版社，2016，第 824～825 页。

深刻总结国内外发展经验教训、分析国内外发展大势的基础上形成的，也是针对我国发展中的突出矛盾和问题提出来的，集中反映了我们党对我国发展规律的新认识。新发展理念，深刻揭示了实现更高质量、更有效率、更加公平、更可持续发展的必由之路，是关系我国发展全局的一场深刻变革。

新发展理念是针对我国经济发展进入新常态、世界经济复苏低迷形势提出的治本之策。当前，世界经济在大调整大变革之中出现了一些新的变化趋势，原有增长模式难以为继，科技创新孕育新的突破。我国发展的环境、条件、任务、要求等都发生了新的变化，我国发展仍处于重要战略机遇期，但战略机遇期的内涵已经发生深刻变化，经济发展进入新常态，转方式、调结构的要求日益迫切。面对这种新变化新情况，再坚持粗放发展模式、简单地追求增长速度，显然行不通，必须确立新发展理念来引领和推动我国经济发展，不断开创经济发展新局面。

新发展理念是针对当前我国发展面临的突出问题和挑战提出来的战略指引。创新，注重的是解决发展动力问题，在国际发展竞争日趋激烈和我国发展动力转换的形势下，只有把发展基点放在创新上，形成促进创新的体制架构，才能塑造更多依靠创新驱动、更多发挥先发优势的引领型发展。协调，注重的是解决发展不平衡问题，只有坚持区域协同、城乡一体、物质文明精神文明并重、经济建设国防建设融合，才能在协调发展中拓宽发展空间，在加强薄弱领域中增强发展后劲。绿色，注重的是解决人与自然和谐问题，只有坚持绿色富国、绿色惠民，为人民提供更多优质生态产品，推动形成绿色发展方式和生活方式，才能协同推进人民富裕、国家富强、中国美丽。开放，注重的是解决发展内外联动问题，只有丰富对外开放内涵，提高对外开放水平，协同推进战略互信、经贸合作、人文交流，才能开创对外开放新局面，形成深度融合的互利合作格局。共享，注重的是解决社会公平正义问题，只有让广大人民群众共享改革发展成果，才能真正体现社会主义制度的优越性。

新发展理念集中反映了我们党对经济社会发展规律认识的深化，是我国发展理论的又一次重大创新。改革开放 40 多年来，我们党总是根据形势和任务的变化，适时提出相应的发展理念和战略，引领和指导发展实践。

从以经济建设为中心、发展是硬道理，到发展是党执政兴国的第一要务，到坚持科学发展、全面协调可持续发展，到坚持五位一体总体布局，每一次发展理念、发展思路的完善和创新，都推动实现了发展的新跨越。党的十八大以来，以习近平同志为核心的党中央着眼新的发展实践，深入推进党的理论创新，在发展目标、发展动力、发展布局、发展保障等方面形成了一系列新理念新思想新战略。新发展理念，体现了对新的发展阶段基本特征的深刻洞悉，体现了对社会主义本质要求和发展方向的科学把握，标志着我们党对经济社会发展规律的认识达到了新的高度，是我国经济社会发展必须长期坚持的重要遵循。

“舟循川则游速，人顺路则不迷。”① 人不能违背规律、改造规律，但人可以认识规律、掌握规律、运用规律。在中国共产党的历史上，与规律为伍的变革必然是深刻的变革，也是伟大的变革，更是给人民带来福祉的变革。五大发展理念是针对我国发展中的突出矛盾和问题提出来的，贯穿着鲜明的问题导向。在实践中发现和解决问题，是我们认识世界、改造世界的重要方法。五大发展理念以问题为牵引，解决我国发展中的突出矛盾和问题。

（二）新发展理念坚持以人民为中心

新发展理念贯穿着以人民为中心的发展思想。以人民为中心的发展思想，不是一个抽象的、玄奥的概念，不能只停留在口头上、止步于思想环境，而要体现在经济社会发展的各个环节。为什么人的问题是一个根本问题、原则问题，新发展理念始终坚持发展为了人民。经过多年持续努力，现在我国经济总量已稳居世界第二，人民生活总体上达到小康水平。但是，发展仍然是解决当代中国所有问题的关键，寄托着 13 亿多人对幸福生活的憧憬。新发展理念坚持问题导向，把发展为了人民作为根本价值指向，不仅要把“蛋糕”做大，还要把“蛋糕”做优，更要把“蛋糕”分好，将实现人民幸福作为发展的出发点和落脚点。我们要把新发展理念作为引领发展的指挥棒，用以谋划发展大局、指导发展实践、检验发展成效，彻底摒弃那些不适应、不适合甚至违背新发展理念的认识和做法，坚决杜绝劳民

① （唐）马总：《意林·唐子》。

伤财的“政绩工程”“形象工程”，以经得起实践、人民和历史检验的发展实绩持续提高人民群众的幸福指数。

新发展理念坚持发展依靠人民。人民群众是历史的创造者，是推动社会变革的决定性力量。习近平同志指出：“人民是创造历史的动力，我们共产党人任何时候都不要忘记这个历史唯物主义最基本的道理。”① 新发展理念深刻地体现了这个历史唯物主义最基本的道理。比如，体现在创新发展上，就是要“聚天下英才而用之”，注重在创新实践中发现人才、培育人才、凝聚人才，推动大众创业、万众创新。再如，体现在协调发展上，就是要坚持全国“一盘棋”思想，统筹各地区、各领域、各行业的资源和力量，充分发挥工人、农民、知识分子、企业家等的作用，共同推动发展。还如，体现在共享发展上，就是要鼓励全体人民敢于有梦、勇于追梦，每个人通过自己的辛勤付出，都能拥有梦想成真的机会，都能合理分享发展成果。一句话，就是要广泛动员和组织人民，汇聚起推动发展的磅礴力量。

新发展理念坚持发展成果由人民共享。人民是发展的主体，也是发展的最大受益者。以新发展理念引领新的发展，就是要坚持发展成果由人民共享，让人民成为发展的最大受益者。当前，我国各领域各行业分配不公问题依然突出，城乡之间、区域之间在收入和公共服务水平上差距依然较大，人民群众对共享发展成果有着强烈期待。为此，我们必须始终坚持以经济建设为中心不动摇，着力把我国发展的总量做大、质量做好，为共享发展提供雄厚的物质文化基础。同时，要根据人人参与、人人尽力、人人享有的原则作出更有效的制度安排，加快形成合理的收入分配格局，推动经济发展和民生改善互促共进。抓住群众最关心最直接最现实的利益问题，着力保障基本民生，在学有所教、劳有所得、病有所医、老有所养、住有所居上持续取得新进展，让全体人民在共建共享中有更多获得感。

树立新发展理念，首先要解决为什么人、由谁享有这个根本问题。党的十八届五中全会首次提出以人民为中心的发展思想，反映了坚持人民主体地位的内在要求，彰显了人民至上的价值取向，确立了新发展理念必须

① 《习近平新时代中国特色社会主义思想的三个向度》，中国共产党新闻网，http://theory.people.com.cn/n1/2018/0508/c40531－29971743.html。

始终坚持的基本原则。要着力践行以人民为中心的发展思想，把实现人民幸福作为发展的目的和归宿，做到发展为了人民、发展依靠人民、发展成果由人民共享。

二　深入理解新发展理念

党的十九大报告指出：“发展是解决我国一切问题的基础和关键，发展必须是科学发展，必须坚定不移贯彻创新、协调、绿色、开放、共享的发展理念。”① 坚持创新发展、协调发展、绿色发展、开放发展、共享发展，是关系我国发展全局的一场深刻变革。五大发展理念建立在我党深刻总结国内外发展经验教训的基础上，建立在深刻分析国内外发展大势的基础上，是党对经济社会发展规律认识的深化，针对我国发展中突出的矛盾和问题。

（一）创新是引领发展的第一动力

习近平同志提出的“五大发展理念”，把创新放在首要位置，指明了我国发展的方向和要求，代表了当今世界的发展潮流，体现了我们党认识把握发展规律的深化。用以创新为首的“五大发展理念”引领时代发展，必将带来我国发展全局的一场深刻变革，为全面建成小康社会、实现中华民族伟大复兴中国梦提供根本遵循、注入强劲动力。

1. 创新发展居于国家发展全局的核心位置

创新立足传统、突破传统，依托现实、推动变革。创新居于国家发展全局的核心位置。习近平同志对创新在我国经济社会发展中的重要地位和作用的崭新概括，具有重大意义。

今日世界，发展面临的最大矛盾仍是供需矛盾，尤其是资源有限性与需求无限性的矛盾。随着人口越来越多，需求越来越大，需求质量要求越来越高，这一矛盾越来越突出。解决这一矛盾的关键在于创新。创新尤其是科技创新成为世界主题、世界潮流、世界趋势。谁都知道创新重要，但究竟重要到什么程度，把它放在什么位置，怎样定位，却见仁见智。把创新放在国家发展全局的核心位置，体现了对人类社会发展规律的深刻认识，

---

① 习近平：《决胜全面建成小康社会　夺取新时代中国特色社会主义伟大胜利——在中国共产党第十九次全国代表大会上的报告》，人民出版社，2017，第21页。

体现了对国家民族发展根本的深刻体认，在我国几千年治国理政思想史上是第一次，在我们党的历史上是第一次，在社会主义发展史上是第一次。放眼今日世界，把创新放在国家发展如此重要位置，放在制定未来五年发展规划理念的首要位置，也是极为少见的。

面对今日世界，只有把创新发展放在我国发展全局的核心位置，才能适应和引领时代发展大势。当今之世，一个国家走在世界发展前列，根本靠创新；一个民族屹立于世界民族之林，根本靠创新。现在，世界范围的新一轮科技革命和产业变革蓄势待发，信息科技、生物科技、新材料技术、新能源技术广泛渗透。世界大国都在积极强化创新部署，如美国实施再工业化战略、德国提出工业 4.0 战略。我国创新底子薄、创新力量相对不足，赶超世界创新大国的难度不小。这种情况下，把创新放在核心位置还是一般位置，结果大不一样。把创新放在发展全局的核心位置，体现了以习近平同志为核心的党中央的坚定决心和历史担当，是党中央在我国发展关键时期作出的重大决策，凝聚的是立足全局、面向全球、聚焦关键、带动整体、持续发展的国家意志和国家战略。把创新放在发展全局的核心位置，就能紧扣世界创新发展脉搏，顺应世界创新发展大势，赶上世界创新发展脚步，从后发到先发、从跟跑到领跑，引领世界创新发展潮流。

现代国家竞争，主要是综合国力竞争，根本是创新能力的竞争。创新兴则国家兴，创新强则国家强，创新久则国家持续强盛。500 年来，世界经济中心几度迁移，但科技创新这个主轴一直在旋转、在发力，支撑着经济发展，引导着社会走向。一些欧美国家抓住蒸汽机革命、电气革命和信息技术革命等重大机遇，跃升为世界大国和世界强国。相形之下，因一次次错过世界科技革命浪潮，我国由全球经济规模最大的国家沦为落后挨打的半殖民地半封建社会。这是历史的教训、民族的悲哀。我们必须充分吸收古今中外的经验教训，立足新的历史起点，面对新的现实挑战，确立创新发展理念，实施创新驱动发展战略。创新已成为决定我国发展前途命运的关键、增强我国经济实力和综合国力的关键、提高我国国际竞争力和国际地位的关键。把创新放在发展全局的核心位置，不仅可以巩固已有发展成果，全面建成小康社会，而且能够推动国家持续健康发展、民族和谐发展，在更好基础、更高层次上，更有信心、更有决心、更有能力实现第二个百年奋斗目标。

立足全局，只有把创新发展放在我国发展全局的核心位置，才能实现认识把握创新规律的新飞跃，促进各项事业向更高层次迈进。理念具有根本性、整体性和长久性，理念变化将带来根本变化、整体变化和长远变化。把创新放在发展全局的核心位置，必然给发展全局带来根本变化、整体变化、长远变化。通观人类社会发展史和中国发展史可知，不仅一直存在创新规律，而且一直受创新规律支配。创新的本质特征在于革故鼎新，在政治上主要是改造旧世界、建设新世界；在经济上主要是提高传统生产要素的效率、创造新的生产要素、形成新的要素组合，为持续发展提供源源不断的内生动力；在思想文化上主要是弘扬传统文化精华、克服传统文化弊端，提出新思想、新观念、新学说、新风尚，创立新体系、新学派、新方法、新文风。把创新放在发展全局的核心位置，让创新贯穿党和国家一切工作，不断推进理论创新、制度创新、科技创新、文化创新等各方面创新，就能使全党对创新规律的认识把握达到新境界，使各行各业对创新规律的认识把握达到新高度，把我国建设成为经济强国、创新大国，进而建成富强民主文明和谐美丽的社会主义现代化强国。

2. 创新是引领发展的第一动力

把创新发展放在国家发展全局的核心位置，是因为创新是引领发展的第一动力。“核心位置”与“第一动力”相辅相成、交相辉映。实施创新驱动发展战略，发挥创新促进经济增长的乘数效应。

党的十八大以来，以习近平同志为核心的党中央毫不动摇坚持和发展中国特色社会主义，勇于实践、善于创新，形成一系列治国理政新理念新思想新战略，为在新的历史条件下深化改革开放、加快推进社会主义现代化提供了科学理论指导和行动指南。习近平同志在党的十八届五中全会上提出的“把创新摆在国家发展全局的核心位置”“把创新作为引领发展的第一动力”等重大论断，是马克思主义创新理论的最新成果，是对“科学技术是第一生产力”重要思想的创造性发展，丰富发展了中国特色社会主义理论宝库。

创新作为引领发展的第一动力，决定我国发展思路、发展方向和发展面貌。创新尤其是全面创新是涉及上层建筑与经济基础、生产关系与生产力的全要素、全系统、全方位的变革。理论创新、制度创新、科技创新、文化创新对经济社会和国家发展全局具有深刻影响、强大推力。思想理论创新属“脑动力”创新，是社会发展和变革的先导，也是各类创新活动的思想灵魂和方法来源。制度创新属“原动力”创新，是持续创新的保障，能够激发各类创新主体活力，也是引领经济社会发展的关键，核心是国家治理创新，推进国家治理体系和治理能力现代化，形成有利于创新发展的体制机制。科技创新属“主动力”创新，是全面创新的重中之重。文化创新本质上是“软实力”创新，培植民族永葆生命力和凝聚力的基础，为各类创新活动提供不竭的精神动力。这四大创新标识出我国发展的创新思路、创新方向。当前，创新发展致力于促进我国发展方式从规模速度型粗放增长转向质量效率型集约增长，经济结构从增量扩能为主转向调整存量、做优增量并举，发展动力从主要依靠资源和低成本劳动力等要素投入转向主要依靠创新驱动。不难想象，这四大创新连同其他方面创新一起“发力”、一起“给力”，我国发展全局会是一个什么样的局面、一个什么样的面貌。

创新作为引领发展的第一动力，决定发展的速度、规模、结构、质量和效益。现代发展的一大特点是，自然资源越用越少，创新要素越用越多。我国经济规模虽然很大，但人口众多、人均自然资源少，走以土地、劳动力、资本等为主导的传统发展之路已行不通，必须依靠创新尤其是科技创新，走创新发展之路，实现可持续发展，才能破解经济社会发展瓶颈，跨越“中等收入陷阱”，避免出现“阿喀琉斯之踵”现象。当前，我国面临经济下行压力，说到底源于创新乏力、创新不足。传统产业改造升级也好，新兴产业培育发展也罢，离开创新都没有出路，都寸步难行。我国经济发展进入新常态，从中低端迈向中高端、创造新常态下的新优势，根本出路在创新。只有创新，才能从根本上解决我国发展不平衡、不协调、不可持续问题，从根本上解决我国发展动力不足、发展方式粗放、产业层次偏低、资源环境约束趋紧等问题；才能增强我国发展能力，加快形成以创新为主要引领和支撑的经济体系和发展模式，为转变经济发展方式、优化经济结构、改善生态环境、提高发展质量和效益开拓广阔空间，推动我国经济社会持续健康发展。

创新作为引领发展的第一动力，决定我国赶超世界先进科技水平的能力和实力。科技创新是国家竞争力的核心，是各类创新中最核心最关键的创新。创新能否成为引领发展的第一动力，关键在科技创新；创新能否解决当前需求无限性与资源有限性的矛盾，持续增加要素有效供给并形成高效组合，不断提高生产力，关键也在科技创新。习近平同志指出："谁牵住了科技创新这个牛鼻子，谁走好了科技创新这步先手棋，谁就能占领先机、赢得优势。"① 现在，我国需要高端技术、核心技术、关键技术，但引不进、买不来，只能靠我们自己创新。《中共中央关于制定国民经济和社会发展第十三个五年规划的建议》指出："在国际发展竞争日趋激烈和我国发展动力转换的形势下，必须把发展基点放在创新上，形成促进创新的体制架构，塑造更多依靠创新驱动、更多发挥先发优势的引领型发展。"② 这两个"更多"、一个"创新驱动"、一个"先发优势"、一个"引领型发展"，成为未来几年创新发展的指标性要求。这就需要依靠创新汇聚融合高端要素，培育我国经济发展新动力；依靠创新培育发展高端产业，构建我国经济发展新优势；依靠创新打造形成创新高地，拓展我国经济发展新空间；加强基础研究，强化原始创新、集成创新和引进消化吸收再创新，树立战略和前沿导向，推动关系发展全局的重大技术突破；强化企业创新主体地位和主导作用，形成一批具有国际竞争力的创新型领军企业，推动跨领域跨行业协同创新，加快政产学研用深度融合；坚持全球视野，推进开放创新，为经济转型升级提供强有力支撑。

3. 让创新在全社会蔚然成风

把创新发展放在国家发展全局的核心位置，发挥创新作为引领发展第一动力的功能作用，归根结底要依靠上下同心、全社会一起努力，推动创新发展在全社会蔚然成风。

树立崇尚创新的发展观。理念引领观念，观念引导行动。树立崇尚创新的发展观，要求我们把认识和行动凝聚到创新发展上，形成抓创新就是抓发展、谋创新就是谋未来的共识。要求政府转变职能，从研发管理向创新服务转变，更加注重抓宏观、抓战略、抓前瞻、抓基础、抓环境、抓监

① 《习近平关于科技创新论述摘编》，中央文献出版社，2016，第26页。

② 《十八大以来重要文献选编》（中），中央文献出版社，2016，第793页。

督，在政策制定、制度安排和资源配置中，把科技创新等作为最重要的战略资源优先考虑；加大投入，提高创新资源的集聚能力和使用效率，发挥财政资金撬动作用，引导社会资源投入创新，形成财政资金、金融资本、社会资本多方投入的新格局，扩大创新创业投资规模。要求强化创新的法治保障，培育公平、开放、透明的市场环境，增强各类市场主体的创新动力，营造有利于创新发展的社会环境。要求各级各类社会组织和我们每一个人摒弃不适应、不适合甚至违背创新发展的思路做法，用创新发展理念解决发展问题、挖掘发展潜力、培植发展优势、开拓发展境界。

把人才作为支撑创新发展的第一资源。创新归根到底是人才创新，创新驱动归根到底是人才驱动，人才是支撑创新发展的第一资源。为此，应推动实施人才强国战略，加快人才结构战略性调整。实施更加开放的创新人才引进政策，更大力度引进急需紧缺人才，聚天下英才而用之。实施更加积极的创新人才引进政策，注重培养一线创新人才和青年科技人才，大力提高全民科学素质。完善人才评价激励机制和服务保障体系，赋予创新领军人才更大的人财物支配权、技术路线决策权，实行以增加知识价值为导向的分配政策，提高科研人员成果转化收益分享比例，让他们充分释放创新发展的才能和潜能。

“让创新在全社会蔚然成风。”① 崇尚创新，国家才有光明前景，社会才能充满活力。创新发展是全民参与、全民推动的宏伟事业。弘扬创新文化，倡导敢为人先、勇于冒尖的创新精神，使创新成为全社会的一种价值导向、一种思维方式、一种生活习惯。激活民间智慧和创造力，激发创新创业活力，推动大众创业、万众创新，鼓励发展众创、众包、众扶、众筹空间，最大程度地释放全社会创新潜力，让一切劳动、知识、技术、管理、资本的活力竞相迸发，形成人人崇尚创新、人人渴望创新、人人皆可创新的社会氛围。中国人民是勤劳勇敢、聪明智慧的，也是富于创新创造精神的，只要心往创新上想、劲往创新上使，什么人间奇迹都能创造出来，全面建成小康社会和中华民族伟大复兴的中国梦必将在亿万人民的创新创造中实现。

---

① 《习近平谈治国理政》第2卷，外文出版社，2017，第198页。

（二）协调是持续健康发展的内在要求

当今中国，处理复杂经济社会关系如同弹钢琴，统筹兼顾各方面发展如同指挥乐队，只有协调，才能奏响全面建成小康社会交响曲、民族伟大复兴进行曲。“五大发展理念”把协调发展放在我国发展全局的重要位置，坚持统筹兼顾、综合平衡，正确处理发展中的重大关系，补齐短板、缩小差距，努力推动形成各区域各领域欣欣向荣、全面发展的景象。协调发展理念是对马克思主义关于协调发展理论的创造性运用，是我们党对经济社会发展规律认识的深化和升华，为理顺发展关系、拓展发展空间、提升发展效能提供了根本遵循。历史必将证明，把握好“五位一体”总体布局，贯彻落实“四个全面”战略布局，做到协调发展，我国发展之路就会越走越宽广。

1. 协调发展促进我国经济社会行稳致远

协调与失衡相对立。历史上，失衡的发展、失衡的体制使一些国家落入“陷阱”、陷入灾难。协调发展理念，是认识把握协调发展规律提出来的，是总结中外经济社会发展经验教训提出来的，是正视我国发展存在的不平衡问题提出来的，目的在于促进我国经济社会行稳致远。

协调发展吸取世界发展经验教训，是避免落入“中等收入陷阱”的有效之举。发展是一个整体、一个系统，需要各方面、各环节、各因素协调联动。需求无限性与供给有限性的矛盾、此消彼长或此强彼弱的矛盾、发展慢与发展快的矛盾长期存在。消弭这些矛盾，既要推进发展，又要搞好协调，实现统筹兼顾、综合平衡。这个世界，各个国家和地区都在求发展、谋发展，但发展从来不可能一蹴而就，发展进程从来不会一帆风顺，总要遇到这样那样的麻烦和陷阱，最棘手的是“中等收入陷阱”。二战结束不久，许多国家和地区进入中等收入发展阶段，协调好的国家和地区跨过了“中等收入陷阱”，协调不好的国家则落入了“中等收入陷阱”，难以进入高收入发展阶段。拉美一些国家已在“中等收入陷阱”里受困挣扎长达数十年。它们除了经济发展停滞不前，还饱受就业困难、贫富分化、社会动荡、腐败多发、贫民窟乱象、公共服务短缺等的困扰。因此，发展均衡与否、协调与否，成为衡量世界各国能否可持续发展的一把尺子、一道杠杠。习近平同志指出，“对中国而言，‘中等收入陷阱’过是肯定要过去的”。[①] 树立协调发展理念，坚持协调发展，是我国跨越“中等收入陷阱”的一大法宝。有了它，就能补短板、强整体、破制约，增强发展的平衡性、包容性、可持续性，促进各区域各领域各方面协同配合、均衡一体发展，为实现“两个一百年”奋斗目标和中华民族伟大复兴的中国梦铺路架桥。

协调发展增强发展整体性，是全面建成小康社会的决胜之举。办成一件事，需要协调；推进一项事业，需要协调；成就一番伟业，更需要协调。协调是成事成功的一大规律、一把“金钥匙”，是全面建成小康社会决战决胜的一大核心理念。当前和今后几年，我们的中心工作是全面建成小康社会。全面小康，重在“全面”，难在“全面”。这个“全面”，既要城市繁荣，也不让农村凋敝；既要东部率先，也要西部开发、中部崛起、东北振兴；既要物质丰裕，也要精神丰富；既要金山银山，也要绿水青山。现在，一些地方存在的只要城市这一头而丢了农村那一头、只有经济增长而无生态改善、只鼓了钱袋子而空了脑瓜子等现象，都不符合全面小康要求，也不是人们理想的幸福生活图景。要“全面”，就得协调。“全面”不是自然形成的，而是协调出来的。协调就得统筹兼顾、注重平衡、保持均势，把分散的部分系统化，把发散的局部功能整体化，把薄弱区域、薄弱领域、薄弱环节补起来，形成平衡发展结构，增强发展后劲。只有牢固树立协调发展理念，坚持协调发展，才能解决我国发展中存在的区域、城乡、物质文明和精神文明、经济建设和国防建设不协调问题，促进新型工业化、信息化、城镇化、农业现代化和绿色化同步发展，在增强国家硬实力的同时提升国家软实力，不断增强发展的整体效能，进而全面建成让人民满意的小康社会。

协调发展彰显发展规律性，是提高把握发展规律能力的科学之举。马克思主义认为，人类社会是一个由各种相互联系、相互制约、相互转化的因素和领域构成的“有机体”，“这里表现出这一切因素间的相互作用，而在这种相互作用中归根到底是经济运动作为必然的东西通过无穷无尽的偶

---

① 习近平：《中国肯定要迈过“中等收入陷阱”》，人民网，http://finance.people.com.cn/n/2014/1111/c1004－26004320.html。

然事件……向前发展”，“这样就有无数互相交错的力量，有无数个力的平行四边形，而由此就产生出一个合力，即历史结果”。[①] 马克思主义关于发展的有机整体论、交互作用论、合力论等，是对人类社会发展规律的科学认识。习近平同志指出，“发展必须是遵循经济规律的科学发展，必须是遵循自然规律的可持续发展，必须是遵循社会规律的包容性发展”[②]，必须“着力提高发展的协调性和平衡性”，强调要遵循经济规律、自然规律、社会规律，实现科学发展、可持续发展、包容性发展。这是对马克思主义人类社会发展规律的深化和具体化，是促进当代经济社会科学发展的创新理论，是当代中国切实管用的协调发展观。我们要以马克思主义为指导，深入学习习近平同志系列重要讲话精神和关于协调发展的重要论述，“向中央基准看齐”，提高认识发展规律和协调发展规律的能力，提高按协调发展规律办事、促进各项事业协调发展的水平。

2. 促进区域、领域、两个文明平衡发展

协调与整体关系密切。协调的范围是整体，协调的方式是发挥整体效能，协调的目的是增强发展的整体性。作为发展理念，协调有其明确内涵和要求，主要是着力解决我国长期存在的发展不平衡问题，促进经济社会持续健康发展，实现整体功能最大化。

协调发展是关系我国发展全局的一场深刻变革，要求按照中国特色社会主义事业总体布局和“四个全面”战略布局，在坚持以经济建设为中心的同时，全面推进经济建设、政治建设、文化建设、社会建设、生态文明建设，促进现代化建设各个方面、各个环节相协调，促进生产关系与生产力、上层建筑与经济基础相协调，做到两点论和重点论相统一。这是坚持唯物辩证法的基本要求，是经济社会持续健康发展的内在要求，也是做好经济社会工作的重要原则。

坚持区域协同、城乡一体发展。协调要求区域平衡，实现区域整体平衡发展。我国国土辽阔，不同地区自然条件不同、资源禀赋各异、历史基

---

① 《马克思恩格斯文集》第 10 卷，人民出版社，2009，第 591 ~592 页。

② 新华社评论员：《引领民族复兴航程的思想灯塔》，新华网，http://www.xinhuanet.com//politics/2016 -05/10/c_1118835757.htm。

础有别，因而长期存在较大发展差距。这就需要统筹东中西、协调南北方，继续实施西部开发、东北振兴、中部崛起、东部率先的区域发展总体战略，重点实施“一带一路”、京津冀协同发展、长江经济带三大战略，加快构建要素有序自由流动、主体功能约束有效、基本公共服务均等、资源环境可承受的区域协调发展新格局，推动区域协调发展。由于长期存在城乡二元结构，我国城乡差距较大，有的地方“城市像欧洲、农村像非洲”，有的地方市民满意、农民失意。这就需要健全城乡发展一体化体制机制，坚持工业反哺农业、城市支持农村，推进城乡要素平等交换、合理配置和基本公共服务均等化，努力实现基本公共服务常住人口全覆盖，促进农业发展、农民增收，提高社会主义新农村建设水平。区域、城乡协调发展了，我国发展就有了崭新的空间布局、合理的利益格局，就会获得广阔发展空间和充足发展后劲。

坚持经济建设与社会建设同步发展、经济建设与国防建设融合发展。协调要求各领域整体平衡，着力推动经济建设与社会建设、经济建设与国防建设等领域的整体平衡。改革开放以来，我国经济快速发展，相形之下，社会建设比较滞后，出现“一条腿长，一条腿短”的问题。在经济发展水平不高的情况下，集中精力把经济搞上去是必要的，但在经济总量做大以后则要注意经济和社会之间的平衡，否则就会出现“中等收入陷阱”“阿喀琉斯之踵”等现象，引发一系列社会矛盾。这就要求在发展经济的同时投入更多的精力和资源做好教育、就业、社会保障、医疗和公共卫生、环境保护等工作，解决人民最关心最直接最现实的利益问题，让全体人民共享发展成果。同时必须看到，维护发展成果需要强大的国防能力、稳定的发展环境。经济建设与国防建设是唇齿相依的两个方面。现阶段坚持以经济建设为中心，不能延缓和抑制国防建设。特别是当今世界还很不安宁，没有强大的国防，就不可能顺利进行经济建设，加强社会建设和维护人民利益也就成为一句空话。这就要求把国防建设深深根植于国家经济社会母体，加快形成全要素、多领域、高效益的军民深度融合发展格局，既使国防建设从经济建设、社会建设中获得更加深厚的物质支撑和发展后劲，也使经济建设、社会建设从国防建设中获得更加有力的安全保障和技术支持。

坚持物质文明和精神文明并重。协调要求“身”“心”系统平衡，大力推动物质文明和精神文明平衡发展，坚持两个文明并重。对于两个文明协调发展，邓小平同志早就提出“两手抓，两手都要硬”，但实际上物质文明这一手抓得比较硬、精神文明这一手抓得比较软的现象还在一定程度上存在。一些地方把 GDP 增长作为硬指标，把丰富人们精神世界作为软约束，在发展中只注重提升经济实力，忽视思想文化建设和社会文明程度提高。这就需要坚持物质文明和精神文明协调发展，两轮驱动、双翼共振，促进“硬实力”和“软实力”一起增强。坚持社会主义先进文化前进方向，加快文化改革发展，加强社会主义精神文明建设，建设社会主义文化强国。加强国际传播能力建设，推动中华文化走出去。历史一再证明，人民有信仰，民族才有希望，国家才有力量。当前，必须坚持用中国梦和社会主义核心价值观凝聚共识、汇聚力量，引导人们坚定道路自信、理论自信、制度自信，团结全国各族人民同呼吸、共命运、心连心，更好建设社会主义现代化强国。

（三）绿色是永续发展的必要条件

“鱼逐水草而居，鸟择良木而栖。”绿色生态是最大财富、最大优势、最大品牌。习近平多次强调，要像保护眼睛一样保护生态环境，像对待生命一样对待生态环境，推动形成绿色发展方式和生活方式。[①] 构筑尊崇自然、绿色发展的生态体系。

1. 关系我国发展全局的科学发展理念

理念作为思想理论的“头”，是规律性认识的凝练与升华。绿色发展理念是马克思主义生态文明理论同我国经济社会发展实际相结合的创新理念，是深刻体现新阶段我国经济社会发展规律的重大理念。

准确把握我国经济社会发展阶段性特征的科学发展理念。科学发展理念是理性反思时代问题得出的科学结论。当今中国，多年经济高速增长铸就了世界第二大经济体的“中国奇迹”，也积累了一系列深层次矛盾和问题。其中，一个突出矛盾和问题是：资源环境承载力逼近极限，高投入、高消耗、高污染的传统发展方式已不可持续。习近平同志强调，单纯依靠刺激政策和政府对经济大规模直接干预的增长，只治标、不治本，而建立

---

① 《习近平谈治国理政》第 2 卷，外文出版社，2017，第 395 页。

在大量资源消耗、环境污染基础上的增长则更难以持久。粗放型发展方式不但使我国能源、资源不堪重负，而且造成大范围雾霾、水体污染、土壤重金属超标等突出环境问题。种种情况表明：全面建成小康社会，最大制约是资源环境，最大“心头之患”也是资源环境。绿色发展理念以人与自然和谐为价值取向，以绿色低碳循环为主要原则，以生态文明建设为基本抓手。绿色发展理念的提出，体现了我们党对我国经济社会发展阶段性特征的科学把握。走绿色低碳循环发展之路，是突破资源环境制约、消除党和人民“心头之患”的必然要求，是调整经济结构、转变发展方式、实现可持续发展的必然选择。

准确把握世界生态文明发展潮流的科学发展理念。科学发展理念是准确把握时代的思想结晶，是时代精神的内核。当今时代，“环球同此凉热”，各国已成为唇齿相依的生态命运共同体。一个时期以来，全球温室气体排放、臭氧层破坏、化学污染、总悬浮颗粒物超标以及生物多样性减少等问题日益严重，全球生态安全遭遇前所未有的威胁。建设生态文明成为发展潮流，成为越来越多国家和人民的共识。我们党对此有着深刻体认。习近平同志指出，“建设生态文明关乎人类未来。国际社会应该携手同行，共谋全球生态文明建设之路”①。以此为认识基点，我们党不但就推进生态文明建设作出系统的顶层设计与具体部署，而且将其上升到党和国家发展战略的高度，鲜明提出绿色发展理念。在这样的高度定位生态文明建设，并将绿色发展作为理念写入发展战略、发展规划，在马克思主义政党史上是第一次，在当今世界各国的执政党中也是少见的，充分体现了我们党作为马克思主义先进政党的胸怀视野，充分彰显了我们党作为负责任大国执政党的使命担当。为维护全球生态安全，我国积极参与国际绿色经济规则和全球可持续发展目标制定，积极参与国际绿色科技交流。在 2015 年召开的气候变化巴黎大会上，习近平同志向与会各国领导人介绍了我国生态文明建设的规划与实践，着重强调绿色发展理念，得到普遍认可和赞誉。

准确把握生态文明建设规律的科学发展理念。科学发展理念建立在深入认识把握发展规律的基础上。党的十八大以来，习近平同志立足推进我

---

① 《习近平谈治国理政》第 2 卷，外文出版社，2017，第 525 页。

国社会主义现代化建设的时代使命，洞悉从工业文明到生态文明跃迁的发展大势和客观规律，就促进人与自然和谐发展提出一系列新思想、新观点、新论断，凝聚形成绿色发展理念，推动了马克思主义生态文明理论在当代中国的创新发展。强调“生态兴则文明兴，生态衰则文明衰”①，科学揭示生态兴衰决定文明兴衰的发展规律，实现了马克思主义生态观的与时俱进；强调“保护生态环境就是保护生产力，改善生态环境就是发展生产力”②，为马克思主义自然生产力理论注入新的时代内涵；强调把生态文明建设放在现代化建设全局的突出地位，融入经济建设、政治建设、文化建设、社会建设各方面和全过程，并从树立生态观念、完善生态制度、维护生态安全、优化生态环境，形成节约资源和保护环境的空间格局、产业结构、生产方式、生活方式等方面，对推进生态文明建设作出系统论述、提出明确要求。在这些规律性认识的基础上，党的十八届五中全会提出“五大发展理念”，成为关系我国发展全局的理念集合体。其中，绿色发展理念与其他四大发展理念相互贯通、相互促进，是我们党关于生态文明建设、社会主义现代化建设规律性认识的最新成果，具有重大意义。

2. 推进绿色发展，建设美丽中国

人类可以利用自然、改造自然，但归根结底是自然的一部分，必须呵护自然，不能凌驾于自然之上。建设绿色家园是人类的共同梦想。绿色发展理念作为我们党科学把握发展规律的创新理念，明确了新形势下完成第一要务的重点领域和有力抓手，为我们党切实担当起新时期执政兴国使命指明了前进方向。

推进绿色富国。富国为强国之基，资源环境为富国之本。绿色发展理念鲜明提出绿色富国的重大命题，彰显了我们党对新时期富国之道的科学把握。绿色低碳循环发展是当今时代科技革命和产业变革的方向，是最有前途的发展领域；节能环保产业是方兴未艾的朝阳产业，我国在这方面潜力巨大，可以形成很多新的经济增长点。推进绿色发展、绿色富国，将促进发展模式从低成本要素投入、高生态环境代价的粗放模式向创新发展和

---

① 《习近平关于全面建成小康社会论述摘编》，中央文献出版社，2016，第164页。

② 《习近平关于全面建成小康社会论述摘编》，中央文献出版社，2016，第163页。

绿色发展双轮驱动模式转变，能源资源利用从低效率、高排放向高效、绿色、安全转型，节能环保产业将实现快速发展，循环经济将进一步推进，产业集群绿色升级进程将进一步加快，绿色、智慧技术将加速扩散和应用，从而推动绿色制造业和绿色服务业兴起，实现“既要金山银山，又要绿水青山”。综合来看，绿色发展已成为我国走新型工业化道路、调整优化经济结构、转变经济发展方式的重要动力，成为推动中国走向富强的有力支撑。

推进绿色惠民。治政之要在于安民，安民必先惠民。绿色发展理念以绿色惠民为基本价值取向，彰显了我们党对新时期惠民之道的深刻认识。习近平同志指出，良好生态环境是最公平的公共产品，是最普惠的民生福祉。生态环境一头连着人民群众生活质量，一头连着社会和谐稳定；保护生态环境就是保障民生，改善生态环境就是改善民生。随着经济社会发展和人民生活水平提高，人们对生态环境的要求越来越高，生态环境质量在幸福指数中的地位不断凸显。但是，当前我国生态环境质量还不尽如人意，成为影响人们生活质量的一块短板。生态环境恶化已成为突出的民生问题，搞不好还可能演变成社会政治问题，“这里面有很大的政治”①。坚持绿色发展、绿色惠民，为人民提供干净的水、清新的空气、安全的食品、优美的环境，关系最广大人民的根本利益，关系中华民族发展的长远利益，是我们党新时期增进民生福祉的科学抉择。

推进绿色生产。绿色生产方式是绿色发展理念的基础支撑、主要载体，直接决定绿色发展的成效和美丽中国的成色，是我们党执政兴国需要解决的重大课题。面对人与自然的突出矛盾和资源环境的制约，只有大幅提高经济绿色化程度，推动形成绿色生产方式，才能走出一条经济增长与碧水蓝天相伴的康庄大道。推动形成绿色生产方式，就是努力构建科技含量高、资源消耗低、环境污染少的产业结构，加快发展绿色产业，形成经济社会发展新的增长点。绿色产业包括环保产业、清洁生产产业、绿色服务业等，致力于提供少污染甚至无污染、有益于人类健康的清洁产品和服务。发展绿色产业，要求尽量避免使用有害原料，减少生产过程中的材料和能源浪费，提高资源利用率，减少废弃物排放量，加强废弃物处理，促进从产品

① 《习近平关于全面深化改革论述摘编》，中央文献出版社，2014，第103页。

设计、生产开发到产品包装、产品分销的整个产业链绿色化，以实现生态系统和经济系统良性循环，实现经济效益、生态效益、社会效益有机统一。

建设美丽中国。“不谋万世者不足谋一时”①。引领执政兴国伟业的发展理念，既立足当下、规划现实蓝图，又着眼长远、勾勒未来规划。习近平同志指出，走向生态文明新时代，建设美丽中国，是实现中华民族伟大复兴的中国梦的重要内容。② 从“盼温饱”到“盼环保”，从“求生存”到“求生态”，绿色正在装点当代中国人的新梦想。绿色发展理念以建设美丽中国为奋斗目标，不仅明确了我国当前发展的重要目标取向，而且丰富了中国梦的美好蓝图。坚持绿色发展、建设美丽中国，为当代中国人和我们的子孙后代留下天蓝、地绿、水清的生产生活环境，是新时期我们党执政兴国的重大责任和使命。为此，我们党提出坚持节约资源和保护环境的基本国策，坚定走生产发展、生活富裕、生态良好的文明发展道路，加快建设资源节约型、环境友好型社会。绿色发展理念的提出和践行，将为建设美丽中国插上腾飞的翅膀，使包含美丽中国这一重要内容的中国梦飞得更高、飞得更远。

3. 绿色发展人人有责、人人共享

乐民之乐者，民亦乐其乐；忧民之忧者，民亦忧其忧。③ 绿色发展理念洞悉发展规律、深察民生福祉、彰显执政担当，是全体人民在发展问题上的“最大公约数”之一。绿色发展人人有责、人人共享，要求我们在价值取向、思维方式、生活方式上实现全面刷新和深刻变革，在身体力行中走向生态文明新时代。

形成绿色价值取向。价值取向决定价值标准和价值选择，是理念的重要组成部分。生态环境保护的成效，归根结底取决于经济结构和经济发展方式。什么是绿色价值取向？习近平同志关于“绿水青山”与“金山银山”关系三个言简意赅的重要论断，对此作了生动阐释和系统说明。“绿水青山就是金山银山”④，强调优美的生态环境就是生产力、就是社会财富，凸显

---

① 《十四大以来重要文献选编》（上），人民出版社，1996，第 332 页。

② 《习近平谈治国理政》，外文出版社，2014，第 211 页。

③ 《十六大以来重要文献选编》（上），中央文献出版社，2005，第 370 页。

④ 《习近平谈治国理政》第 2 卷，外文出版社，2017，第 209 页。

了生态环境在经济社会发展中的重要价值。“既要金山银山，又要绿水青山”①，强调生态环境和经济社会发展相辅相成、不可偏废，要把生态优美和经济增长“双赢”作为科学发展的重要价值标准。“宁要绿水青山，不要金山银山”②，强调绿水青山是比金山银山更基础、更宝贵的财富；当生态环境保护与经济社会发展产生冲突时，必须把保护生态环境作为优先选择。坚持绿色发展，需要我们形成绿色价值取向，正确处理经济发展同生态环境保护的关系，牢固树立保护生态环境就是保护生产力、改善生态环境就是发展生产力的理念，更加自觉地推动绿色发展、低碳发展、循环发展，绝不以牺牲生态环境为代价换取一时的经济增长。

形成绿色思维方式。思维方式是理念的延伸和具体化，直接影响人们对事物的认识、分析和判断，影响人们认识和实践的成效。树立和践行绿色发展理念，要求我们形成绿色思维方式。具体说来，应形成“绿色”问题思维，坚持问题导向，抓住影响绿色发展的关键问题深入分析思考，着力解决生态保护和环境治理中的一系列突出问题；形成“绿色”创新思维，用新方法处理生态文明建设中的新问题，克服先污染后治理、注重末端治理的旧思维；形成“绿色”底线思维，推动经济社会发展既考虑满足当代人的需要，又顾及子孙后代的需要，不突破环境承载能力底线；形成“绿色”法治思维，用法治思维和法治方式谋划绿色发展，以科学立法、严格执法、公正司法、全民守法引领、规范、促进、保障生态文明建设；形成“绿色”系统思维，把生态文明建设放到中国特色社会主义“五位一体”总布局中把握，把绿色发展作为系统工程科学谋划、统筹推进，避免顾此失彼、单兵突进。

形成绿色生活方式。绿色生活方式与我们每个人的生活息息相关，体现我们对绿色发展理念的认同度、践行力，对绿色发展和生态文明的最终实现具有基础意义、关键作用。也就是说，保护环境，人人有责；绿色发展，人人应为。这个“应为”，就是倡导和践行勤俭节约、绿色低碳、文明健康的生活方式与消费模式。推动形成绿色生活方式，需要我们坚持节约

① 《习近平谈治国理政》，外文出版社，2014，第434页。

② 《习近平关于全面建成小康社会论述摘编》，中央文献出版社，2016，第171页。

优先，强化集约意识，在衣、食、住、行、游等方面形成节约集约的行动自觉；倡导环境友好型消费，推广绿色服装、提倡绿色饮食、鼓励绿色居住、普及绿色出行、发展绿色旅游，抵制和反对各种形式的奢侈浪费、不合理消费。促进生活方式绿色化，时时可做、处处可为，大到购买节能与新能源汽车、高能效家电、节水型器具等节能环保产品，小到减少塑料购物袋、餐盒等一次性用品使用，以至随手关灯、拧紧水龙头，都是在践行绿色生活方式和消费理念，都是在为绿色发展作贡献。绿色发展是理念，更是实践，需要坐而谋，更需起而行。只要我们坚持知行合一、从我做起，坚持步步为营、久久为功，就一定能换来蓝天常在、青山常在、绿水常在，就一定能开创社会主义生态文明新时代、赢得中华民族永续发展的美好未来。

（四）开放是国家繁荣发展的必由之路

站在新的历史起点上，习近平同志把开放发展作为引领我国未来发展的“五大发展理念”之一，向世界表明中国开放的大门永远不会关上，中国经济发展将继续为世界带来巨大的正面外溢效应。开放发展理念为提高我国对外开放的质量和发展的内外联动性提供了行动指南，必将进一步拓展实现“两个一百年”奋斗目标的发展道路，进一步拓展实现中华民族伟大复兴中国梦的发展空间，也将进一步拓展世界经济发展空间。习近平同志提出的开放发展理念，准确把握当今世界和我国发展大势，直面我国对外开放中的突出矛盾和问题，体现了我们党对经济社会发展规律认识的深化、对外开放思想的丰富和发展。

开放是国家繁荣发展的必由之路。实践告诉我们，要发展壮大，必须主动顺应经济全球化潮流，坚持对外开放，充分运用人类社会创造的先进科学技术成果和有益管理经验。要看到现在搞开放发展面临的国际国内形势同以往有很大不同，总体上有利因素更多，但也面临更深层次的风险挑战：国际力量对比正在发生前所未有的积极变化，但更加公正合理的国际政治经济秩序的形成依然任重道远；世界经济逐渐走出国际金融危机阴影，但还没有找到全面复苏的新引擎；我国在世界经济和全球治理中的分量迅速上升，但经济大而不强问题依然突出，我国经济实力转化为国际制度性权力依然需要付出艰苦努力；我国对外开放进入引进来和走出去更加均衡的阶段，但支撑高水平开放和大规模走出去的体制和力量仍显薄弱。树立开放发展理念，就必须顺应我国经济深度融入世界经济的趋势，奉行互利共赢的开放战略，坚持内外需协调、进出口平衡、引进来和走出去并重、引资和引技引智并举，发展更高层次的开放型经济，积极参与全球经济治理和公共产品供给，提高我国在全球经济治理中的制度性话语权，构建广泛的利益共同体。

开放发展是准确把握国际国内发展大势的先进理念。近年来，我国对外开放的基础和条件发生深刻变化，对外开放面临新的国际国内形势。从国际看，世界经济进入深度调整期，国际经济合作和竞争格局发生深刻变化，各国既需要携手应对发展问题和经济全球化进程中的各种挑战，又存在抢占科技制高点、整合全球价值链、重构国际经贸规则的激烈竞争。我国已成为世界第二大经济体和世界经济增长的重要引擎，肩负更多的国际责任和期待。同我国在世界经济中扮演的新角色相比，我国对外开放水平总体不够高的矛盾非常突出。只有发展更高层次的开放型经济，才能更好顺应和平、发展、合作、共赢的世界潮流，才能有效应对发达国家再工业化以及 TPP、TTIP 等高标准区域贸易协定谈判带来的挑战。从国内看，我国经济发展进入新常态，表现出速度变化、结构优化、动力转换三大特点，加快经济发展方式转变和提高发展质量效益的任务更加紧迫。引领经济发展新常态，用好内涵发生深刻变化的重要战略机遇期，必须用高水平开放推动高质量发展。开放发展理念正是在深入把握国际国内发展大势的基础上提出来的。它所倡导的对外开放，不是对过去做法的简单重复，而是要以新思路、新举措发展更高水平、更高层次的开放型经济。既立足国内，充分发挥我国资源、市场、制度等优势，又更好利用国际市场，以开放促改革、促发展、促创新，与世界各国互利共赢、共享发展成果。

开放发展是深化认识发展规律的科学理念。习近平同志指出："各国经济，相通则共进，相闭则各退。"① 一语道破世界经济发展规律。开放带来进步、封闭导致落后，这已为古今中外的发展实践所证明。这一发展规律在经济全球化时代表现得尤为明显。第二次世界大战结束后，经济全球化

① 《习近平关于全面深化改革论述摘编》，中央文献出版社，2014，第 130 页。

浪潮风起云涌，生产的国际化程度空前提高，各国经济联系日益紧密。根据世界银行2008年发布的一份报告，全球有13个经济体实现了持续25年以上的高速增长，它们的共同特征就是实行对外开放。我国同样是开放发展的受益者。通过深化改革、扩大开放，我国顺利实现了从贫穷落后大国到世界第二大经济体、第一大货物贸易国的飞跃。开放之所以有如此巨大的威力，是因为它符合以扩大市场、深化分工、发挥优势推动经济发展的规律。特别是在经济全球化深入发展、各国经济加速融合的当今时代，只有打开国门搞建设，把一国发展置于广阔的国际空间来谋划，才能获得推动发展所必需的资金、技术、资源、市场、人才乃至机遇和理念，才能充分发挥比较优势，创造更多社会财富。开放发展理念深刻总结国内外发展经验教训，抓住经济全球化时代发展的关键，是对经济社会发展规律认识的深化。

开放发展理念引领对外开放领域深刻变革。习近平同志提出的开放发展理念，赋予开放发展以富有当今时代特色、顺应世界发展潮流、符合我国发展要求的深刻内涵，必将引发对外开放领域的深刻变革。开放发展带动创新、推动改革、促进发展，是其他四大发展的重要支撑，是联通国内国际的桥梁，是全面深化改革和全面依法治国的动力源和试验场。只有坚持开放发展，才能在国际比较和竞争中推进创新、培养人才，使创新发展获得新动能；才能在开拓国际市场中发挥国内国际经济联动效应，使协调发展获得新空间；才能在主动参与全球可持续发展中促进我国生态文明建设，使绿色发展获得新活力；才能在不断扩大同各国互利合作中实现我国更好发展，使共享发展获得新基础。贯彻落实开放发展理念，我国对外开放必将实现质的提升，迈出建设开放型经济强国的新步伐。开放发展是观念、是体制、是格局，不仅将引领我国外向型经济发展的深刻变革，也将推动我国同世界各国的合作共赢事业。

（五）共享是中国特色社会主义的本质要求

人人共建、人人共享，是经济社会发展的理想状态。习近平同志提出的“五大发展理念”，把共享作为发展的出发点和落脚点，指明发展价值取向，把握科学发展规律，顺应时代发展潮流，是充分体现社会主义本质和共产党宗旨、科学谋划人民福祉和国家长治久安的重要发展理念。以共享发展理念引领我国发展，维护社会公平正义，保障发展为了人民、发展依靠人民、发展成果由人民共享，这对实现更高质量更高水平的发展提出了目标要求和行动准则，必将为全面建成小康社会、实现中华民族伟大复兴的中国梦凝聚最深厚的伟力。

1. 从覆盖人群而言，共享是全民共享

习近平指出，中国梦归根到底是人民的梦。生活在我们伟大祖国和伟大时代的中国人民，共同享有人生出彩的机会，共同享有梦想成真的机会，共同享有同祖国和时代一起成长与进步的机会。[①] 坚持共享发展，就是要坚持发展为了人民，发展依靠人民，发展成果由人民共享，作出更有效的制度安排，着力解决公平正义问题，通过“十三五”规划的实施，使全体人民在共建共享发展中有更多获得感，增强发展动力，增进人民团结，朝着共同富裕方向稳步前进。

全体人民共享改革发展成果，是由我们国家的性质和党的宗旨决定的。习近平同志指出，广大人民群众共享改革发展成果，是社会主义的本质要求，是我们党坚持全心全意为人民服务根本宗旨的重要体现。[②] 首先，全民共享是全体人民都能从改革发展中受益。改革发展搞得成功不成功，最终的判断标准是人民是不是共同享受到了改革发展成果。人民既是抽象的、整体的，又是具体的、分阶层的。全民共享就要使各阶层、各民族、各地区的人民都能享受到改革发展的成果，一个民族也不能少，绝不让一个人掉队。其次，全民共享绝不意味着没有差别。人的智力高低、体力大小、努力程度，以及家庭条件的差异是客观的。在社会主义初级阶段，如果搞没有差别的平均主义“大锅饭”，对于付出更多劳动、更多努力，拥有更多知识、更多资本，创造更多价值，作出更多贡献的人是不公平的，也不符合事物发展规律和社会差别原则。全民共享就是要做到每个公民付出与回报成适当比例，根据付出获得报酬。最后，人民享有的差距不能过大。社会主义不是少数人富起来、大多数人穷下去，绝不能出现“富者累巨万，而贫者食糟糠”的现象。如果人与人享有的差距过大，出现两极分化，既

① 《十八大以来重要文献选编》（上），中央文献出版社，2014，第460页。

② 《习近平谈治国理政》第2卷，外文出版社，2017，第200页。

不符合社会主义原则，又会带来社会不稳、经济发展受损等严重问题。全民共享，就要把贫富差距控制在合理的区间内。

应该看到，改革开放以来，我国经济总量的“蛋糕”在不断做大，各个地区、各个社会群体的收入水平都有了普遍提高，生活都有了明显改善，一部分人、一部分地区实现了率先富裕，但收入差距较大、分配不公平问题比较突出，发展成果共享不够。根据国家统计局的数据，2014 年，农村居民人均可支配收入远低于城镇居民。按照现行扶贫标准，2014 年底全国还有 14 个集中连片特殊困难地区，592 个国家扶贫开发工作重点县，12.8 万个贫困村，2948.5 万个贫困户，7017 万贫困人口，贫困人口超过 500 万的还有贵州、云南、河南、广西、湖南、四川 6 个省区，国家扶贫开发工作重点县农民人均收入还不及全国平均水平的 65%。贫困人口脱贫，成为全面建成小康社会最突出的短板。所以，在共享改革发展成果上，我们还有不少不完善的地方。[①] 必须坚持和完善社会主义基本经济制度和分配制度，深化收入分配制度改革和社会保障制度改革，加大再分配调节力度，在做大“蛋糕”的同时分好“蛋糕”，精准打好脱贫攻坚战，努力缩小城乡、区域、行业收入差距，让全体人民都能享受到改革发展成果，朝着共同富裕的方向稳步前进。

2. 从享受内容而言，共享是全面共享

马克思曾经指出，人们奋斗所争取的一切都同他们的利益有关。[②] 人们所希望和追求的全面共享，既包括物质需求，也包括政治、文化、社会、生态等其他方面的需求。共享发展就要让全体人民共享国家经济、政治、文化、社会、生态各方面建设成果，全面保障人民在各方面的需求，绝不能单纯用人均 GDP 指标或其他什么单一的指标来衡量。

人民所期盼的全面共享不但其内容是全面的，而且是不断变化和提升的。首先是满足物质需求，“就需要吃喝住穿以及其他一些东西。因此第一个历史活动就是生产满足这些需要的资料，即生产物质生活本身”[③]。虽然

① 《准确把握共享发展理念的科学内涵》，《经济日报》2016 年 5 月 5 日。

② 《马克思恩格斯全集》第 1 卷，人民出版社，1995，第 187 页。

③ 《马克思恩格斯文集》第 1 卷，人民出版社，2009，第 531 页。

物质需求始终是人们的第一需求、始终是最重要的获得感，但当人们基本的物质需求得到一定程度的满足之后，就会产生新的更多更高的需求，希望有更多更高层次的获得感。随着改革开放的不断深化与党的惠民政策的不断实施，人民群众的需求是多样化的、动态的、升华的。这种需求与满足需求、获得与满足获得的双向互动，成为不断推动我国社会文明进步的巨大动力。①

社会的发展是全面的发展，人民的需求是全面的需求。发展的全面性和人的需求全面性，决定了人民共享的全面性。从领域来说，全面共享是包括经济、政治、文化、社会、生态等在内的各方面的共享，任何一个方面都不能缺位。有些人一说到共享，就把共享简单等同于共享经济发展成果，这是一种片面的误读。共享经济发展成果，是最重要、最基础的共享，但不是共享的唯一内容。特别是随着社会的发展进步和人民生活水平的提高，人民对政治权利、精神文化、社会保障、生态环境等方面共享的需求更加强烈。这就要求我们统筹推动经济建设、政治建设、文化建设、社会建设和生态文明建设，使各方面协调发展，全面保障人民各方面的合法权益；把人民的关注点变为我们工作的着力点，积极解决人民群众最关心、最直接、最现实的利益问题，在解决住房、就业、教育、食品安全、退休养老、医疗卫生、环境污染等重大现实问题上取得进展，不断提高人民的获得感、满意度和幸福指数。从环节来说，全面共享包括发展权利、发展机会和发展成果的共享。发展权利共享是共享的逻辑起点和先决条件，发展机会共享是共享发展成果的主要内容和关键所在，发展成果共享是共享的重要体现和必然结果。由于复杂的社会历史原因，当前我国不仅存在发展成果共享的不平等，还存在发展权利、发展机会的不平等。比如，人们所处地区不同、家庭出身不同、体制编制不同，在享受教育、就业、社保等方面还存在不少差异。必须本着公平正义原则，不断完善相关制度规定，为每一个人提供平等参与社会发展的权利和机会，实现人生理想和抱负。

3. *从实现途径而言，共享是共建共享*

共建共享原则，深刻体现了社会主义初级阶段的基本特征，体现了公

① 《准确把握共享发展理念的科学内涵》，《经济日报》2016 年 5 月 5 日。

平与效率的统一，是在当前阶段改善民生、向着共同富裕目标稳步前进必须坚持的基本原则。要充分发扬民主，广泛汇聚民智，最大限度激发民力，形成人人参与、人人尽力、人人享有的可喜局面。共享发展的前提是共同建设，没有发展的共享和没有共享的发展都是不现实的，也是不可持续的。

共建共享内含理论引领。党的十八大以来，面对错综复杂的国际形势和艰巨繁重的国内改革发展稳定任务，习近平发表的一系列重要讲话，深刻阐述和回答了新形势下党和国家事业发展的一系列重大理论和现实问题，提出了许多富有创见性的新思想新观点新论断新要求。讲话涉及改革发展稳定、内政外交国防、治国治党治军各个方面，是新的历史条件下我们党治国理政的行动纲领，是我们夺取中国特色社会主义新胜利、实现中华民族伟大复兴中国梦的强大思想武装。党的十八届五中全会提出的创新、协调、绿色、开放、共享的发展理念，凝结着我们党对经济社会发展规律的深入思考，体现了“十三五”乃至更长时期我国的发展路径、发展方向、发展着力点，是助推“十三五”时期全面建成小康社会决胜阶段经济社会发展的科学理念，是我们党的又一重大理论创新成果。坚持共建共享，应以五大发展理念为指导，坚持以经济建设为中心，坚持发展是硬道理的战略思想，变中求新、新中求进、进中突破，推动我国发展不断迈上新台阶。

共建共享内含力量支撑。团结就是力量，全国各族人民大团结的力量，是克服各种困难、战胜危险考验、实现奋斗目标的决定性因素。中国这么大一个国家，就像航行在浩瀚大海中的一艘巨轮，每个人都在这艘巨轮上，都是实现“两个一百年”目标、实现中华民族伟大复兴中国梦的参与者、获得者，应当同舟共济，心往一处想，劲往一处使，用 13 亿多人民的智慧和力量汇集起不可战胜的磅礴力量。共建共享意味着不断优化生产力全要素配置，激发全社会创新创业活力，推动大众创业、万众创新，真正让一切劳动、知识、技术、管理、资本的活力竞相迸发，让一切创造社会财富的源泉充分涌流，让发展的成果更多更公平惠及全体人民。

共建共享内含真抓实干。人间万事出艰辛。面向未来，全面建成小康社会要靠实干，基本实现现代化要靠实干，实现中华民族伟大复兴要靠实干。世界上的事情都是干出来的，不干，再多的期盼都会落空，再美好的梦想也不可能成真。奋斗成就伟业，实干开创未来。我们的国家，我们的民族，从积弱积贫、落后挨打一步步走到今天的繁荣富强，靠的就是一代又一代人的顽强拼搏，靠的就是中华民族自强不息的奋斗精神。我们每一个人既要胸怀理想又要脚踏实地，真抓实干，埋头苦干，把自己的事情做实做好，把改革发展稳定的任务落实好，一步步朝着共建共享的目标前进。尤其是各级领导干部要带头解放思想、实事求是、与时俱进、求真务实，做到谋事要实、做事要实、做人要实，自觉把改革责任扛在肩上、把发展任务抓在手上，出实策、鼓实劲、办实事，善于组织动员群众齐心协力攻坚克难，创造性地开展工作，让人民群众在共建共享发展中有更多获得感。①

4. 从发展进程而言，共享是渐进共享

共享发展是我国社会主义建设的价值追求和既定目标。但罗马不是一天建成的，共享发展是一个从低级到高级、从不均衡到均衡的渐进过程，不可能一步到位、一蹴而就。我国现在仍然处于社会主义初级阶段，生产力发展水平还不高，加上历史遗留问题和自然资源差异等因素，发展不平衡、不协调、不可持续问题还比较突出，共享发展与人民群众的要求和期待相比差距还很大。推进共享发展，必须立足我国经济发展水平低、人口众多、资源短缺等基本国情，作出理性有效可行的政策制度安排。一方面要积极作为，努力合理回应人民群众诉求，落实先富带动后富的庄严承诺，加大对落后地区、低收入群体的投入支持力度，尤其要实施好精准扶贫政策，打好扶贫攻坚战；要打破不合理的行业垄断和地区壁垒，大力推进公共服务均等化，尽力解决当前必须解决和能够解决的共享不均问题。另一方面要脚踏实地，充分考虑各种客观条件和可承受能力，量力而行，循序渐进，分步实施，扎实有序推进各项工作，积小胜为大胜，实现经济社会发展和民生改善的良性循环，防止草率冒进，欲速而不达，或寅吃卯粮，因过度投入而影响经济社会长期发展。同时，要加强舆论引导，既让人民坚定共享发展的信心和决心，又让人民看到共享发展的艰巨性、复杂性，使渐进共享、和谐发展成为共识。

全民共享、全面共享、共建共享、渐进共享，是紧密相关、融会相通

① 《准确把握共享发展理念的科学内涵》，《经济日报》2016 年 5 月 5 日。

的。全民共享是目标，全面共享是内容，共建共享是基础，渐进共享是途径，贯穿的核心是以人民为中心的发展思想，体现的价值是共同富裕和公平正义。

“治天下也，必先公，公则天下平矣。”[①] 只有让发展成果公平共享，全面小康才能凝心聚力；只有让人民幸福安康，中国才能在现代化道路上稳健前行。通过共享发展让发展更有温度、让幸福更有质感，我们就一定能够不断增强发展动力，不断增进人民团结，让13亿多中国人朝着共同富裕目标稳步前进。

三 把新发展理念落到实处

新发展理念要落地生根、变成普遍实践，关键在各级领导干部的认识和行动。习近平强调，党员干部特别是领导干部要提高贯彻新发展理念的能力和水平，成为领导经济社会发展的行家里手。[②]

发展理念管全局、管根本、管方向、管长远。树立和践行五大发展理念，是关系我国发展全局的一场深刻变革，意味着发展思路和发展方式的根本转变，也必然伴随着思想的解放、观念的更新和工作方法的改变。

（一）崇尚创新发展

创新是经济与社会发展的根本动力所在。当今世界，经济社会发展越来越依赖于理论、制度、科技、文化等领域的创新，国际竞争新优势也越来越体现在创新能力上。谁在创新上先行一步，谁就能拥有引领发展的主动权。抓创新就是抓发展，谋创新就是谋未来。抓住了创新，就抓住了牵动经济社会发展全局的“牛鼻子”。我们必须把发展基点放在创新上，通过创新培育发展新动力、塑造更多发挥先发优势的引领型发展，做到人无我有、人有我强、人强我优。

当今世界，人类社会普遍面临的问题是发展动力不足、发展约束条件尤其是资源环境约束条件日益严峻。解决这些发展问题和困难的关键在于

① 《吕氏春秋·贵公》。

② 习近平：《在省部级主要领导干部学习贯彻党的十八届五中全会精神专题研讨班上的讲话》，人民出版社，2016，第36页。

创新。创新尤其是科技创新是国家竞争力的核心，是各类创新中最关键的创新。从全球范围看，新一轮科技革命和产业变革正在孕育兴起，一些重大颠覆性技术创新正在创造新产业新业态，这将对世界经济转型调整产生重大或根本的影响，世界科技革命迅猛发展所推动的产业创新、制度创新等已经开始深刻影响各国综合国力与竞争力的重新排序。从国内看，尽管近年来中国科技进步成就斐然，但我国科技发展水平总体不高，科技对经济社会发展的支撑能力不足，对经济增长的贡献率低于发达国家水平。当前我国经济正处在“三期叠加”、新旧动能转化的过渡期，必须依靠创新发展，加快构建科技含量高、资源消耗低、环境污染少的现代产业体系，加强产业链与创新链有机融合，培育新的增长动力和竞争优势，加快形成以创新为主要引领和支撑的经济体系和发展模式。

创新是一个复杂的社会系统工程，涉及经济社会各个领域。坚持创新发展，既要坚持全面系统的观点，又要抓住关键，以重要领域和关键环节的突破带动全局。首先，要加快改革，形成促进创新的体制架构。进一步优化劳动力、资本、土地、技术、管理等要素配置，推动大众创业、万众创新。其次，要把人才作为支撑创新发展的第一资源，推进人才发展体制和政策创新，突出“高精尖缺”导向，造就一批世界领先水平的科学家、科技人才、工程师和高水平创新团队。再次，要超前谋划、超前部署。紧紧围绕国家重大战略需求，瞄准重要领域的科技创新短板，强化事关发展全局的基础研究和共性关键技术研究，着力攻破关键核心技术，抢占事关长远和全局的科技战略制高点。最后，加快构建科技创新与制造业转型升级的联动机制，促进科技创新成果向现实生产力转化，完善中国制造业创新体系，依靠创新驱动，振兴实体经济，推进中国制造实现由大到强的历史跨越。

（二）注重协调发展

历经改革开放的高速发展，中国正面临着一系列不平衡、不协调、不可持续的问题，突出表现在区域、城乡、经济和社会、物质文明和精神文明、经济建设和国防建设等关系上。因此，各级领导干部要学会运用辩证法，善于“弹钢琴”，处理好局部和全局、当前和长远、重点和非重点的关系，着力推动区域协调发展、城乡协调发展、物质文明和精神文明协调发展。

落实协调发展理念，关键在于牢牢把握中国特色社会主义事业总体布局，正确处理发展中的各种重大关系，增强发展的协调性、整体性和可持续性。当前，我国正处于全面建成小康社会的决战决胜阶段，协调发展意味着要弥补脱贫攻坚的短板和薄弱环节，实现城乡全方位的均衡协调发展，这也是全面建成小康社会的重要内涵。

落实协调发展理念，就要加快健全城乡发展一体化体制机制，健全农村基础设施投入长效机制，推动城镇公共服务向农村延伸，提高社会主义新农村建设水平，努力实现城乡协调发展；要塑造要素有序自由流动、主体功能约束有效、基本公共服务均等、资源环境可承载的区域协调发展新格局，努力实现区域整体平衡发展；要以协调推进“四个全面”实现“五位一体”的总体发展布局，协调推进物质文明和精神文明建设，促进经济社会协调发展，促进新型工业化、信息化、城镇化、农业现代化同步发展，在增强国家硬实力的同时注重提升国家软实力，努力在协调发展中拓宽发展空间，在加强薄弱领域中增强发展后劲，尽快形成协调发展、平衡发展的新格局。

（三）倡导绿色发展

从国际看，西方发达国家工业化过程中先污染后治理的经验教训深刻。从国内看，近几十年来我国经济粗放发展也积累了大量生态环境问题，不仅成为民生之痛，也成为制约未来中国经济社会发展的一大“短板”。可以说，如何在发展中解决好人与自然和谐问题，事关前途命运。

绿水青山就是金山银山。生态环境没有替代品，用之不觉，失之难存。生态文明建设是“五位一体”总体布局和“四个全面”战略布局的重要内容，是实现可持续发展的重要基石，事关经济社会发展全局和人民群众切身利益。我们要坚持节约资源和保护环境的基本国策，像保护眼睛一样保护生态环境，像对待生命一样对待生态环境，推动形成绿色发展方式和生活方式，协同推进人民富裕、国家强盛、中国美丽。

贯彻落实绿色发展理念，就必须正确处理好经济发展与生态环境保护的关系，树立尊重自然、顺应自然、保护自然的生态文明理念，坚定走生产发展、生活富裕、生态良好的文明发展道路。要加快建设若干个生态环境主体功能区、构建科学合理的城市化格局、农业发展格局、生态安全格局、自然岸线格局，实施山水林田湖生态保护和修复工程，开展大规模国土绿化行动，完善天然林保护制度。要大力推动建立绿色低碳循环发展产业体系，推动低碳循环经济发展、全面节约和高效利用资源。要加快完善环境保护立法和严格环境执法，加大环境治理力度、筑牢生态安全屏障。加快建设资源节约型、环境友好型社会，形成人与自然和谐发展现代化建设新格局，大力推进美丽中国建设，为子孙后代留下绿水青山，为全球生态安全作出新贡献。

（四）厚植开放发展

开放带来进步，封闭导致落后，已为世界和中国的发展实践所证明。开放发展是国家繁荣发展的必由之路。正是由于主动顺应经济全球化潮流，坚持对外开放，中国经济社会取得了连续40多年的快速发展。今天的中国，已经与世界紧密融合在一起，中国的发展和世界的发展互为机遇、互为条件、互相促进，中国的开放发展不仅为实现自身的繁荣发展创造条件，也为世界走向共享包容的人类命运共同体贡献力量。今天的世界，因为新兴经济体国家快速发展，国际政治与经济格局正在发生前所未有的变化，中国在世界经济和全球治理中的分量迅速上升，对世界的贡献和影响力日益增加，世界的发展越来越需要中国智慧。总体上看，中国开放发展的大环境，比以往任何时候都更为有利，但中国承担的大国责任、义务和压力，面临的矛盾、风险和挑战也前所未有。

面对新时期复杂多变的国际环境和大国的责任担当，着眼当前形势和未来发展，要不断探索实践，提高把握国内国际两个大局的自觉性和能力，提高对外开放质量和水平。

贯彻落实开放发展理念，就必须实行更加积极主动的开放战略，发展更高层次的开放型经济，坚定不移引进外资和外来技术，坚定不移完善对外开放体制机制；必须推动对外贸易从规模扩张向质量效益提高转变、从成本和价格优势向综合竞争优势转变，促进形成以技术、品牌、质量、服务为核心的出口竞争新优势；坚持把深化沿海开放与扩大内陆和沿边开放结合起来，完善对外开放战略布局，打造陆海内外联动、推进双向开放，加快形成各具特色、优势互补、分工协作、均衡协调的区域开放格局；积极推进“一带一路”建设和人民币国际化进程，积极参与全球经济治理和公共产品供给，提高我国在全球经济治理中的制度性话语权，构建广泛的利益共同体，拓展未来中国发展的战略空间，促进国际经济秩序朝着平等公正、合作共赢的方向发展。

（五）推动共享发展

改革发展搞得成功不成功，最终的判断标准是人民是否共同享受到了改革发展成果。共享理念的实质就是坚持以人民为中心的发展思想，体现的是逐步实现共同富裕的要求。

落实共享发展理念，首先要解决指导思想问题。各级领导干部要牢固树立以人民为中心的思想，在各项工作安排和发展计划中，更加突出人民群众的主体地位，坚持发展为了人民、发展依靠人民、发展成果由人民共享的执政理念，把人民群众的冷暖疾苦时刻装在心上，把人民群众对美好生活的向往当作工作目标，满足人民群众不断增长的经济、政治、文化、社会、生态环境改善等各种需求，这样才能充分调动人民群众的积极性、主动性、创造性，举全民之力推进中国特色社会主义事业，不断把“蛋糕”做大。才能不断增强发展动力，增进人民团结，朝着共同富裕方向稳步前进。

落实共享发展理念，关键在于完善制度，充分保障和发挥人民群众在各方面应该享有的基本权利，把不断做大的“蛋糕”分好，让社会主义制度的优越性得到更充分体现，让人民群众有更多获得感。主要着力点包括：要始终把实现充分就业当作主要工作目标之一，实施更加积极的就业政策，努力创造更多就业岗位，完善创业扶持政策，鼓励以创业带就业；进一步完善收入分配制度改革，持续增加城乡居民收入，扩大中等收入群体，不断缩小收入差距；建立更加公平、稳健、可持续的社会保障制度，促进城镇职工和城乡居民的养老、医疗、失业、工伤、生育保险事业发展，努力实现社会保障体系全覆盖。加大转移支付力度，改革完善社会救助制度，使政策性扶贫助困更加精准及时有效合理。

按照新发展理念推动我国经济社会发展，是当前和今后一个时期我国发展的总要求和大趋势。总之，新发展理念就是指挥棒、红绿灯。要把思想和行动统一到新发展理念上来，崇尚创新、注重协调、倡导绿色、厚植开放、推进共享，努力提高统筹贯彻新发展理念的能力和水平，加快形成落实新发展理念的体制机制。对不适应、不适合甚至违背新发展理念的认识要立即调整，对不适应、不适合甚至违背新发展理念的行为要坚决纠正，对不适应、不适合甚至违背新发展理念的做法要彻底摒弃，切实在增强创新能力、推动发展平衡、改善生态环境、提高开放水平、促进共享发展上取得新突破。

第六章　中国特色社会主义的创新论

不日新者必日退。[①]“创新是一个民族进步的灵魂，是一个国家兴旺发达的不竭动力，也是中华民族最深沉的民族禀赋。在激烈的国际竞争中，惟创新者进，惟创新者强，惟创新者胜。”[②] 创新是推动一个国家、一个民族向前发展的重要力量，也是推动整个人类社会向前发展的重要力量。创新是多方面的，党的十九大报告指出：“中国特色社会主义道路是实现社会主义现代化、创造人民美好生活的必由之路，中国特色社会主义理论体系是指导党和人民实现中华民族伟大复兴的正确理论，中国特色社会主义制度是当代中国发展进步的根本制度保障，中国特色社会主义文化是激励全党全国各族人民奋勇前进的强大精神力量。全党要更加自觉地增强道路自信、理论自信、制度自信、文化自信，既不走封闭僵化的老路，也不走改旗易帜的邪路，保持政治定力，坚持实干兴邦，始终坚持和发展中国特色社会主义。”[③] 新时代中国特色社会主义，再一次开辟了道路创新、理论创新、制度创新、文化创新的新时代。

第一节　道路创新

“治国者，圆不失规，方不失矩，本不失末，为政不失其道，万事可成，其功可保。”[④] 中国特色社会主义道路，既不是对马克思主义经典作家

---

① 《二程遗书》第25卷。

② 《习近平在欧美同学会成立一百周年庆祝大会上的讲话》，《人民日报》2013年10月22日。

③ 习近平：《决胜全面建成小康社会　夺取新时代中国特色社会主义伟大胜利——在中国共产党第十九次全国代表大会上的报告》，人民出版社，2017，第16～17页。

④ （三国）诸葛亮：《便宜十六策·治乱》。

论述的机械运用，也不是对别国发展模式的生搬硬套，既不走封闭僵化的老路，也不走改旗易帜的邪路，而是走党领导全国人民根据我国的国情，遵照社会主义的基本原则独立自主开创出来的一条新路。中国的社会主义现代化道路，是符合当今中国实际的鲜活原版。

一　道路的历史性

（一）道路探索

“鞋子合不合脚，自己穿了才知道。”[①] 道路走得怎么样，最终要靠事实来说话，要由人民来裁判。中华人民共和国成立 70 年特别是改革开放 40 多年来，我国经济实力、综合国力大幅提升，人民生活显著改善，国际地位空前提高，经济总量跃居世界第二，成功实现从低收入国家向中等收入国家的跨越。这样的发展、这样的巨变，在人类发展史上都是罕见的。实践雄辩地证明：中国特色社会主义这条路，走得通、走得对、走得好。

道路问题是关系党的兴衰成败第一位的问题，道路就是党的生命。我们党坚持把马克思主义基本原理同我国具体实际和时代特征相结合，成功开辟了中国特色社会主义道路。这是一条植根于中国大地、反映中国人民意愿、适应中国和时代发展进步要求的道路，是实现“两个一百年”奋斗目标和中华民族伟大复兴的必由之路，是实现我国社会主义现代化和创造人民美好生活的必由之路。道路选择对国家发展、民族振兴和执政党自身建设都至关重要。

习近平强调：站立在九百六十多万平方公里的广袤土地上，吸吮着五千多年中华民族漫长奋斗积累的文化养分，拥有十三亿多中国人民聚合的磅礴之力，我们走中国特色社会主义道路，具有无比广阔的时代舞台，具有无比深厚的历史底蕴，具有无比强大的前进定力。[②] 中国特色社会主义道路是历史的选择、人民的选择。我们的道路自信源于马克思主义的科学理论，源于中国共产党领导中国人民近一个世纪的不懈奋斗，源于革命、建

① 《习近平谈治国理政》，外文出版社，2014，第 273 页。

② 习近平：《决胜全面建成小康社会　夺取新时代中国特色社会主义伟大胜利——在中国共产党第十九次全国代表大会上的报告》，人民出版社，2017，第 70 页。

设、改革的辉煌成就，源于对人类社会发展趋势的深刻把握。把新时代中国特色社会主义推向前进，必须坚定不移走中国特色社会主义道路。

中国特色社会主义道路是伴随着改革开放伟大实践而开创的，也是在中国革命已经取得胜利、新中国已经建立起社会主义基本制度并进行20多年建设的基础上开创的，是在一代又一代共产党人不忘初心、继续前进的接力探索和接续奋斗中坚持和发展的。

我们党从诞生之日起就把实现社会主义、共产主义作为自己的目标。为了实现这个目标，党创造性地把马克思主义基本原理与中国革命具体实践相结合，走出了一条具有中国特色的革命道路，最终夺取了革命胜利，建立了中华人民共和国，实现了中国人民梦寐以求的民族独立、人民解放，为在新中国建立社会主义制度、进行社会主义建设扫清了障碍，为实现国家富强、人民幸福进而实现中华民族伟大复兴提供了根本政治前提。

中华人民共和国成立后的奋斗探索，是承接新民主主义革命胜利成果而开始的新的伟大历史进军。中华人民共和国成立后，以毛泽东同志为核心的党的第一代中央领导集体，领导人民建立和巩固人民民主专政的国家政权，创造性实现了从新民主主义到社会主义的转变，全面确立社会主义基本制度，成功实现了中国历史上最深刻最伟大的社会变革。社会主义基本制度确立以后，如何在中国建设社会主义，是党面临的崭新课题。在党的领导下，我国各族人民意气风发投身社会主义建设，尽管其中经历艰辛坎坷，但我们党取得的积极成果极其宝贵，为新的历史时期开创中国特色社会主义提供了宝贵经验、理论准备、物质基础。

党的十一届三中全会以后，以邓小平同志为核心的党的第二代中央领导集体，重新确立了解放思想、实事求是的思想路线，明确提出走自己的道路，建设有中国特色的社会主义，科学回答了建设中国特色社会主义的一系列基本问题，成功开创了中国特色社会主义。党的十八大以来，以习近平同志为核心的党中央团结带领全国各族人民，紧紧围绕实现“两个一百年”奋斗目标和中华民族伟大复兴的中国梦，举旗定向、谋篇布局、攻坚克难、强基固本，形成了习近平系列重要讲话精神和党中央治国理政新理念新思想新战略，升华了马克思主义发展新境界，开创了党和国家事业发展新局面，续写了中国特色社会主义事业新篇章。

（二）道路旗帜

习近平指出："我们党始终强调，中国特色社会主义，既坚持了科学社会主义基本原则，又根据时代条件赋予其鲜明的中国特色。这就是说，中国特色社会主义是社会主义，不是别的什么主义。"① 一个国家实行什么样的主义，关键要看这个主义能否解决这个国家面临的历史性课题。在中华民族积贫积弱、任人宰割的时期，各种主义和思潮都进行过尝试，资本主义道路没有走通，改良主义、自由主义、社会达尔文主义、无政府主义、实用主义、民粹主义、工团主义等也都"你方唱罢我登场"，但都没能解决中国的前途和命运问题，是马克思列宁主义、毛泽东思想引导中国人民走出了漫漫长夜，建立了新中国，是中国特色社会主义使中国快速发展起来了。

习近平指出，我们能够创造出人类历史上前无古人的发展成就，走出了正确道路是根本原因。② 中国特色社会主义道路之所以能够取得辉煌成就、引领中国发展进步，关键在于既坚持了科学社会主义的基本原则，又结合了我国实际和时代特征。它不是"传统的"，也不是"外来的"，更不是"西化的"，而是"独创的"，是一条人间正道。中国特色社会主义制度遵循科学社会主义的基本原则，是科学社会主义基本原理与中国具体实际相结合产生的、符合中国国情的社会主义制度。中国具有深厚的历史文化底蕴，几千年的文明史是一脉相承、不可割裂的。任何脱离中国历史、脱离中国文化、脱离中国人的精神世界、脱离当代中国深刻变革的"拿来主义"，都不可能适用于中国。

中国特色社会主义道路，既坚持以经济建设为中心，又统筹推进经济建设、政治建设、文化建设、社会建设、生态文明建设以及其他各方面建设。马克思主义认为，生产力的发展是人类社会发展的最终决定力量。③ 我国处于并将长期处于社会主义初级阶段，解放和发展生产力始终是我们党和国家的中心任务，也是中国特色社会主义的根本任务。马克思主义同样

---

① 《十八大以来重要文献选编》（上），中央文献出版社，2014，第109页。

② 《历史是最好的教科书——学习习近平同志关于党的历史的重要论述》，中国共产党新闻网，http://dangshi.people.com.cn/n/2013/0722/c85037-22271795-4.html。

③ 《改革开放三十年重要文献选编》（下），人民出版社，2008，第1361页。

认为，社会主义应该是全面发展的。中国特色社会主义不能是物质文明“一枝独秀”，也应包括民主法制的健全、文化艺术的繁荣、社会的和谐稳定、生态环境的优美等。正确认识和妥善处理中国特色社会主义建设中的重大关系，统筹改革发展稳定、内政外交国防、治党治国治军各方面工作，促进现代化建设各方面协调发展，努力形成经济富裕、政治文明、文化繁荣、社会公平、生态良好的发展格局，是坚持和发展中国特色社会主义的必然要求。

中国特色社会主义道路，既坚持四项基本原则，又坚持改革开放。四项基本原则是立国之本，是我们党和国家生存发展的政治基石。坚持四项基本原则，规定了我国走什么道路，实行什么样的经济和政治制度，由谁来领导和以什么作为指导思想等一系列最根本最重大的原则问题，决定着国家的性质和发展方向，关系着全国各族人民的利益和命运，是中国特色社会主义事业健康发展的根本前提。改革开放是强国之路，是选择中国特色社会主义道路的逻辑起点，又是不断拓展这条道路的动力之源。党的十一届三中全会拉开了当代中国改革开放的序幕，从那时起到现在，改革开放就与中国特色社会主义不可分割地联系在一起，成为中国特色社会主义最鲜明特征和最强大动力，贯穿中国特色社会主义每一步发展进程和每一个发展阶段。这场历史上从未有过的大改革大开放，极大地调动了亿万人民的积极性，成功开启和推进了中国特色社会主义。

中国特色社会主义道路，既不断解放和发展生产力，又逐步实现全体人民共同富裕、促进人的全面发展。共同富裕是中国特色社会主义的根本原则，是中国共产党人始终不渝的奋斗目标。按照马克思、恩格斯的构想，共产主义社会将彻底消除阶级之间、城乡之间、脑力劳动和体力劳动之间的对立和差别，各尽所能、按需分配，每个人自由而全面地发展。实现这一目标，需要一代又一代人持续努力、艰苦奋斗。几十年来，我们持续推进改革，提高经济发展质量和效益，不断满足人民日益增长的物质文化需要；坚持社会主义基本经济制度和分配制度，努力缩小城乡、区域、行业收入分配差距，使发展成果更多更公平惠及全体人民。

（三）道路影响

二战结束后，实现现代化成为人类社会面对的主要课题。由于西方国家走在世界现代化前列，在很长一段时间内掌握着现代化的国际话语权，一些学者认为发展中国家只有按照西方的发展模式、模拟欧美国家的经济起飞路径，才能斩断贫困与落后的因果链条，实现现代化。然而，按照这种理论行事，众多发展中国家并没有取得预想的结果。20 世纪 90 年代以来，世界现代化进程经历了一系列重大事件，进一步冲击了西方现代化理论。一些移植欧美道路的国家在金融风暴冲击下陷入发展陷阱，西方发达国家屡遭发展危机，西方现代化理论的解释力持续下降。这雄辩地说明，企图建立单一文明的一统天下，只是一种不切实际的幻想。

世界各国实现现代化的条件和路径有其自身的特殊性，一个国家的发展道路合不合适，只有这个国家的人民最有发言权。历史和现实证明，只有社会主义才能救中国，只有中国特色社会主义才能发展中国。当代中国的现代化道路“不可能找到现成的教科书”①。独特的文化传统，独特的历史命运，独特的基本国情，注定中国必然要走适合自己特点的发展道路。在现代化道路上我们靠中国特色社会主义创造了中国奇迹，打破了所谓“现代化就是西方化”的错误认知；用和平发展的中国方案，打破了西方“国强必霸”的强权逻辑，彰显了现代化道路中国逻辑的强大生命力和亲和力。

习近平指出：“正像我们不能要求所有花朵都变成紫罗兰这一种花，我们也不能要求有着不同文化传统、历史遭遇、现实国情的国家都采用同一种发展模式。”② 同时，中国高度重视加强同世界各国各地区之间的文明交流互鉴。随着中国的发展壮大，国际社会日益期待听到中国声音、看到中国方案，国际问题处理越来越需要中国的参与、引领和示范。中国坚持从本国实际出发选择适合自己国情的发展道路，在战胜贫困等重大问题上的观点、方法和经验对于解决人类社会面临的共同问题具有重要借鉴意义。正如习近平同志所说：“解决好民族性问题，就有更强能力去解决世界性问题；把中国实践总结好，就有更强能力为解决世界性问题提供思路和办法。这是由特殊性到普遍性的发展规律。”③ 这是对中国现代化道路世界意义的

① 《习近平谈治国理政》第 2 卷，外文出版社，2017，第 344 页。
② 《习近平谈治国理政》，外文出版社，2014，第 315 页。
③ 《习近平谈治国理政》，外文出版社，2014，第 340 页。

科学诠释。

二　道路的必然性

中国特色社会主义道路来之不易，是在改革开放40多年的伟大实践中走出来的，是在中华人民共和国成立70年的持续探索中走出来的，是在对近代以来170多年的发展历程的深刻总结中走出来的，是在对中华民族5000多年文明传承中走出来的，具有深厚的历史渊源和广泛的现实基础。中国特色社会主义道路，承载着几代共产党人的理想和探索，寄托着无数仁人志士的意愿和期盼，凝聚着全国人民的奋斗和实践，是历史和人民的选择。正如党的十九大报告指出："我们走中国特色社会主义道路，具有无比广阔的时代舞台，具有无比深厚的历史底蕴，具有无比强大的前进定力。"①

（一）历史的必然选择

中华民族的兴衰起落，足以见证正确道路的磅礴伟力。中国具有5000多年悠久历史，曾经是长期走在世界前列的文明大国，但在近代沦为备受欺凌的半殖民地半封建社会。究其原因，主要是清政府政治腐败，没有顺应时代发展变化、跟上时代发展步伐，没有选择一条民族发展的正确道路。近代以来，各种政治力量为了中华民族的复兴虽然也进行过努力和探索，既有励精图治、变革自强，也有武装起义、流血牺牲，但最终都失败了，都未能挽救民族危亡、改变中国命运。客观分析其原因，不是在历史转折关头没有进行探索和奋争，而是没能找到一条可以实现民族复兴的正确道路。

1917年，俄国十月革命一声炮响，给中国送来了马克思列宁主义。以毛泽东同志为主要代表的中国共产党人，坚定选择以马克思列宁主义科学理论为指导，团结带领中国人民找到了一条农村包围城市、武装夺取政权的正确革命道路，经过28年浴血奋战，取得了新民主主义革命胜利。也正是因为选择了这一正确道路，我们党才由小到大、由弱到强，从胜利走向胜利，最终打败外来侵略者，推翻国内反动统治，彻底结束了旧中国落后挨打的耻辱历史，实现了中国从几千年封建专制政治向人民民主的伟大飞

① 习近平：《决胜全面建成小康社会　夺取新时代中国特色社会主义伟大胜利——在中国共产党第十九次全国代表大会上的报告》，人民出版社，2017，第70页。

跃。中华人民共和国成立后，党团结带领人民完成社会主义革命，确立社会主义基本制度，推进社会主义建设，完成了中华民族有史以来最为广泛而深刻的社会变革，为当代中国一切发展进步奠定了根本政治前提和制度基础，实现了中华民族由近代不断衰落到根本扭转命运、持续走向繁荣富强的伟大飞跃。党的十一届三中全会以来，我们党又团结带领人民进行改革开放新的伟大革命，坚持走自己的路，破除阻碍国家和民族发展的一切思想和体制障碍，开辟了中国特色社会主义道路，使中国大踏步赶上时代。中国特色社会主义事业是我们为之奋斗的宏伟事业。邓小平最伟大的历史功勋就是开创了中国特色社会主义事业，把马克思主义与中国改革开放相结合，创造性地书写了中国特色社会主义理论体系的第一篇——邓小平理论。而其中最根本的思想就是："问题是什么是社会主义，如何建设社会主义。我们的经验教训有许多条，最重要的一条，就是要搞清楚这个问题。"①邓小平强调开创中国特色社会主义理论体系所要搞清楚的首要的、基本的问题，就是什么是社会主义，如何建设社会主义。我们要坚定不移地走社会主义道路，更要在了解本国实际的基础上坚定地创新对科学社会主义的认识，中国特色社会主义伟大事业的胜利推进，正是建立在邓小平对社会主义重新进行科学认识和反思的基础之上。40 多年来，中国取得举世瞩目的发展成就，一个约占全世界人口 1/5 的大国，经济连续 40 多年快速增长。经济总量已稳居世界第二，对世界经济增长贡献率超过 30%，贫困人口大幅度减少，政治和社会保持长期稳定。所有这一切都告诉世人，中国特色社会主义道路是历史的必然选择，具有无比强大的生命力。

（二）人民的必然选择

道路选择是艰辛探索的过程，中国特色社会主义道路是我们党和人民历经千辛万苦、付出巨大代价乃至无数生命换来的。历史从不辜负正确道路的选择者、开拓者、捍卫者。历史和人民选择了中国共产党及其领导的社会主义事业，中国共产党始终秉持为人民服务的根本宗旨，以不断创造彪炳史册的辉煌业绩回报历史和人民，也因此深得民心。

党的十一届三中全会以来，以邓小平同志为核心的党的第二代中央领

① 《邓小平文选》第 3 卷，人民出版社，1993，第 116 页。

导集体带领全党全国各族人民在总结我国早期社会主义建设经验教训的基础上，开创了中国特色社会主义道路。既坚持了科学社会主义的基本原则，又从我国实际出发，赋予其鲜明的中国特色；既充分吸收了人类文明的优秀成果，又立足于中国现实，立足于我国社会主义建设的长期实践。这是一条能解决我国问题的唯一正确道路，也是一条实现中华民族伟大复兴的唯一正确道路。所以，邓小平在党的第十二次全国代表大会开幕词中郑重指出："把马克思主义的普遍真理同我国的具体实际结合起来，走自己的道路，建设有中国特色的社会主义，这就是我们总结长期历史经验得出的基本结论。"① 2017 年党的十九大召开，习近平同志再一次指出：中国共产党人的初心和使命，就是为中国人民谋幸福，为中华民族谋复兴。这个初心和使命是激励中国共产党人不断前进的根本动力。② 近百年来，是中国共产党一次次深刻改变了近代以后中华民族发展的方向和进程，改变了中国人民和中华民族的前途命运，创造了中华民族发展史上前所未有的辉煌业绩。我们党开辟中国特色社会主义道路，目的就是为中国人民谋幸福、为中华民族谋复兴。改革开放以来，人民的获得感、幸福感不断提升，中国特色社会主义道路得到人民的高度认同。人民的参与、人民的高度认可和衷心拥护，是中国特色社会主义道路自信最深厚最宝贵最强大的力量所在。中国特色社会主义进入新时代后，我们党仍将牢牢坚持党的基本路线这个党和国家的生命线、人民的幸福线，领导和团结全国各族人民，以经济建设为中心，坚持四项基本原则，坚持改革开放，自力更生，艰苦创业，为把我国建设成为富强民主文明和谐美丽的社会主义现代化强国而奋斗。

（三）新时代的必然选择

找到一条好的道路不容易，走好这条道路更不容易。过去，我们照搬过本本，也模仿过别人，有过迷茫，也有过挫折，一次次碰壁、一次次觉醒，一次次实践、一次次突破，最终走出了一条中国特色社会主义成功之路。现在，有些人议论这个道路、那个道路，有的想拉回到老路上，有的

① 《邓小平文选》第 3 卷，人民出版社，1993，第 3 页。

② 习近平：《决胜全面建成小康社会 夺取新时代中国特色社会主义伟大胜利——在中国共产党第十九次全国代表大会上的报告》，人民出版社，2017，第 1 页。

想引到邪路上去，有的是思想认识误区，有的是别有用心。中国特色社会主义这条道路，我们看准了、认定了，必须坚定不移走下去。

中国特色社会主义道路来之不易，需要倍加珍惜。历史和现实都证明，选择道路难，坚持和发展道路更难。选择正确道路后，还要保证道路不偏离、不变形、不走样。今天，我国发展正处于新的历史方位，中国特色社会主义进入了新时代。夺取新时代中国特色社会主义伟大胜利，必须坚定不移走中国特色社会主义道路。

党的十八大以来，习近平同志高度重视中国特色社会主义道路自信问题。他强调"实现中国梦，必须坚持中国特色社会主义道路"①，"中国共产党领导中国人民开辟的中国特色社会主义道路是正确的，必须长期坚持、永不动摇"②，"坚持独立自主，就要坚定不移走中国特色社会主义道路，既不走封闭僵化的老路，也不走改旗易帜的邪路"③。进入新时代，中国共产党人的历史使命光荣而艰巨，我们党执政面临的考验和挑战依然复杂严峻。在把新时代中国特色社会主义推向前进的过程中，难免会出现一些企图动摇我们道路自信的错误思想和言论，妄图使我们走老路或者邪路。我们必须深刻认识到，老路的根本特征就是封闭僵化，走老路必然排斥新路，排斥改革开放。邪路的根本特征是违背初心、偏离方向，忘记为什么而出发，其结果必然走上改变社会主义性质、社会主义方向的错路。走老路、走邪路的代价是惨重的，甚至会亡党亡国。我们必须深刻认识到，在新时代要有效应对重大挑战、抵御重大风险、克服重大阻力、解决重大矛盾，进行具有许多新的历史特点的伟大斗争，必须坚定不移走中国特色社会主义道路，除此之外没有别的道路可以选择。党的十九大的主题是：不忘初心，牢记使命，高举中国特色社会主义伟大旗帜，决胜全面建成小康社会，夺取新时代中国特色社会主义伟大胜利，为实现中华民族伟大复兴的中国梦不懈奋斗。④ 这是对坚定不移走中国特色社会主义道路的郑重宣示。

---

① 《习近平谈治国理政》，外文出版社，2014，第56页。

② 习近平：《在庆祝中国共产党成立95周年大会上的讲话》，人民出版社，2016，第5页。

③ 《习近平谈治国理政》，外文出版社，2014，第30页。

④ 习近平：《决胜全面建成小康社会　夺取新时代中国特色社会主义伟大胜利——在中国共产党第十九次全国代表大会上的报告》，人民出版社，2017，第1页。

（四）实现中国梦的必然选择

习近平同志指出，中国特色社会主义进入新时代，意味着近代以来久经磨难的中华民族迎来了从站起来、富起来到强起来的伟大飞跃，迎来了实现中华民族伟大复兴的光明前景。[①] 实现中华民族伟大复兴的中国梦，必须坚定不移走中国特色社会主义道路。

历史经验表明，坚持和拓展正确道路，一个国家和民族就会昌盛兴旺；放弃和背离正确道路，一个国家和民族就会凋敝衰败。苏联曾因选择社会主义道路，国力强大、人民团结、兴盛一时。然而，就是这样一个强大的国家，由于未能根据国情、民情、世情与时俱进发展和完善社会主义道路，在复杂的斗争中最终没有能够坚守住自己的道路，偌大的一个国家因改旗易帜、放弃赖以生存发展的社会主义道路而轰然崩塌。历史是最好的教科书，让我们变得成熟智慧；历史是最好的营养剂、清醒剂，让我们警醒坚定。今天，我们正迎来实现中华民族伟大复兴的光明前景。从现在到 2020 年，是全面建成小康社会决胜期。全面建成小康社会、实现第一个百年奋斗目标后，我们将进入全面建设社会主义现代化国家新征程，向第二个百年奋斗目标进军。习近平同志在党的十九大报告中指出，综合分析国际国内形势和我国发展条件，从 2020 年到 21 世纪中叶可以分两个阶段来安排。第一个阶段，从 2020 年到 2035 年，在全面建成小康社会的基础上，再奋斗 15 年，基本实现社会主义现代化；第二个阶段，从 2035 年到 21 世纪中叶，在基本实现现代化的基础上，再奋斗 15 年，把我国建成富强民主文明和谐美丽的社会主义现代化强国。到那时，中华民族将以更加昂扬的姿态屹立于世界民族之林。[②] 今天，我们比历史上任何时期都更接近、更有信心和能力实现中华民族伟大复兴的目标，而中国特色社会主义道路就是通向中华民族伟大复兴的必由之路。我们完全有理由坚信，在中国共产党坚强领导下，在马克思主义科学理论真理光芒照耀下，中国特色社会主义道路必将不断拓展和完善，我们党必将克服一切艰难险阻，解决前进中遇到的任何

---

① 习近平：《决胜全面建成小康社会 夺取新时代中国特色社会主义伟大胜利——在中国共产党第十九次全国代表大会上的报告》，人民出版社，2017，第 10 页。

② 参见习近平《决胜全面建成小康社会 夺取新时代中国特色社会主义伟大胜利——在中国共产党第十九次全国代表大会上的报告》，人民出版社，2017。

问题，实现中华民族伟大复兴的中国梦。

坚持中国道路是实现中华民族伟大复兴的中国梦的根本途径，而中国梦集中展现了中国道路的宏伟愿景，其实现要求我们坚持走中国道路。改革开放40年我国社会主义所取得的举世瞩目的成就，并没有因为发生东欧剧变、苏联解体，世界社会主义运动处于低潮而受到大的影响，相反，我们的经济建设继续蓬勃发展，国内生产总值稳居世界第二，人民生活水平更加富裕。这充分说明，中国特色社会主义道路是迄今为止最符合我国广大人民利益和要求的道路。在未来新的战略征程中，要实现中华民族伟大复兴的中国梦，实现社会主义现代化强国，创造人民美好生活，中国特色社会主义道路仍然是必由之路。

近代以来的实践证明，中国不能全盘照搬别国的政治制度和发展模式，否则的话不仅会水土不服，而且会带来灾难性后果。中华人民共和国成立后，我们党立足中国国情，遵从人民意愿，以民主集中制为原则，着眼于最大限度调动各方面的资源和力量。既没有照搬西方的选举制度，也没有采用议会制，而是吸收传统政治参与的优长，顺应人民对民主权利的现实要求，选择了人民代表大会制度；既没有照搬西方的多党竞争制，也没有采用一些国家实行的一党制，而是结合中国社会政治运行与发展的特点和统一战线的历史经验与政治共识，创造性地实行中国共产党领导的多党合作和政治协商制度；既没有照搬民主共和国联邦制度，也没有采用会导致民族分裂的民族自决，而是结合中国集中统一多民族国家的历史、民族杂居合作互助的传统，实行体现民族平等、让各民族得到发展进步的民族区域自治制度。以这些制度为保障，我国实现了经济社会快速发展，全体人民共享国家经济社会发展成果。

事实证明，在中国的社会土壤中生长起来的这套制度安排，能够在中国共产党的领导下，有效保障人民当家作主、行使民主权利，有效凝聚各方、形成安定团结的政治局面，有效促进生产力的解放和发展、增进人民福祉，有效维护国家主权独立、推进民族复兴大业。中国开辟的以民族复兴为目标的社会主义现代化道路，超越了西方现代化模式，打破了发展中国家对西方现代化的路径依赖。今天中国实现的发展奇迹，用最直接、最可信的方式告诉世人：中国特色社会主义制度是植根于中国大地、反映人民意愿、不断为人民造福、适应时代要求的科学社会主义，它能够得到全体人民的拥护和支持，具有强大生命力和显著优越性。

三 道路的时代性

（一）道路是坚持党的领导之路

中国共产党是中国的执政党，办好中国的事情关键在党。中国特色社会主义道路的探索、坚持和发展，中国特色社会主义道路效率、优势与特色的彰显，与中国共产党的领导密不可分。具体而言，中国共产党是方向的引领者，中国特色社会主义道路之所以能坚持科学社会主义理论逻辑和中国社会发展历史逻辑的辩证统一，没有偏离社会主义的轨道，关键在于中国共产党的领导；中国共产党是目标的确立者，“三步走”“两个一百年”“两阶段”“中国梦”等发展目标的确立，彰显了中国共产党的战略眼光；中国共产党是实践的推动者，通过发挥总揽全局、协调各方的作用，有效化解中国特色社会主义实践面临的各种矛盾，推动中国特色社会主义实践向前发展。正因为如此，党代会报告在界定中国特色社会主义道路内涵时，均突出“在中国共产党领导下”这一点，以彰显中国特色社会主义道路的本质。习近平同志多次强调，“中国特色社会主义最本质的特征就是坚持中国共产党的领导，中国的事情要办好首先中国共产党的事情要办好”。[①] 坚持中国共产党的领导是中国特色社会主义道路的本质，也是中国特色社会主义道路取得成功的根本原因。

（二）道路是现代化之路

现代化是任何国家和民族必经的发展过程，中国自然也不例外。邓小平是中国特色社会主义道路的总设计师，依据邓小平“三步走”的战略构想，第三步的目标是到21世纪中叶，实现中国的现代化。这是社会主义初级阶段中国特色社会主义道路的发展指向。习近平同志强调，“中国特色社会主义道路，是实现我国社会主义现代化的必由之路”[②]。这就进一步表明

---

① 《习近平总书记重要讲话文章选编》，中央文献出版社、党建读物出版社，2016，第155～156页。

② 《习近平谈治国理政》，外文出版社，2014，第9页。

了中国特色社会主义道路的现代化本质。同时，现代化是全方位的社会变革与社会转型，经济发展、政治民主、文化繁荣、社会和谐、生态良好、人的全面发展，都是现代化的题中应有之义。将中国特色社会主义道路界定为中国现代化之路，能涵盖中国特色社会主义道路的丰富内涵。党的十九大报告将2020年到21世纪中叶的奋斗目标，分解为基本实现社会主义现代化、建成富强民主文明和谐美丽的社会主义现代化强国，彰显了中国特色社会主义道路的现代化追求。事实上，中国特色社会主义道路是为实现中国现代化而创设的，中国特色社会主义道路的内涵和归宿指向中国的现代化，中国特色社会主义道路的实践也致力于实现中国的现代化。将中国特色社会主义道路归结为中国现代化之路，既符合中国特色社会主义道路设计的本意，也反映了中国特色社会主义道路的实践。

"四个全面"战略布局是中国特色社会主义道路的拓展和延伸，是中国特色社会主义道路内涵的有机组成部分。"四个全面"战略布局的每一个"全面"，就其指向来说，都与现代化紧密相连。全面建成小康社会是中国现代化的重要步骤，为基本实现现代化奠定基础；全面深化改革的目标是实现国家治理能力与治理体系的现代化；全面依法治国是国家治理现代化的重要支撑；全面从严治党是实现中国现代化的根本保障。"四个全面"战略布局的核心和主旨是推进中国的现代化，提升现代化的程度和水平。"四个全面"战略布局的提出和实施，进一步说明中国特色社会主义道路是中国的现代化之路。

（三）道路是市场经济之路

中国特色社会主义道路的核心突破，就是成功实现了社会主义与市场经济的有机结合，破解了社会主义资源配置方式这一最大难题。以往社会主义建设实践中，囿于意识形态，将市场经济与资本主义简单等同起来，认为资本主义使用的东西，社会主义不能引入，将市场经济这一人类资源配置方式的创造弃而不用、避而不谈，认定市场经济 = 资本主义、计划经济 = 社会主义。早在1979年11月，邓小平与外宾谈话时就表示："说市场经济只存在于资本主义社会，只有资本主义的市场经济，这肯定是不正确的。社会主义为什么不可以搞市场经济，这个不能说是资本主义。我们是计划经济为主，也结合市场经济，但这是社会主义的市场经济。”① 虽然这种观点在当时未能付诸实践，但引发了全社会的思考。经过改革开放后的冷静观察和实践探索，邓小平进一步提出：“计划多一点还是市场多一点，不是社会主义与资本主义的本质区别。计划经济不等于社会主义，资本主义也有计划；市场经济不等于资本主义，社会主义也有市场。计划和市场都是经济手段。”② 这一精辟论断，从根本上解除了传统的思想束缚，进而确立了社会主义市场经济体制的改革目标，解决了社会主义资源配置方式的难题。

将社会主义市场经济提升到中国特色社会主义道路的本质来认识，其依据在于以下几点。第一，社会主义市场经济涵盖了党代会报告关于中国特色社会主义道路内涵表述中“坚持改革开放”“以经济建设为中心”“解放和发展社会生产力”“立足基本国情”等内容。社会主义市场经济体制的确立既是改革开放的集中体现，也是改革开放的最大成果；既凸显了以经济建设为中心的理念，也促进了生产力的解放和发展；既符合社会主义初级阶段的基本国情，也体现了基本国情对于经济体制选择的规约作用。第二，社会主义市场经济对于民主政治、先进文化、和谐社会、生态文明、人的全面发展具有牵引作用。正是由于社会主义市场经济体制的建立及市场经济体制运行需要多方面的条件与支撑，促进了与之相适应的民主政治、先进文化发展与和谐社会、生态文明建设，促进了人的全面发展。第三，社会主义市场经济体制的建立和运行，政治基础是“坚持四项基本原则”，这是社会主义与市场经济结合的内在依据，也是社会主义市场经济与资本主义市场经济的本质区别。正是由于中国政府对市场经济的有效调控，社会主义市场经济才得以顺畅运行，避免了资本主义市场经济的弊端。将社会主义市场经济归结为中国特色社会主义道路的本质，既彰显了中国特色社会主义道路的核心突破，又揭示了中国特色社会主义道路的内在机理，也有助于国际社会对中国市场经济地位的承认。

（四）道路是协调发展之路

如前所述，中国特色社会主义道路蕴含经济建设、政治建设、文化建

① 《邓小平文选》第2卷，人民出版社，1993，第236页。

② 《邓小平文选》第3卷，人民出版社，1993，第373页。

设、社会建设、生态文明建设五位一体的总体布局理念，其中经济建设是中心，政治建设是保障，文化建设是灵魂，社会建设是条件，生态文明建设是基础。正因为如此，协调发展、绿色发展成为新发展理念的重要内容。党的十九大报告关于我国社会主要矛盾的表述，也是致力于解决发展不平衡不充分的问题。同时，中国特色社会主义道路追求经济社会发展与人的全面发展同步，通过经济社会的发展促进人的全面发展。中国特色社会主义道路使人的全面发展成为可能和现实，人的全面发展也是中国特色社会主义道路的追求。再者，中国特色社会主义道路的目标之一是“逐步实现全体人民共同富裕”，尽管目前不同地域、不同职业、不同群体之间存在收入、贫富差距，但中国特色社会主义道路的取向是实现不同地域、不同职业、不同群体之间的共同富裕。收入差距过大、贫富悬殊，不是中国特色社会主义道路的本意，恰恰相反，是中国特色社会主义道路力求避免出现的现象和力求解决的问题。新发展理念的共享发展，就是要着力解决这一问题，以实现社会公平正义，让全体人民共享改革发展的成果。将协调发展升华为中国特色社会主义道路的本质，体现了中国特色社会主义道路的基本目的与基本目标，彰显了中国特色社会主义道路的社会主义性质。

（五）道路是人类文明之路

在不少西方学者、政要、媒体看来，西方的道路是人类文明发展的唯一道路，西方的今天就是世界的明天，高估西方道路的世界意义和对不同国家、地区、民族的适用性。改革开放后中国的发展，特别是2008年世界金融危机发生后，国际社会开始改变对人类文明发展道路的看法，在一定程度上承认了中国道路的世界意义。因提出“历史终结论”而闻名于世的美国学者福山，2012年在接受《环球时报》记者专访时坦承：中国的发展、“中国经济成功的持久性”对其“最初所提理论形成了挑战”，“我没料到经济增长带来的冲击会那么广泛。就经济体制而言，它真的很有影响力”。[①]英国马克思主义研究学者戴维·麦克莱伦2013年在接受《环球时报》记者专访时说：“中国的经济社会发展，无论以何种标准衡量，都令人叹为观

① 谷棣、谢戎彬主编《我们误判了中国——西方政要智囊重构对华认知》，华文出版社，2015，第59、143页。

止。中国所表现出的能量，经受住了此次全球金融危机的考验。”“中国的体制有一个巨大优势，那就是高效。”[①]英国学者马丁·雅克在其《当中国统治世界——中国的崛起和西方世界的衰落》一书中提出：“认为中国对世界的影响主要体现在经济方面，实在有些过时，中国的政治和文化可能也会产生无比深远的影响。中国未来给世界带来的影响，将可与20世纪的美国媲美，甚至有可能超越美国。”[①] 持类似观点的西方学者、政要、媒体不在少数。在G20杭州峰会上，“中国共识、中国模式、中国经验”再一次成为各国领导人关注与讨论的焦点，国际社会期望从中国发展的模式与经验中，取得振兴世界经济的有效途径与办法，在中国主导下，峰会也的确达成了许多促进全球经济尽快复苏的共识。[②] 这说明，中国道路已引起国际社会的广泛关注，赢得了国际社会的认同。历史已经证明并将继续证明，中国特色社会主义道路将成为人类文明发展的新道路。邓小平在谈到中国改革时曾预言：“这场改革不仅影响中国，而且会影响世界。”[③] “这不但是给占世界总人口四分之三的第三世界走出了一条路，更重要的是向人类表明，社会主义是必由之路，社会主义优于资本主义。”[④] 邓小平的预言正在逐渐成为现实，中国特色社会主义的影响已超越国界，对于发展中国家及人类文明发展的借鉴意义已经显现。

中国特色社会主义道路之所以能够成为人类文明发展道路，主要基于以下几个方面的原因。第一，中国特色社会主义道路的独特性。中国特色社会主义道路既没有照搬西方模式，又实现了对传统社会主义模式的超越，是基于中国的历史传统、文化积淀、基本国情所作出的选择，在人类文明的发展道路、发展样态中具有独特性、创新性。第二，中国特色社会主义道路的包容性。社会主义与资本主义的关系如何处理，是人类发展史未能破解的难题。中国特色社会主义道路不再将资本主义视为对立面，既看到了资本主义与社会主义的矛盾与区别，又正视资本主义与社会主义的联系

---

① 马丁·雅克：《当中国统治世界——中国的崛起和西方世界的衰落》，张莉、刘曲译，中信出版社，2010，第13页。

② 陈学明：《中国道路对马克思主义的意义》，《上海思想界》2015年第7期。

③ 《邓小平文选》第3卷，人民出版社，1993，第118页。

④ 《邓小平文选》第3卷，人民出版社，1993，第225页。

与共存，利用资本主义来发展社会主义，并取得了成功。中国特色社会主义道路的实践表明，只有与资本主义国家建立起新的共存合作的关系，社会主义国家才能实现社会主义的价值追求。[①] 社会主义与资本主义关系的处理，为人类文明发展贡献了智慧和经验。第三，中国特色社会主义道路解决了经济文化落后国家在社会主义制度建立以后，如何进一步建设社会主义的道路问题，这是中国对世界社会主义实践的重要贡献。同时，中国是一个超大型国家，中国经济社会的发展，中国特色社会主义道路的成功，本身就是对人类文明发展的贡献。

中国共产党领导之路、中国现代化之路、社会主义市场经济之路、中国协调发展之路、人类文明发展之路，这些诠释中国特色社会主义道路本质的表达，既基于中国特色社会主义道路内涵，又实现了对中国特色社会主义道路内涵的超越和抽象。

第二节　理论创新

理论创新是对中国特色社会主义理论体系的创新，习近平治国理政新理念新思想新战略是中国特色社会主义理论体系的最新成果。新时代中国特色社会主义理论体系的科学性，不仅在于它和马克思列宁主义、毛泽东思想一脉相承，是当代中国的马克思主义，更在于它作为改革开放以来中国社会主义建设实践的经验总结和理论指导，已经被中国改革开放和社会主义现代化建设的辉煌成就所证明。人民群众是历史的创造者，理论只有与人民群众相结合，才能转化成现实的力量。中国特色社会主义理论体系来自人民、依靠人民、服务于人民、为人民所检验，使它有了立足于人民的坚实根基。中国特色社会主义理论体系本身是马克思主义与时俱进的产物，必然也会随着实践的发展而不断与时俱进。正是由于这些特性，我们对中国特色社会主义理论体系充满自信。

① 孔祥利、秦晓娟：《中国特色社会主义政治经济学体系的新境界与新构建》，《陕西师范大学学报》（哲学社会科学版）2017 年第 1 期。

一 高度重视理论的作用

习近平强调，我们坚持和发展中国特色社会主义，必须高度重视理论的作用，增强理论自信和战略定力。[①] 这段论述极为重要，因为理论优势始终是我们党的核心优势、核心领导力。

中国共产党是理论上成熟和发展的党。我们党理论建设的历史，就是不断用发展着的马克思主义，指导中国革命建设改革从胜利走向胜利的历史。我们党从成立起，就高举马克思主义伟大旗帜，坚定不移、坚持不懈地推进马克思主义中国化。毛泽东思想的创立，开辟了马克思主义中国化的正确道路，使中国共产党第一次有了属于自己的，具有中国作风、中国气派的科学理论形态，这是我们党将马克思主义中国化的一次历史性进步、历史性提高。正是在毛泽东思想伟大旗帜的指引下我们才造就了中国共产党这样一支中国工人阶级的先锋队，同时是中国人民和中华民族的先锋队，这样一个伟大、光荣、正确的党；才造就了中国人民解放军这样一支听党指挥、忠于祖国和人民、攻无不克、战无不胜的人民军队，胜利完成了艰苦卓绝的十四年抗日战争、波澜壮阔的三年解放战争、赢得新民主主义革命的彻底胜利；中国才由新民主主义胜利过渡到社会主义，建立起社会主义基本制度，推进社会主义建设，完成了中华民族有史以来最为广泛而深刻的社会变革，为当代中国一切发展进步奠定了根本政治前提和制度基础，为中国发展富强、中国人民生活富裕奠定了坚实基础。中国特色社会主义理论体系的创立，是我们党将马克思主义中国化的又一次历史性进步、历史性提高。由于有了中国特色社会主义理论体系这个新的行动指南，我们党才团结带领人民进行了改革开放新的伟大革命，极大地激发了人民群众的创造性，极大地解放和发展了社会生产力，极大地增强了社会发展活力。人民生活显著改善，综合国力显著增强，国际地位显著提高，中华民族实现了从站起来、富起来到强起来的历史性飞跃。

党的十八大以来，党和国家事业之所以发生历史性变革，中国特色社会主义之所以取得历史性成就，一条根本经验就是以习近平同志为核心的

---

① 《习近平谈治国理政》第 2 卷，外文出版社，2017，第 62 页。

党中央，坚持理论创新和实践创新同步推进，提出一系列治国理政新理念新思想新战略，充分发挥马克思主义中国化最新成果的引领作用。党的领导理论的发展和党的领导实践的前进，大大增强了党的凝聚力、战斗力和领导力、号召力。党中央领导坚强有力，成为党的十八大以来我国政治生活的最鲜明特点。新发展理念的提出和深入贯彻，有力推动我国发展不断朝着更高质量、更有效率、更加公平、更可持续的方向前进。完善和发展中国特色社会主义制度，提出推进国家治理体系和治理能力现代化这一全面深化改革总目标，改革呈现全面发力、多点突破、纵深推进的崭新局面。全面依法治国理论和实践的重大发展，显著增强了我们党运用法律手段领导和治理国家的能力。马克思主义指导地位的巩固，进一步加强了党对意识形态工作的领导，增强了全党全社会思想上的团结统一。生态文明建设理论和实践的进步，推动美丽中国建设迈出重要步伐。国防和军队现代化理论的历史性突破，推动国防和军队改革取得历史性突破。中国特色大国外交思想的形成，丰富和发展了我国外交思想和对外战略，推动我国对外工作不断与时俱进、开拓创新，营造了我国发展的和平国际环境和良好周边环境。习近平强调，全面从严治党，着力解决人民群众反映最强烈、对党的执政基础威胁最大的突出问题，形成反腐败斗争压倒性态势，党内政治生活气象更新，全党理想信念更加坚定、党性更加坚强，党自我净化、自我完善、自我革新、自我提高能力显著提高，党的执政基础和群众基础更加巩固，为党和国家各项事业发展提供了坚强政治保证。①

在新的历史起点上，我们党要进行伟大斗争、建设伟大工程、推进伟大事业、实现伟大梦想，要应对重大挑战、抵御重大风险、克服重大阻力、解决重大矛盾，坚持和巩固党的领导地位和执政地位，坚持和发展中国特色社会主义，对党的理论建设和理论指导提出了新的更高要求。党的理论工作，必须坚持理论联系实际的根本方针，坚持服务党和国家大局、服务现实政治的根本方向，继续做好坚持和发展中国特色社会主义这篇大文章。中国的话语权，说到底，是中国理念、中国思想、中国理论和中国文化的话语权。要讲好中国故事，更要讲好中国道理。要运用辩证唯物主义和历

① 《习近平谈治国理政》第2卷，外文出版社，2017，第61页。

史唯物主义的联系观点、发展观点、比较观点，运用我们党实事求是、群众路线和独立自主的立场、观点、方法，从理论和实践的结合上，深刻阐述中国特色社会主义道路是实现社会主义现代化、创造人民美好生活必由之路的根本道理；深刻阐述中国特色社会主义理论体系是指导党和人民沿着中国特色社会主义道路实现中华民族伟大复兴的正确理论，是立于时代前沿、与时俱进的科学理论；深刻阐述中国特色社会主义制度是当代中国发展进步的根本制度保障，是具有鲜明中国特色、明显制度优势、强大自我完善能力的先进制度的根本道理；深刻阐述文化自信是更基础、更广泛、更深厚的自信，不断增强全党全国各族人民的精神力量；深刻阐述举什么旗、走什么路、以什么样的精神状态、担负什么样的历史使命、实现什么样的奋斗目标，事关党和国家事业继往开来，事关中国特色社会主义前途命运，事关最广大人民根本利益；深刻阐述近代以来久经磨难的中华民族实现了从站起来、富起来到强起来的历史性飞跃，社会主义在中国焕发出强大生机活力并不断开辟发展新境界，中国特色社会主义拓展了发展中国家走向现代化的途径，为解决人类问题贡献了中国智慧、提供了中国方案；深刻阐述牢牢把握社会主义初级阶段这个最大国情、最大实际，牢牢把握我国社会发展的阶段性特征，更好解决我国社会出现的各种问题，更好实现各项事业全面发展，更好发展中国特色社会主义事业，更好推动人的全面发展、社会全面进步；深刻阐述统筹推进“五位一体”总体布局和协调推进“四个全面”战略布局，决胜全面建成小康社会，实现中华民族伟大复兴；深刻阐述毫不动摇地坚持和完善党的领导，毫不动摇地推进党的建设新的伟大工程，不断增强“四个意识”，把党建设得更加坚强有力的根本道理。从而使全党的战略自信和全部努力奋斗，建立在对中国国情中国实际的深刻认识、对国际国内大局的深刻理解和对历史发展规律的深刻把握之上，始终保持理论上的清醒和政治上的坚定。

二　理论的阶段性创新

习近平强调：“要在坚持马克思主义基本原理的基础上，以更宽广的视野、更长远的眼光来思考和把握国家未来发展面临的一系列重大战略问题，在理论上不断拓展新视野、作出新概括。”[①] 这一重要论述，向我们明确提出了在迅速变化的时代中赢得主动、在新的伟大斗争中赢得胜利的理论创新要求。

坚持与时俱进。马克思主义是随着时代、实践、科学发展而不断发展的开放的理论体系。坚持和发展中国特色社会主义，必须用发展着的理论指导发展着的实践。马克思主义政党最重要的理论品格，就是坚持一切从实际出发，理论联系实际，实事求是，在实践中检验真理和发展真理，不断推进实践基础上的理论创新。这种与时俱进的理论品格，是我们党始终保持蓬勃生命力、创造力的关键所在。改革开放以来，我们坚持根据新的实践推出新的理论，正确回答了什么是社会主义、怎样建设社会主义，建设什么样的党、怎样建设党，实现什么样的发展、怎样发展等重大课题，为我们制定各项方针政策、推进各项工作提供了科学指导。党的十八大以来，党和国家事业取得历史性成就、发生历史性变革，最根本的就在于有习近平系列重要讲话精神和党中央治国理政新理念新思想新战略的科学指引。像实现中华民族伟大复兴的中国梦，统筹推进“五位一体”总体布局和协调推进“四个全面”战略布局，以新发展理念引领发展，坚持走中国特色社会主义政治发展道路，用社会主义核心价值观凝心聚力，大力推进生态文明建设，打造人类命运共同体，坚持走中国特色强军之路，加强党的执政能力建设，等等，都蕴含着极富创见的新思想新观点新论断新要求。站在新的历史起点上，我们要根据时代变化和实践发展，不断深化认识、总结经验，不断实现理论创新和实践创新良性互动，在这种统一和互动中发展21世纪中国的马克思主义。

坚持问题导向。不断回答好时代提出的重大课题，是中国共产党人的责任所在，也是事业向前发展的内在动力。只有聆听时代的声音，回应时代的呼唤，认真研究解决重大而紧迫的问题，才能真正把握住历史脉络、找到发展规律、推动理论创新。我们党领导人民干革命、搞建设、抓改革，从来都是为了解决中国的现实问题。在全面建成小康社会决胜阶段、中国特色社会主义发展关键时期，实践丰富深刻，问题复杂多样，关系国家未

① 《习近平谈治国理政》第2卷，外文出版社，2017，第62~63页。

来发展的重大战略问题紧迫而鲜活，亟待加强理论研究、推进理论创新。当今世界正处于百年未有之大变局，国际力量对比发生新的变化，我国在日益走近世界舞台中心的同时也面临更多严峻挑战。如何应对国际环境的深刻复杂变化，在激烈的国际竞争中赢得主动？今日中国正处于由大向强发展的关键阶段，改革进入深水区，经济发展进入新常态，各种矛盾叠加，风险隐患集聚，发展不平衡、不协调、不可持续问题比较突出。如何更好地把握发展机遇，破解发展难题，厚植发展优势？在长期执政条件下，我们党如何经受“四大考验”、克服“四种危险”，始终成为中国特色社会主义事业的坚强领导核心？深入思考、准确把握、科学论证这些重大战略问题，必将大大推进马克思主义在中国的新发展，推进中国特色社会主义理论体系进入新境界，从而不断以高度的理论自觉、理论自信，引领夺取中国特色社会主义伟大胜利。

坚持理论自信和战略定力。思考和把握国家未来发展面临的一系列重大战略问题，必须坚持马克思主义基本原理。这是坚持理论自信和战略定力的集中体现。马克思主义深刻揭示了自然界、人类社会、人类思维发展的普遍规律，为人类社会发展进步指明了方向；马克思主义坚持实现人民解放、维护人民利益的立场，以实现人的自由而全面的发展和全人类解放为己任，反映了人类对理想社会的美好憧憬；马克思主义揭示了事物的本质、内在联系及发展规律，是“伟大的认识工具”，是人们观察世界、分析问题的有力思想武器；马克思主义具有鲜明的实践品格，不仅致力于科学“解释世界”，而且致力于积极“改变世界”。坚持马克思主义基本原理，就要坚持用马克思主义立场、观点、方法分析和解决问题，着眼于研究我国发展和我们党执政面临的重大理论和实践问题，着眼于提出解决问题的正确思路和有效办法；就要坚持用联系的发展的眼光看问题，增强战略性、系统性思维，既看存在问题又看发展趋势，既看局部又看全局，提出的观点、作出的结论要客观准确、经得起检验，在全面客观分析的基础上，努力揭示我国社会发展、人类社会发展的大逻辑大趋势；就要及时总结党领导人民创造的新鲜经验，不断作出新概括，使马克思主义随着世情、国情和党情的变化而发展、随着时代的进步而前进，用发展着的马克思主义掌握群众、指导新的实践。

三　理论的创新脉络

习近平系列重要讲话是从新的历史起点出发的中国共产党理论创新的最新成果。马克思主义必定随着时代、实践和科学的发展而不断发展，不可能一成不变，社会主义从来都是在开拓中前进的。坚持和发展中国特色社会主义是一篇大文章。习近平强调："现在，我们这一代共产党人的任务，就是继续把这篇大文章写下去。"①

党的十八大以来，我们面临全球经济危机深化、国内进入经济新常态等一系列新情况、新考验。习近平是在一个充满挑战和风险的背景下走上党和国家领导地位的。几年来，他高瞻远瞩、审时度势，针对党和国家发展中出现的新问题发表了一系列重要讲话。这些讲话，内容丰富，相互联系，思想深刻，语言生动，为人瞩目。可以说，这些重要讲话是当代中国马克思主义的最新成果，对于我们从新的历史起点出发，坚定不移沿着中国特色社会主义道路前进，处理好中国改革、发展、稳定和国家治理中的热点、难点，全面建成小康社会和加快实现现代化，实现民族复兴的中国梦具有重大的指导意义。

今天的中国，需要解决的问题很多，集中起来，根本问题就是在改革开放 40 多年实践的基础上，建立一个什么样的国家治理体系，怎样治理国家，从而实现我国"两个一百年"的奋斗目标和中国梦的问题。

首先，这是解决当代中国社会主要矛盾提出的时代课题。对立统一规律是宇宙最根本的规律，对我国社会主要矛盾的认识属于规律性的认识。根据这样的认识，我们解决这一社会主要矛盾，就要坚持以经济建设为中心，通过改革开放解放和发展社会生产力。为此，就要在改革中突破传统生产关系的束缚，建立和发展社会主义市场经济体制。而要发展市场体系，解决市场经济发展中出现的新问题，就要进一步改革和完善上层建筑，从执政党建设着手，改革党的领导方式和执政方式；进而，就要全面深化改革，进一步解决国家治理体系和治理能力现代化问题，解决国家制度现代化问题。这就是中国改革的实践逻辑。

① 《习近平谈治国理政》，外文出版社，2014，第 23 页。

其次，这是改革发展稳定的实践提出的时代课题。40 多年改革开放，中国发生了天翻地覆的变化，这种变化体现为思想大解放，生产力大解放，社会财富大增加，国家经济实力大提高，这是有目共睹的事实。溯源这些变化，就在于改革把中国社会内在的生机和活力极大地激发了出来。然而，在我们把中国搞活的同时，出现了许多乱象，如党内腐败。这就要求我们治乱，建设一个活而有序的社会，解决伴随改革发展而来的种种矛盾和问题，把中华民族的复兴大业推进到一个崭新阶段。在这个阶段，建设一个什么样的国家治理体系、怎样治理国家的问题就凸显出来了。

时代提出的课题，也是时代提出的难题。搞活，不能搞乱；治乱，不能治死。不仅如此，我们追求的“活而有序”，不是权宜之计，而是长治久安。激发活力，要靠改革；治乱，要靠法治，还要靠治党。不论搞活还是治乱，都必须有利于并确保“两个一百年”目标的实现。为破解这一难题，党的十八大以来，以习近平同志为核心的党中央先是统一思想，把全党全国人民的思想认识统一到“两个一百年”和中国梦的奋斗目标上来；继而秉持“治国必先治党，治党务必从严”的理念，一手抓群众路线教育实践活动，一手抓惩治腐败，“老虎”“苍蝇”一起打，改善了党在群众中的形象；接着，制定了“全面深化改革”和“全面推进依法治国”这两个被称为“姊妹篇”的纲领性文件，把国家治理包括依法治国问题提到了改革总目标的高度。在此基础上，我们形成了“四个全面”战略布局和创新、协调、绿色、开放、共享的发展新理念。这就是以习近平同志为核心的党中央所处的时代背景及其肩负的时代使命。

最后，这是信息化迅猛发展过程中提出的时代课题。当今世界，中国这样一个大国的治国理政，已经不能离开这个国家所处的国际环境和时代条件。因此，研究中国的社会主义问题，研究中国的治国理政问题，都不能脱离今天的时代变动特点，不能远离时代大潮的发展趋势。今天世界发生的变化，概而言之，就是现代化、信息化、低碳化、全球化。这样的变化，不仅深刻而且广大，已经直接传递到老百姓的日常生活领域，成为一种时代潮流。研究中国特色社会主义的发展走势，研究当今中国的国家治理，不能不看到日常生活中发生的这些与时代潮流变动相联系的巨大变化。因此，我们要顺应时代发展潮流，更好地坚持以人民为主体，全心全意为人民服务；更广大地推进民主政治建设，包括发挥互联网在民主政治建设中的作用，扩大公民有序的政治参与；更自觉地推进依法治国，特别是党要更自觉地坚持在宪法和法律范围内活动；更务实地以保障和改善民生为出发点发展国民经济；更有力地推进反腐倡廉，把权力关进制度的笼子；更努力地维护世界和平，参与全球经济治理，促进共同发展。

理论自信到理论创新，既是成功实践的经验总结，也是事业发展的必然要求。一方面，中国发展的辉煌成就给了我们理论自信的充足底气，正如习近平在庆祝中国共产党成立 95 周年大会上所讲的："当今世界，要说哪个政党、哪个国家、哪个民族能够自信的话，那中国共产党、中华人民共和国、中华民族是最有理由自信的。"[①] 另一方面，强调理论自信，也与我们当前面临的复杂的国内外形势，特别是意识形态领域的斗争有关。当前，西方各种社会思潮加紧对我国进行渗透，与马克思主义主流意识形态的交锋日益激烈。强调理论自信，就是要告诉我们"不畏浮云遮望眼"，不为各种扭曲思潮和歪理邪说所俘获，始终高举中国特色社会主义理论旗帜，走好中国特色社会主义道路，朝着"两个一百年"奋斗目标和中华民族伟大复兴的中国梦奋勇前进。

增强理论自信，当前最重要的就是要用习近平治国理政新理念新思想新战略武装头脑、指导实践。坚持理论自信，必须进一步夯实马克思主义的指导地位，坚定人们对共产主义远大理想与中国特色社会主义共同理想的信念。作为当代中国的马克思主义，习近平治国理政新理念新思想新战略立足时代特征，直面问题挑战，是指导中国特色社会主义建设的理论新飞跃、行动新指南、斗争新武器，是增强理论自信最强大的根基。要结合"两学一做"，把习近平治国理政新理念新思想新战略学深学透。

习近平指出，"只有掌握科学理论才能把握正确前进方向"[②]，"理论上坚定成熟，什么力量也不能动摇我们"[③]。坚持和增强理论自信，能够为道路自信、制度自信和文化自信提供思想引领和行动指南，为中国特色社会

① 《习近平谈治国理政》第 2 卷，外文出版社，2017，第 36 页。
② 《习近平谈治国理政》第 2 卷，外文出版社，2017，第 51 页。
③ 《习近平关于全面从严治党论述摘编》，中央文献出版社，2016，第 67 页。

主义事业保驾护航、提供强大的思想武器。

四　理论的新时代境界

习近平指出：“在新的时代条件下，我们要进行伟大斗争、建设伟大工程、推进伟大事业、实现伟大梦想，仍然需要保持和发扬马克思主义政党与时俱进的理论品格，勇于推进实践基础上的理论创新。”① 这一重要论述，鲜明提出新的时代条件下推进理论创新的重大课题，是我们在新的历史起点上进一步丰富发展马克思主义的根本遵循。

马克思主义中国化的最新成果。理论来自实践，指导实践，并接受实践的检验。实践是不断发展的，建立在实践基础上的理论也必须随之不断丰富和发展。党的十八大以来，以习近平同志为核心的党中央紧紧围绕坚持和发展中国特色社会主义这个主题，在党和人民创造性实践中，以高度的理论自觉创造性回答时代和实践发展对党治国理政提出的新课题，提出了一系列极富创见的新思想新观点新战略新要求，把我们党对“三大规律”的认识提高到新水平。这集中体现在习近平系列重要讲话精神和党中央治国理政新理念新思想新战略中。这一马克思主义中国化最新成果，涵盖了改革发展稳定、内政外交国防、治党治国治军等各方面，深刻回答了如何坚持和发展中国特色社会主义、如何实现中华民族伟大复兴、如何推进国家治理体系和治理能力现代化、如何适应和引领经济发展新常态、如何强军、如何推进全球治理、如何推进全面从严治党等重大课题。比如，提出“四个全面”战略布局、经济发展新常态、新发展理念、构建人类命运共同体等。这些重大创新，开辟了当代中国马克思主义发展新境界，是我们党对21世纪中国的马克思主义的新贡献。

深刻认识马克思主义中国化最新成果的丰富内涵和精神实质。深刻认识和领会马克思主义中国化最新成果，首要的就是提高政治站位，联系时代发展大势和全党全国工作大局，深刻认识其重大政治意义、理论意义、实践意义，全面系统地领会其丰富内涵和科学体系，领会蕴含其中的党中央治国理政新理念新思想新战略。我们要深刻领会贯穿的坚定信仰信念，

① 《习近平谈治国理政》第2卷，外文出版社，2017，第62页。

不断筑牢共产主义、社会主义的信仰之基，始终高扬“革命理想高于天”的豪迈情怀；我们要深刻领会贯穿的鲜明人民立场，下大气力解决关系群众切身利益的问题，让群众感受到更多公平正义、过上更加美好的生活；我们要深刻领会贯穿的强烈历史担当，接好历史的接力棒，在新的长征路上续写中国特色社会主义新篇章，创造中华民族新辉煌；我们要深刻领会贯穿的求真务实作风，努力创造经得起实践、人民、历史检验的业绩；我们要深刻领会贯穿的勇于创新精神，大力弘扬改革创新精神，坚持解放思想、与时俱进、勇于变革、勇于创新，以思想认识的新飞跃打开工作新局面；我们要深刻领会贯穿的科学方法论，善于从战略上把握趋势、从全局上谋划工作，善于做好防风险、补短板的工作，始终坚持按客观规律办事，增强工作的科学性、预见性、主动性、创造性。这些立场、观点、方法，体现着辩证唯物主义和历史唯物主义的精髓要义，体现着中华优秀传统文化的深厚智慧，体现着我们党 90 多年来的奋斗实践，体现着党的十八大以来我们党与时俱进的创新创造。

不断增强理论自信和战略定力。理论自信和战略定力关乎旗帜道路方向。增强理论自信和战略定力，根本上就是要坚定“四个自信”，增强“四个意识”，毫不动摇地坚持和发展中国特色社会主义；就是要始终坚持用马克思主义中国化最新成果武装全党、指导实践、推动发展。当今时代，信息技术高度发达，国内国外各种思潮、各种观点甚至各种奇谈怪论纷纷涌现。在这样“乱花渐欲迷人眼”的复杂环境中，保持理论上的清醒、增强政治上的定力是很要紧的。党的十八大以来，在以习近平同志为核心的党中央坚强领导下，党和国家政治生活发生了深刻变化，全党全国人民精神面貌焕然一新。站在新的历史起点上，不断增强理论自信和战略定力，必须始终坚定对马克思主义的信仰，对社会主义和共产主义的信念；必须始终坚持不懈推进马克思主义中国化时代化大众化；必须始终把党的理论创新和理论武装紧密结合起来，不断在马克思主义中国化最新成果指导下解决新问题、夺取新胜利；必须始终保持清醒头脑，在制定政策时冷静观察、谨慎从事、谋定后动；必须善于在复杂形势下审时度势、内外兼顾、趋利避害，从国际形势和国际条件的发展变化中把握方向、用好机遇，创造条件、驾驭全局；必须始终绷紧从严从紧这根弦，落实好管党治党责任，不断解决党内存在的突出矛盾和深层次问题，使全面从严治党的思路举措更加科学、更加严密、更加有效。

第三节　制度创新

“创新正当其时，圆梦适得其势。”[①] 习近平指出，“今天，摆在我们面前的一项重大历史任务，就是推动中国特色社会主义制度更加成熟更加定型”。[②] 中国特色社会主义制度，是从中华人民共和国成立后开始建立和形成、改革开放时期逐步丰富和完善的崭新的社会制度体系，是当代中国发展进步的根本制度保障，集中体现了中国特色社会主义的性质、特点和优势；是在推进社会主义制度自我完善和发展的过程中，在经济、政治、文化、社会、生态文明等各个领域形成的一整套相互衔接、相互联系的制度体系。中国特色社会主义制度坚持把根本政治制度、基本政治制度同基本经济制度以及各方面体制机制等具体制度有机结合起来，坚持把党的领导、人民当家作主、依法治国有机统一起来，为中国特色社会主义事业发展提供了有效制度保障。

一　制度创新的深刻含义

（一）制度创新是人民的利益支撑

“设计和发展国家政治制度，必须注重历史和现实、理论和实践、形式和内容有机统一”[③]，不能突然搬来一座政治上的“飞来峰”。中国特色社会主义制度具有深厚的历史渊源和现实基础，是在中国社会土壤中生长起来的，并深深地扎根于中国的社会土壤。它的确立，充分证明了中国特色社会主义道路的正确性，为实现中华民族伟大复兴、中国特色社会主义事业发展提供了坚强制度保障。我们党始终以敢于自我革命、勇于实践创新的政治自信和斗争精神，不断丰富和深化中国特色社会主义制度的科学内涵。

---

① 《习近平谈治国理政》，外文出版社，2014，第 58 页。

② 《习近平在省部级主要领导干部学习贯彻党的十八届三中全会精神全面深化改革专题研讨班上的讲话》，2014 年 2 月 17 日。

③ 《十八大以来重要文献选编》（中），中央文献出版社，2016，第 59～60 页。

实践发展永无止境，理论创新永无止境，道路拓展永无止境，制度完善也永无止境。当前，我们所面临的改革发展稳定任务之重、矛盾风险挑战之多、对党治国理政的考验之大，前所未有。坚定制度自信，推进制度创新与提高制度执行力，是深入推进中国特色社会主义制度完善和发展的主要着力点。

坚持完善中国特色社会主义制度，最核心的是要坚持人民立场，尊重人民主体地位，保证人民当家作主。人民代表大会制度作为我国的根本政治制度，体现了中国特色社会主义制度的本质。我国社会主义国家的根本性质和初级阶段的基本国情，决定了必须坚持公有制为主体、多种所有制经济共同发展的基本经济制度，不断巩固社会主义的经济基础和人民当家作主的物质基础。在经济体制、政治体制、文化体制、社会体制、生态文明体制和中国特色社会主义法律体系建设中，都必须坚持人民立场，坚持实现好、维护好、发展好最广大人民的根本利益。

中国特色社会主义制度是适合中国国情、代表最广大人民群众根本利益、保障中华民族复兴大业得以实现的制度体系，该制度实现了党的领导、人民当家作主和依法治国的有机统一。人民代表大会制度、多党合作和政治协商制度、基层群众自治制度和民主集中制保障了人民群众民主权利、党员基本权利和其他民主党派政治参与的权利，实现了区别于西方的广泛真实的民主；坚持党的领导，发挥党在社会主义建设事业中的领导核心作用，保证国家强大的组织动员能力和治理能力；坚持全面依法治国，法治国家、法治政府、法治社会一体推进，实现国家长治久安。

首先是系统性。中国特色社会主义制度是由根本政治制度、基本制度体系以及建立在此基础上的经济、政治、文化、社会、生态文明体制等各项具体制度组成的一整套相互衔接、相互联系的制度体系。其次是实践性。70 年的艰辛探索，40 多年的高歌猛进，中国特色社会主义事业各方面取得的辉煌成就为它奠定了坚实的实践基础。最后是开放性。中国特色社会主义制度的确立，既不是一蹴而就，也不能一劳永逸，制度的确立不等于制度的定型，今天中国特色社会主义理论和实践依然在不断探索过程中，这决定了与之相匹配的制度也需要不断变革与创新。

中国特色社会主义制度，就是人民代表大会制度的根本政治制度，中国共产党领导的多党合作和政治协商制度，民族区域自治制度以及基层群众自治制度等基本政治制度，中国特色社会主义法律体系，公有制为主体、多种所有制经济共同发展的基本经济制度，以及建立在这些制度基础上的经济体制、政治体制、文化体制、社会体制等各项具体制度，具有符合国情、与时俱进、以人为本、开拓进取等特征。历史和实践告诉我们，当代中国政治经济文化的快速发展得益于中国特色社会主义制度这个根本保障，而中国特色社会主义制度体系更是在发展中自我完善和加强。

（二）制度创新是发展的根本保障

旗帜决定方向，道路决定命运。历史实践证明，中国特色社会主义制度具有能够集中力量办大事、和衷共济解难事、提高效率办好事的独特优势，具有充分发扬人民民主、促进公平正义、凝聚社会共识、实现共同富裕的巨大优势，能够最大限度适应当代中国的客观实际，能够最大限度解放和发展社会生产力，能够最大限度调动人民群众的积极性、主动性、创造性，永葆党和国家的创造活力。正是借助制度优势，我国有效应对全球化、信息化和多极化时代的复杂挑战，不断促进劳动、知识、技术、管理和资本的活力竞相迸发，创造了“中国效率”和“中国奇迹”。

在基本经济制度上，我们坚持公有制为主体、多种所有制经济共同发展。改革开放以来，我国经济发展取得了举世瞩目的巨大成就，证明了社会主义市场经济体制的制度优势。同时，我们的优势和自信还来源于中国制度有着强大的自我完善和发展能力。始终围绕使市场在资源配置中起决定性作用和更好发挥政府作用深化经济体制改革，坚持和完善基本经济制度，加快完善现代市场体系、宏观调控体系、开放型经济体系，加快转变经济发展方式，加快建设创新型国家，推动经济更有效率、更加公平、更可持续发展。

以政党制度为例。政治制度在中国特色社会主义制度体系中处于关键环节，而我国的政党制度又是政治制度的核心所在，是最具有中国特色和显著优势的制度设计之一。我们克服了西方政党制度的弊端，实现了党的意志和人民意志、党的利益和人民利益的高度统一，为中国现代化进程提供了最为坚实的基础。同时，中国共产党具有强大的自我净化、自我完善的能力，其基本理论、基本路线、基本经验得到各民主党派的认同。实践证明，当代中国的政党制度保障了我国各项制度的有序运转，具有鲜明的中国特色和独特的制度优势。

我们坚定中国特色社会主义制度自信有着深厚的底气：它是符合我国国情的制度，是既坚持社会主义本质要求，又体现鲜明中国气派、中国风格的社会主义制度模式；它是顺应时代潮流的制度，是我们党在改革开放的历史进程中开拓创新，建设与时俱进的社会主义制度的成果；它是代表人民利益的制度，以共同富裕、让人民群众共享改革发展成果为价值指向；它是具有强大力量的制度，其重要优势就是能够集中力量办大事；它是能够自我变革和发展的制度，善于学习、勇于结合，崇尚吸收人类共同的文明成果，对于不适应经济社会发展的制度能够及时进行改革。

中国特色社会主义制度既是以科学社会主义基本原理为指导建立起来的，又是在中国社会主义建设的具体实践中形成和发展的，符合中国国情，符合历史发展规律，符合中国最广大人民的根本利益。中国特色社会主义制度相对于西方发达国家资本主义制度几百年的发展历史来讲，时间还不长。同时，中国特色社会主义制度还需要在实践中通过改革来不断完善。只要我们坚持以全面的、具体的、发展的眼光来看中国特色社会主义制度，就能既对中国特色社会主义制度充满信心，毫不动摇地坚持这一制度，也会对现实中存在的问题认识得更加清醒，在实践中不断完善这一制度。

（三）制度创新是改革的框架支撑

制度自信是推动改革发展的战略支撑，而制度建设实质上构成了全面深化改革的本质特征。我们这一代人的历史责任就是要通过全面深化改革，强化和完善制度建设，推动中国社会主义制度更加成熟定型，在世界多样化制度格局中形成中国制度的独特标识，完成中国制度的现代化。如果我们对自己的制度产生动摇，盲目照抄照搬，难免会导致“邯郸学步”“南橘北枳”的后果，全面深化改革就不能实现既定目标；同样，如果故步自封、裹足不前，制度之花也会因缺乏现实土壤而枯萎凋零。

我国的改革开放始于经济体制改革，改革开放取得的巨大成就首先体现在经济发展上，我们的制度自信也来源于在经济发展的基础上我国国际地位的提升。在全面建成小康社会的决胜阶段，经济体制改革仍然是全面深化改革的重点。唯物辩证法要求联系和发展地看待事物，我们在经济发展上取得的成就并不代表我国经济体制已经完善不需要改革了，改革开放永无止境，当前必须以更大的决心和勇气推进改革。离开了制度自信，就不能保证改革始终沿着正确的方向；离开不断改革，我们的制度建设就很难向前推进，制度自信也难以稳固和久远。

坚定的制度自信是正确前进方向的内在保障，没有坚定的制度自信，改革有可能会走向“歪路”和“邪路”。全面深化改革是制度自信的不懈动力，离开了全面深化改革，我们的制度会僵化，现代化进程可能会停滞甚至倒退。自信就是要知道我们的道路方向没有错，坚信我们的指导思想是科学的；自信就是前进路上遇到波折会保持定力，遇到复杂形势头脑要清醒，就是要坚守底线思维，根本的东西不能动摇；自信也要坚持问题导向，改革就是要敢于面对矛盾，破除制约经济社会发展的桎梏，在前进中不断坚持和完善体制机制，推动治理体系和治理能力现代化。

坚定制度自信，是全面深化改革的政治定力；全面深化改革，是坚定制度自信的必由之路。全面深化改革不是“推倒重来”“另起炉灶”，而是社会主义制度的自我完善和发展。我们全面深化改革，不是因为我们的制度不好，而是要使它更好；不是要走别的什么路，而是更好地走中国特色社会主义道路。同时，只有通过全面深化改革，不断革除体制机制弊端，才能让中国特色社会主义制度更加成熟、更加定型，让我们的制度自信更加持久。中国特色社会主义要发展、要前进，就要不断适应国内外形势新变化、顺应人民新期待，更加坚定地推进改革开放。

中国特色社会主义制度是在我国历史传承、文化传统、经济社会发展的基础上，长期发展、渐进改进、内生演化的结果，也是被实践证明了的正确的制度体系。正是由于中国特色社会主义制度的根本制度保障，我们的经济突飞猛进，社会和谐稳定，人民生活安康幸福。然而取得成功的同时，必须保持高度清醒，中国特色社会主义制度虽然特色鲜明、富有效率，但还不是尽善尽美、成熟定型的，必须在实践中不断践行、不断完善。我们要坚持和完善现有制度，构建系统完备、科学规范、运行有效的制度体系，为夺取中国特色社会主义新胜利提供更加有效的制度保障。

（四）制度创新是探索的中国方案

“世界上不存在完全相同的政治制度，也不存在适用于一切国家的政治制度模式。”[①] 不同国情的国家，政治制度都是独特的，在制度选择和发展道路上，“西方中心论”一直坚持西方的就是最好的，而中国方案则揭示了“没有最好，只有更好”。实践证明，中国特色社会主义制度作为一种全新的现代化路径，是中国共产党和中国人民在社会主义框架内推进制度革新的成功经验，也为广大发展中国家坚定“走自己的路”树立了信心和决心。“凡益之道，与时偕行”[②]，以习近平同志为核心的党中央审时度势提出治国理政的新理念新思想新战略，是开辟中国特色社会主义事业发展新境界的创造性方案。如构建人类命运共同体、“一带一路”建设等，为全球破解发展难题提供了有价值的中国方案，发出了时代最强音。

当代中国的大国发展和民族复兴已经成为当今世界的重大历史趋势。从 2014 年北京 APEC 峰会到 2015 年九三大阅兵到 2016 年 G20 杭州峰会再到 2017 年的“一带一路”国际合作高峰论坛，中国的“朋友圈”越来越大，中国同世界的互动越来越紧密，机遇共享、命运与共的关系日益凸显。习近平提出的“人类命运共同体”、“一带一路”倡议，为推动经济全球化和完善全球治理体系提供了共商、共建、共享、共赢的“中国方案”，中国作为世界和平的建设者、全球发展的贡献者、国际秩序的维护者，将在“中国方案”的引领下，为世界发展贡献更大的“中国力量”。

当前，中国特色社会主义制度的成就及其独特价值正在赢得越来越广泛的认可，对中国道路的研究已成显学。中国特色社会主义制度成功扭转了中国近代以来“挨打”“挨饿”的局面，探索出一整套在后发国家实现现代化发展的路径，也向世界各国唱响了合作共赢、共赢共享的中国声音。“一带一路”国际合作高峰论坛全面展示了“一带一路”构想取得的丰硕成果，激发了世界对“人类命运共同体”的想象。中国特色社会主义制度的内在价值理念，为应对和解决全人类面临的“和平赤字、发展赤字、治理赤字”的严峻挑战提供了思维模式。

一方面，我们坚定不移地追求实现现代化和民族复兴，保持强烈的开

① 《习近平谈治国理政》第 2 卷，外文出版社，2017，第 286 页。

② 习近平：《弘扬和平共处五项原则建设合作共赢美好世界——在和平共处五项原则发表 60 周年纪念大会上的讲话》，人民出版社，2014，第 7 页。

放意识和发展热情；另一方面，我们在实现现代化的进程中，不以牺牲中国特色社会主义制度为代价，打破了西方对于现代化道路解释权的垄断，把世界现代化道路从“单选题”变成了“多选题”。与此同时，中国尊重世界各国的制度模式和发展道路，无意将自己的制度和道路强加于人。“为人类对更好社会制度的探索提供中国方案”这一命题，重在坚定对中国特色社会主义制度的自信，同时也为其他国家提供社会制度的多样化选择。

中国是联合国安理会常任理事国，是全球第二大经济体，今天前所未有地靠近世界舞台中心，参与全球治理是责任所在。中国根据国际机制、规则参与国际活动和全球治理，并在参与过程中贡献中国人民的智慧。中国率先提出了构建以合作共赢为核心的新型国际关系，积极践行“真实亲诚”合作理念和正确义利观，在为人类对更好社会制度的探索中，不谋求以强力方式推翻现行国际体制，不谋求在现有全球治理体制外建立对抗性或替代性国际机制，坚持改革补充完善现有体制中不合理、不公正、不充分的内容，坚持国际关系民主化，强调重大国际问题由各国协商解决。

二　制度创新的深入推进

“履不必同，期于适足；治不必同，期于利民。”① 制度自信不是自视清高、自我满足，而是要不断地推进制度体系完善和发展。推进中国特色社会主义制度建设必须符合国情，适应发展实际。坚持全面深化改革，必须坚持和完善中国特色社会主义制度。当前，我国正处于改革攻坚期和深水区，面临的都是难啃的硬骨头。仍在不断发酵的国际金融危机和整体趋紧的世界经济环境，缩短了我们进行制度创新的“窗口期”。要推动中国特色社会主义制度更加成熟更加定型，最核心的就是坚持和改善党的领导，这是做好党和国家各项工作的根本保证。偏离了这一条，就会南辕北辙、跑偏走岔，什么事都做不成。我们应在党的坚强领导下，稳妥扎实地推进各方面体制建设，切实构建有利于科学发展的制度体系。

① 转引自习近平《在庆祝中国人民政治协商会议成立65周年大会上的讲话》，人民出版社，2014，第6页。

长期以来，在我国经济发展取得巨大成就的同时，在生态环境方面也付出了沉痛的代价。党的十八大报告将生态文明建设提到前所未有的战略高度，将其纳入社会主义现代化建设“五位一体”的总体布局，因此，推动中国特色社会主义制度更加成熟更加定型，必须补上生态文明体制建设的短板。生态文明建设不仅影响经济持续健康发展，也关系政治和社会建设，必须放在突出地位，融入经济建设、政治建设、文化建设、社会建设各方面和全过程。我国生态文明建设的实践，也将进一步向世界展现中国特色社会主义制度的优越性。

在坚定制度自信的基础上，必须以法治体系的现代化推动和保障国家的长治久安。一方面，治理体系最终体现为一系列法律制度形式，要发挥党领导立法的作用，通过科学、民主立法，及时适应改革需求，做到重大改革于法有据，立法与改革相适应、更协调。另一方面，法律的生命力在于实施，要坚持依法行政，依法全面履行政府职能，全面提高政府工作人员特别是领导干部的法治思维和依法行政能力；合理配置司法资源，规范司法权力运行，维护社会公平正义。

一要深化经济体制改革，完善社会主义基本经济制度和分配制度，完善社会主义市场经济体制。二要积极稳妥地推进政治体制改革，发展社会主义政治文明。三要深化文化体制改革，建立现代文化市场体系，进一步解放和发展文化生产力。四要推进社会体制改革，加快形成党委领导、政府负责、社会协同、公众参与、法治保障的社会管理体制。五要加强生态文明制度建设，促进经济可持续发展。六要坚持思想建党与制度治党相结合。此外，要把改革发展和制度建设紧密联系在一起，使每一步改革成果、每一项重大发展都能用制度固定下来，用制度推进改革和发展。

“立治有体，施治有序”①，政治制度对一个国家的长治久安具有十分重要的意义。一切成功发展振兴的民族，都是找到了适合自己实际的道路的民族。而中国特色社会主义制度的完善和定型，是一个长期且复杂的过程。制度自信要在实践基础上以理论创新推动制度创新，根据社会生活实际情况和出现的新常态，及时制定新的制度或改进完善现有制度，让中国特色

① 转引自《习近平关于全面深化改革论述摘编》，中央文献出版社，2014，第26页。

社会主义制度体系更完备、更规范、更有效。

三 制度创新的最大优势

“六合同风，九州共贯。”[①] 党是我们各项事业的领导核心。正如党的十九大报告中指出：“中国特色社会主义最本质的特征是中国共产党领导，中国特色社会主义制度的最大优势是中国共产党领导，党是最高政治领导力量。”[②]

（一）党的领导是最大国情

中国共产党在近百年领导革命、建设和改革的光辉历程中，坚持把马克思主义与中国国情相结合，与时代特征相结合，与时俱进，开拓创新，中国共产党的领导是中国特色社会主义不变色、不变质的根本保证。习总书记指出：“中国最大的国情就是中国共产党的领导。什么是中国特色？这就是中国特色。中国共产党领导的制度是我们自己的，不是从哪里克隆来的，也不是亦步亦趋效仿别人的。”[③]

中国共产党的领导直接决定和体现了中国特色社会主义的性质。首先，中国特色社会主义包括道路、理论体系和制度，其中的每一个方面都体现了党的领导：中国特色社会主义道路是中国共产党领导人民开创的，中国特色社会主义理论体系是中国共产党的指导思想和行动指南，中国特色社会主义各项制度的建设和发展，都必须在党的领导下完成。其次，中国特色社会主义有很多特点和特征，体现在政治、经济、文化、社会、生态文明等各个领域，但最本质的特征是坚持党的领导，对其他特征的实现起着根本保障作用。最后，在当今中国，党的领导是我国政治稳定、经济发展、民族团结、社会稳定的根本点，是中国社会稳定的最大压舱石，关系到“两个一百年”奋斗目标和中华民族伟大复兴中国梦的顺利实现。

历史和现实都告诉我们，中国特色社会主义是近代以来中国人民对其

① 《习近平关于协调推进“四个全面”战略布局论述摘编》，中央文献出版社，2015，第134页。

② 习近平：《决胜全面建成小康社会 夺取新时代中国特色社会主义伟大胜利——在中国共产党第十九次全国代表大会上的报告》，人民出版社，2017，第19～20页。

③ 《党的领导是中国特色社会主义最本质特征》，求是网，http://www.qstheory.cn/defense/2017-12/11/c_1122093922.htm。

他救国途径的尝试全部碰壁之后作出的历史性选择，是中国共产党领导人民历尽千辛万苦、付出巨大代价取得的根本成就。没有共产党，就没有新中国，就没有中国特色社会主义，更不能坚持和发展中国特色社会主义。正是有了党的坚强领导，有了党的正确引领，中国人民从根本上改变了自己的命运，中国发展取得了举世瞩目的伟大成就，中华民族迎来了伟大复兴的光明前景。

（二）党的领导是最大优势

“中国特色社会主义最本质的特征是中国共产党领导”① 这一论断，是我们党对党的领导地位作用的最新认识成果。党的领导由基本特征上升到最本质特征，反映了我们党对党的领导在社会主义特征体系中地位作用认识在不断深化。中华人民共和国成立及社会主义制度建立后，我们党是“全中国人民的领导核心”和“社会主义建设的核心”，党的领导是我国社会主义的基本特征之一。改革开放以来，我们党带领人民开辟了中国特色社会主义道路，党是领导中国特色社会主义事业的核心力量。党的十八大以来，我们党对党的领导和中国特色社会主义关系的认识更为全面系统，明确指出：进行具有许多新的历史特点的伟大斗争，实现党确定的各项目标任务，关键在党，要确保党在发展中国特色社会主义历史进程中始终成为坚强领导核心。相应的，我们对中国特色社会主义的本质特征作出精辟概括，突出了党的领导在中国特色社会主义特征体系中独一无二的地位和作用，表明我们党对这一问题的认识大大深化。

中国特色社会主义的伟大实践及成功经验，中国共产党的执政方式和治国方略，中国政府的合作共赢主张、全球治理思维和共同发展理念，引起世界各国的极大关注，国外不少学者认真研究我们党治国理政的独特内涵和全球示范效应，力求破解中共长期执政的“迷思”，探究中国成功的“秘密”，思考“中国发展对西方和世界的影响”。在中国共产党的领导和擘画下，中国特色社会主义的巨大成功，就是奉献给人类社会的一份大礼。

党的领导是中国特色社会主义制度的最大优势。中国共产党有巨大的思想、政治和组织优势，拥有高素质的干部队伍，具有强大的组织、动员

① 《习近平谈治国理政》第2卷，外文出版社，2017，第43页。

能力。我们党创建的多党合作和政治协商制度，有利于形成社会发展合力。党把民主集中制运用到国家政治生活中，统筹兼顾各方利益诉求，有利于快速形成统一意志，集中力量办大事。在作风上，我们党在长期实践中形成了理论联系实际、密切联系群众、批评和自我批评的优良作风，保持谦虚谨慎、艰苦奋斗，具有自我革命的政治勇气和自我净化、自我完善、自我革新、自我提高的能力。在推进经济社会发展方面的有力作为，在应对各种挑战和危机方面的突出表现，都展现了党的领导的巨大制度优势。因而，毫不动摇坚持和加强党的领导是中国特色社会主义成功的决定因素和根本保证。

第四节　文化创新

党的十九大报告深刻阐述了文化和文化建设的地位作用，深刻阐明了在新时代以什么样的立场和态度对待文化、用什么样的思路和举措发展文化、朝着什么样的方向和目标推进文化建设等重大问题，为推动社会主义文化繁荣兴盛、建设社会主义文化强国明确了指导方针和发展路径，提供了根本遵循。“文化自信不是一个简单的文化口号。文化自信既是基于我们民族苦难和奋斗史的文化自觉与自豪，又是我们民族寻找自身伟大复兴之路的文化史展示，是一种既热爱自己的民族文化又海纳百川的包容精神，是一种既积极奋进又不卑不亢的文化精神。一个民族的文化和民族独立不可分。”①

创新是文化的本质特征，是一个国家、民族文化发展的不竭动力，文化创新是国家创新体系的重要组成部分，也是保持中华文化强大生命力和创造力的源泉。文化的发展记录了民族发展的历史，刻画了民族进步的印记。纵观世界文化发展历史，我们不难发现，任何文化的发展都依赖于自身的不断创新、丰富和完善。可以说，文化创新是文化发展的内在动力，更是建设社会主义文化强国之关键。文化创新，是党依据全面建成小康社会和实现中华民族伟大复兴而提出的重要战略任务，是建设社会主义文化强国的关键所在。

---

① 陈先达：《建设社会主义文化强国》，《人民日报》（海外版）2017 年 11 月 21 日。

一 文化创新的民族自信

文化自信，是更基础、更广泛、更深厚的自信。因为在中国特色社会主义道路、理论和制度中，都贯穿着中国文化自强不息、实事求是、海纳百川、与时俱进的基本精神，都能找到最适合的中国历史和文化传统，都有最适合世情、国情、民情的道路和保障人民各种基本权利的文化基因。

理论自信植根于中华优秀传统文化。理论自信和文化自信是一致的。理论从本质上讲也是一种文化，是作为理论形态的文化。中国特色社会主义理论是马克思主义在当代中国的发展，从一定意义上说，又是构成中国当代文化的重要内容。习近平曾多次用“求大同”“大同世界，天下一家”表达中国梦和实现中华民族伟大复兴的理想追求。可以说，中华优秀传统文化是中国共产党人坚持共产主义理想的精神基因和文化渊源。坚定共产主义理想信仰和坚持文化自信，二者相辅相成。

道路自信深层次蕴含着文化自信。一个民族的文化传统和文化背景，往往影响着这个民族的发展道路，在面临变革时期的道路选择时，表现得尤为明显。中国共产党 90 多年中所选择的道路，与中华优秀传统文化密不可分。革命时期，我们有中国革命道路必胜的自信；抗战时期，我们有中国抗日必胜的自信；社会主义时期，我们有中国特色社会主义道路的自信。这些都是基于深层次的文化自信。因为我们深信，既有马克思主义指导，又植根于中华优秀文化的中国共产党，完全有能力有信心选择与国情相适应的正确道路。

制度自信源于制度构建的文化传统。任何一种制度都有其文化内涵。经济基础只能决定制度的社会属性，制度的具体构建和特色不能脱离一个民族既有的文化传统。中华优秀传统文化的积累和继承使得中国制度有自身的特点和优点。例如，我们的制度建设始终坚持以人民为中心，坚持为人民服务的原则。干部选拔继承了选贤与能的传统，也继承了“宰相必起于州部、猛将必发于卒伍”的用人思想，注重德才兼备和基层锻炼。文化是一个民族的血脉和精神支撑。正如血脉贯通于人的全身并昭示着一个人的身体状况一样，文化自信的程度往往是一个民族兴盛衰亡的重要原因。继承和弘扬中国特色社会主义文化，是继续巩固和完善道路自信、理论自信、制度自信的必由之路。创造性转化、创新性发展是正确对待中国传统文化的总开关。

二 文化创新的理论内涵

文化是人类智慧的结晶。就其本质而言，文化是指人类在社会实践过程中所获得的物质、精神的生产能力和创造的物质、精神财富的总和。创新即是创造新的事物，是扬弃。创新是人类特有的认识能力和实践能力，是人的主观能动性的高级表现形式，是推动民族进步和社会发展的不竭动力。文化创新就是人们在社会实践和文化传承的基础上，依据时代的特征，构建文化的新理论、新内容、新制度、新技术，赋予文化时代性的变革。这种变革不是对传统的否定，而是对传统的重塑，取其精华，去其糟粕，进而形成符合时代发展要求的新文化。具体而言，文化创新主要包括以下几个方面。

（一）理念创新

理念创新是文化创新的基石。理念创新，就是要保持思想的敏锐性和开放度，打破传统思维定式，努力以思想认识新飞跃打开工作新局面。每一个时代都要有适应时代要求的文化理论来推动文化发展。自中国共产党成立以来，中国的文化建设便是在马克思主义理论的指导下进行的。马克思主义既是文化建设的行动指南，也是文化建设的首要内容，决定了文化建设的基本属性。马克思主义是一个开放的体系，与时俱进是它的理论品质。这就要求我们用与时俱进的态度来对待马克思主义，随着实践的发展总结新经验、开拓新视野，在继承的基础上不断开创马克思主义的新境界。从党的文化理论建设进程来看，其起始于半殖民地半封建文化，经历了新民主主义文化、社会主义文化、中国特色社会主义先进文化的发展历程。可以说，每一次文化的革命性探索和转型，都是在坚持马克思主义的指导下完成的文化理论飞跃，都是马克思主义中国化的不断深入发展。在当代中国，文化理论创新就是发展中国特色社会主义先进文化，即“面向现代化、面向世界、面向未来的，民族的科学的大众的社会主义文化”①。

---

① 习近平：《决胜全面建成小康社会　夺取新时代中国特色社会主义伟大胜利——在中国共产党第十九次全国代表大会上的报告》，人民出版社，2017，第41页。

（二）体制创新

体制创新是文化创新的切入点和重心。体制创新概括而言是指在改革、完善原有的体制、机制的基础上，依据经济、政治、文化和社会发展的客观要求而制定新的制度的过程。体制创新能够有效地规范人们的社会生活，协调好各方面的利益关系，激发人们的创造力，整合各种力量进而形成推动社会进步的巨大合力。文化体制是文化价值的制度表现，包括管理、决策、用人、监督、评价等诸多环节。文化体制是否适应社会发展要求，直接决定了文化事业和文化产业的发展。在计划经济时代，中国的文化体制是高度集中的文化管理制度，是计划经济的文化体现。由于文化体制一经形成就具有相对稳定的特征，当社会经济、政治等管理体制发生变革时，文化体制变革并不一定紧随其后，这就导致原有的文化体制渗透在现有的社会生活之中，在一定程度上制约了经济、政治、文化、社会的发展。因此，文化体制改革和创新是文化创新的切入点和重心，其目标是要建立能为文化发展提供制度保障和支撑的、与现代化和市场经济相适应的、促进社会全面进步的现代文化体制。改革开放以来，我国文化建设取得了巨大成就，文化事业和文化产业快速发展，但我们也应看到，文化赖以生存的经济、政治等环境已经发生了深刻变化，文化体制若不相应改革和创新，便会阻碍自身的发展。文化体制改革和创新是解放和发展文化生产力，增强文化发展活力，推动文化创新，进而推动社会主义文化大发展大繁荣的根本出路。

（三）内容创新

内容创新是文化创新的中心环节。文化内容是文化的构成，也是文化的具体表现。文化的内容创新即是实现文化的思想内容和精神价值上的突破与变革，特别是对符合社会发展要求的思想导向和精神追求的肯定，有利于引导人们形成正确的世界观、人生观、价值观，引领社会风尚。因此，文化创新要以思想内容和精神境界提升为先导，“以科学的理论武装人，以正确的舆论引导人，以高尚的精神塑造人，以优秀的作品鼓舞人，在全社会形成积极向上的精神追求和健康文明的生活方式”。[①] 中华民族经过千百

---

① 《十七大以来重要文献选编》（下），中央文献出版社，2013，第563页。

年的积累所形成的独具特色的中国传统文化是文化内容创新的基础，然而时代在发展，传统文化需要与时代特征相结合，与其他民族和国家的优秀文化相借鉴，才能获得新的生长点。文化内容的创新，就是在继承我国优秀的传统文化的基础上，吸收借鉴人类所创造的一切文明成果，使之具有鲜明的时代特色、民族特色、实践特色。

（四）科技创新

科技创新是文化创新的技术支撑，科技创新能为文化创新提供技术支持。在现代社会，科学技术已经极大地改变了人们的生活方式和交往形式，文化也从口口相传的传统发展方式，转到依托高新技术发展的轨道上来。电子通信、影视、互联网成为文化发展的主要载体，它们将民族文化快速广泛地传播到世界各地。因此，科技创新成为文化创新的有力支持。科学技术是第一生产力，更是文化发展的根本推动力。在现代社会，文化的产业化形态更加突出。文化产业是知识密集、信息密集、技术密集型产业，它的发展必须依靠科技创新提供技术保证和更广阔的空间。以互联网为例，互联网的发展把人们带入了信息社会，文化借助于网络，克服了时空障碍在全球迅速流动，不仅实现了文化传播方式的革命，而且为人们提供了崭新的文化消费空间，代表了未来文化发展的方向。然而，由于主要的核心技术掌握在西方国家手中，至今他们仍控制着互联网的发展。可见，占领科学技术的制高点，关系到文化发展的前途。科技创新是文化创新的题中之义。我们要用科学的方法和态度，大力推动科技创新，实现科技的跨越式发展，特别是在一些基础性、战略性的科技项目中，我们必须拥有自主创新能力和独立的知识产权。只有这样，才能抢占文化发展的先机，赢得文化发展的主动权。

三　文化创新的战略意义

创新是文化发展的主要方式，只有不断解放和发展文化生产力，创新文化发展方式，为民族文化注入新鲜血液，文化才能获得持续发展的动力。可以说，文化创新不仅是中国共产党高度的文化自觉和文化自信的集中体现，更是实现社会主义文化强国战略目标的必经之路，具有重要的战略意义。

（一）提升国家文化软实力的重要途径

随着我国社会主义现代化事业的不断进步和全球化进程的加快，提升国家文化软实力已经成为重大的时代课题。文化软实力作为综合国力的重要标志，是一个民族和国家文化的吸引力、凝聚力、影响力、竞争力的集中体现。文化软实力不是自然而然产生的，而是需要由内力和外力相互结合而成的文化建设来推动文化软实力的生成与提升。文化创新便是文化建设的重要内容之一。“创新是一个民族进步的灵魂，是一个国家兴旺发达的不竭动力。”[①] 创新体现了一个民族文化的生命力和创造力，是民族文化发展的内在动力，是提升国家文化软实力的重要途径。就国内而言，文化创新符合需要是提升文化软实力的重中之重。文化创新不是无源之水、无本之木，它源于积累、源于实践、源于生活，依托于我国悠久灿烂的文化历史，立足于中国特色社会主义建设的实际，是历史与现实结合中的创新，既体现了时代发展的特征，又符合人民日益增长的精神文化需要。文化创新要坚持从具体国情出发，从人民的实际出发，贴近实际、贴近群众、贴近生活，不断创造出符合社会实践和生活本色的富有我国民族特色的文化成果。只有这样的文化创新，才能够体现鲜明的时代特征，反映社会生活的本质，体现人们的精神创造成果，进而不断增强文化的凝聚力和吸引力，提升文化软实力。就国际而言，文化生产力的创新发展是文化软实力提升的关键途径。随着高新技术产业的飞速发展，文化的载体和传播方式已经发生深刻变革。特别是互联网的发展，创新了文化生产方式，培育了新的文化业态，使文化在世界范围内高速度无国界地流动。创新文化生产方式，解放和发展文化生产力，是提升文化软实力的本质所在。

文化软实力是一个国家文化的总体实力和国际竞争力，对内体现为凝聚力和向心力，对外体现为影响力和吸引力。当今时代，谁占据了文化发展的制高点，谁拥有了强大的文化软实力，谁就能够在激烈的国际竞争中赢得主动。中华人民共和国成立以来，尤其是改革开放以来，我国的文化软实力建设有了长足发展，但与中国的物质硬实力相比，文化软实力发展相对滞后，文化整体实力和国际影响力与我国国际地位还不相称，与世界

① 《习近平谈治国理政》，外文出版社，2014，第59页。

第二大经济体的经济地位还不协调。习近平在主持中共中央政治局第十二次集体学习时提出，提高文化软实力要做到“四个努力”。

1. 努力夯实国家文化软实力的根基

走中国特色社会主义文化发展道路，深化文化体制改革，发展面向现代化、面向世界、面向未来的，民族的科学的大众的社会主义文化，增强国家文化软实力，努力建设社会主义文化强国。加强包括文化观念、文化内容、文化形式、文化体制和机制等在内的文化创新，尤其是文化体制改革创新，是推动文化繁荣发展、增强全民族文化创造活力的体制保障。同时深入开展社会主义核心价值体系学习教育，把社会主义核心价值观融入国民教育、精神文明建设和党的建设全过程，贯穿改革开放和社会主义现代化建设各领域，体现到精神文化产品创作生产传播各个方面，这是夯实国内文化建设根基的重要工作。与此同时，习近平还强调，“弘扬我国人民在长期实践中培育和形成的传统美德”，“努力实现中华传统美德的创造性转化、创新性发展”。[①] 这是对新时期夯实国家文化软实力的根基提出的新任务和新要求。

2. 努力传播当代中国价值观念

当代中国价值观念源于传统文化的转化，源于人类发展的文明成果，源于中国特色社会主义道路、理论、制度。习近平强调：“当代中国价值观念，就是中国特色社会主义价值观念。”[②] 社会主义核心价值体系和社会主义核心价值观是“兴国之魂”，代表了中国先进文化的前进方向。经过多年的改革发展，世界上越来越多的人关注中国道路、中国模式和中国经验。对外宣传阐释中国道路创造的举世瞩目的中国奇迹，增进国际社会对社会主义核心价值观和中国梦的理解和认同。习近平强调：“要加强提炼和阐释，拓展对外传播平台和载体，把当代中国价值观念贯穿于国际交流和传播方方面面。”[③] 我们要坚持文化自信和价值自信，坚定不移推动中华文化走出去，积极推动社会主义核心价值观走出去，积极参与世界文明对话与

---

① 《习近平谈治国理政》，外文出版社，2014，第160页。

② 《习近平谈治国理政》，外文出版社，2014，第161页。

③ 《习近平谈治国理政》，外文出版社，2014，第161页。

交流，为世界文化发展和人类文明作出更大的贡献。

3. 努力展示中华文化独特魅力

习近平指出："提高国家文化软实力，要努力展示中华文化独特魅力。在5000多年文明发展进程中，中华民族创造了博大精深的灿烂文化，要使中华民族最基本的文化基因与当代文化相适应、与现代社会相协调，以人们喜闻乐见、具有广泛参与性的方式推广开来，把跨越时空、超越国度、富有永恒魅力、具有当代价值的文化精神弘扬起来，把继承传统优秀文化又弘扬时代精神、立足本国又面向世界的当代中国文化创新成果传播出去。"[①] 在努力展示中华文化独特魅力的同时，要注重塑造和重点展示我国"大国形象"：历史底蕴深厚、各民族多元一体、文化多样和谐的文明大国形象；政治清明、经济发展、文化繁荣、社会稳定、人民团结、山河秀美的东方大国形象；坚持和平发展、促进共同发展、维护国际公平正义、为人类作出贡献的负责任大国形象；对外更加开放、更加具有亲和力，充满希望、充满活力的社会主义大国形象。[②]

4. 努力提高国际话语权

话语权是思想语言的权力，是控制舆论和设置议程的影响力，是国家文化软实力的直接体现。在竞争日趋激烈的世界舞台上，国际话语权已经成为文化软实力建设中的战略制高点。习近平指出："要讲好中国故事，传播好中国声音，增强在国际上的话语权。"[③] 这些年，我国加强国际传播能力建设和对外话语体系建设，努力讲好中国故事，积极传播中国声音，取得很大成效，但国际思潮"欧风美雨"的景象依然强势，国际舆论格局"西强我弱"的总体态势没有根本改变。当代中国要加强国际话语权，大力推进承载着社会主义核心价值观的中华文化走出去，必须不断增强社会主义核心价值观的渗透力和影响力，努力抢占"道德制高点"和"价值制高点"。提高国家文化软实力的新思想和新观点，是马克思主义文化理论在当代中国的创新和发展，是反对文化霸权、抵抗没有硝烟的战争的有力武器，

① 《习近平谈治国理政》，外文出版社，2014，第161页。

② 《习近平谈治国理政》，外文出版社，2014，第162页。

③ 习近平：《胸怀大局把握大势着眼大事，努力把宣传思想工作做得更好》，《光明日报》2013年8月21日。

体现了执政党的高度文化自觉和文化自信，是新时期坚持中国特色社会主义文化发展道路、扩大中华文化国际影响力的重要遵循。

（二）建设社会主义先进文化的客观要求

文化发展是一个不断创新的过程。在这个过程中，我们不断反思文化的历史，总结文化发展的经验，展望文化发展的未来，在文化实践中赋予文化以时代特征。社会主义先进文化代表了当代中国文化的发展方向，是面向现代化、面向世界、面向未来的，民族的科学的大众的文化。社会主义先进文化之所以先进，其中的一个重要原因就是它具有与时俱进的品质，是创新型文化。没有创新，何谈发展。没有发展，便会倒退。文化创新不仅是文化自身发展的内在动力，也是建设社会主义先进文化的客观要求。其一，在建设社会主义先进文化的进程中，我们既要批判地继承中国传统文化，又要时刻把握时代发展的脉搏和契机，既要继承历史又要突破陈规，在遵循文化发展的客观规律的基础上，在传统与现代的对接和转换中实现文化创新，不断丰富和发展社会主义先进文化。其二，文化创新的源泉是亿万人民的实践活动，其宗旨是满足人民日益增长的精神文化需要。在社会主义先进文化建设的实践中，要尊重人民的首创精神，让一切文化创造源泉充分涌流，激发全民族的创造活力，使文化发展符合最广大人民的利益和愿望，开创社会主义先进文化建设的新局面。其三，社会主义先进文化是世界文化的组成部分，文化创新是社会主义先进文化自立于世界文化之林的基础。世界文化的多元发展为社会主义先进文化发展提供了广阔空间，社会主义先进文化肩负着在世界文化浪潮中特别是西方文化的强势冲击下如何自强以及如何充分发挥其独特功能的双重使命。这就要求社会主义先进文化与时俱进，不断创新发展，既抵御西方文化的侵蚀，又为世界文化的多元发展作出贡献，既增强“免疫力”，又提升影响力。

（三）树立高度的文化自觉与文化自信的有效机制

文化自觉是指生活在一定文化中的人对其文化有“自知之明”，明白它的来历、形成过程、所具有的特色和它的发展的趋向，不带任何“文化回归”的意思，不是要“复旧”，同时也不主张“全盘西化”或“全盘他化”。自知之明是为了加强文化转型的自主能力，取得决定适应新环境、新时代文化选择的自主地位。这就是说，我们要对本民族文化的过去、现在和未来有清醒的认识，有自知之明。文化自觉是文化的自我认知，是文化创新的基础。只有在透彻地了解自己的前提下，才能加强文化在新时期转型的自主能力，创造出符合时代发展要求的新型文化。文化自信即是对民族文化历史的充分肯定，对民族文化的未来发展充满信心。文化创新是文化的内容、形式、体制、思维方式等一系列文化构成要素的变革，其出发点就是高度的文化自觉与文化自信。也就是说，文化创新是在对文化核心价值的坚守、对文化内在精神的传承、对文化生命力充分肯定的基础上，批判地借鉴人类创造的一切优秀文化成果，汲取时代发展的精华，实现文化的现代转型。如果对文化没有自知之明，对文化的历史和前途缺乏信心，文化创新自然也就失去了心理依据。这不仅会导致文化的发展随波逐流，更有甚者会致使民族文化失去发展依据和动力，从而被湮没。因此，文化创新是树立高度的文化自觉和文化自信的有效机制。文化创新既是对文化传统的认知、认同和审思，也是对文化未来的憧憬、追求和实践。

四　文化创新的实现路径

文化创新不仅是文化自身发展的要求，也是建设社会主义文化强国的关键。有效地进行文化创新，就必须在充分尊重文化发展规律的基础上，不断开拓文化创新的路径。

（一）解放思想，实事求是

解放思想，实事求是，是党的思想路线。它要求我们立足中国特色社会主义现代化建设的具体实践，一切从实际出发，破除落后思想的束缚，在不断发展变化的实践中实现文化创新。文化创新源于人民群众建设社会主义的具体实践，如果脱离了这一红线，文化创新便会成为空中楼阁。在当代中国，中国特色社会主义现代化建设就是最大的实践，也是最大的文化实践。我们要从改革开放和中国特色社会主义现代化建设的实践中不断汲取养料，为文化创新提供实践支撑。同样，文化创新的成果需要再次回到实践中接受检验，这样实践—创新—再实践—再创新的过程就是文化创新的过程。

人民群众作为文化实践的主体，是文化创新的依靠力量。文化创新必须以人为本，必须从人民群众的实际出发，最终落脚于满足人民群众的精神文化需求。文化创新，首先要做到的就是解放思想，打破民族的、地域的、封闭的文化发展障碍，打破一切教条对人们思想的束缚，充分激发人们的创造活力。其次是要实事求是。随着社会的不断发展，人们实现自身全面发展的愿望愈加明显和迫切，文化创新必须从人民群众的实际需要出发，以贴近实际、贴近群众、贴近生活为原则，不断从人民群众的创造性实践中汲取养分，以科学的态度和方法加以总结，创造出更多更好的、符合人民群众需要的文化成果，不断提高人民群众的文化素质和精神境界，做到发展为了人民、发展依靠人民、发展成果由人民共享。

（二）继承传统，古为今用

博大精深的中国传统文化是中华民族的文化标志，是中华民族生生不息的精神动力。在现代社会，传统文化也需要现代转型，需要创新。但是，文化创新必须在继承的基础上创新，否则，放弃传统文化就等于抹杀了民族和国家存在的合理性与合法性，就会弱化民族认同，最终导致国家分崩离析。文化创新是具有中华民族独特的个性特征的文化创新，它必须立足于我国优秀的传统文化，整合文化资源，不断推陈出新、继往开来，批判扬弃、创造转化，进而创造出富有时代特征的新型文化。

民族精神是一个民族在长期的历史发展过程中形成的精神气质和整体风貌，是民族文化的灵魂，是民族生命力、凝聚力、创造力的集中体现。在5000年的文化发展中，中华民族形成了以爱国主义为核心的团结统一、爱好和平、勤劳勇敢、自强不息的民族精神，这是中国文化繁荣发展的根基，也是中国文化创新的宝贵资源。培育民族精神、发展民族精神是文化创新的重中之重。改革开放以来，中国共产党始终坚持以经济建设为中心，既批判地继承了文化传统又高扬中国特色社会主义旗帜，形成了以改革创新为核心的时代精神，这不仅是对民族精神的创新发展，也成为新时期的精神价值和精神追求。

（三）扩大交流，洋为中用

文化创新必须以开放的胸怀面对多样存在的他者文化，以兼容并蓄、取长补短的态度对待异质文化。文化上的“关门主义”只能导致文化发展的闭关自守，局限于民族文化的单一模式中便会导致文化缺少活跃因素，从而停滞不前。世界文化发展的历史证明，各民族、各地区、各国家的文化相互交融、交流、碰撞是文化发展的客观规律，也是文化创新的基本条件。要实现文化创新，就必须扩大文化对外交流，“引进来”和“走出去”并举，在文化的交流与碰撞中实现文化创新。一方面，我们要将世界优秀文化成果引进来，吸收借鉴，并将其融入中国特色社会主义文化之中，丰富和发展中国特色社会主义文化，实现文化创新。另一方面，中华文化也要积极地走出去，主动参与世界文化交流与竞争，鼓励高新技术的发明与使用，不断发展文化生产力，壮大文化产业，推动富有中华文化精髓和科技含量的文化产品走向世界，在文化竞争中实现文化创新。文化创新离不开世界环境，在全球化进程中，民族文化只有主动应对，以开放的姿态积极吸纳、兼容人类所创造的一切优秀文化成果，才能获得竞争优势，为自身的文化发展赢得广阔空间。

（四）深化改革，推动创新

文化创新的目标是满足人民的精神文化需求，促进人的全面发展，建设社会主义文化强国。在社会主义市场经济条件下，文化创新不仅要符合文化自身的发展规律，而且要适应社会主义市场经济体制的要求。深化文化体制改革，是文化创新的制度选择。胡锦涛指出：“必须牢牢把握正确方向，加快推进文化体制改革，建立健全党委领导、政府管理、行业自律、社会监督企事业单位依法运营的文化管理体制和富有活力的文化产品生产经营机制，发挥市场在文化资源配置中的积极作用，创新文化走出去模式，为文化繁荣发展提供强大动力。”① 首先，要改革文化领导体制，将党对文化建设的全权管理转移到党抓主流意识形态，对文化建设的路线、方针、政策的制定和引导上来，实现国家文化体系的重构。其次，要充分发挥市场在文化资源配置中的积极作用，将市场调节和政府调控有机结合起来，遵循文化事业发展的客观规律，实现文化管理体制的法制化、科学化、市场化、规范化，激发各类文化组织的活力，创造出更多贴近实际、贴近群众、贴近生活的文化成果，满足人民多方面的、不断增长的精神文化需要。再次，要转变政府的文化管理方式，实现从直接管理到引导、监督、规划、指导的转变。制定文化发展战略，并充分利用经济、法律等各种手段管理

① 《十七大以来重要文献选编》（下），中央文献出版社，2013，第576页。

文化事业，提高文化管理水平。最后，大力推动文化产业的发展。文化产业是文化创新的重要领域，是国家文化软实力的重要载体和文化竞争力的重要体现。特别是科技的创新，决定了文化产业发展的成效。要加大文化产业的科技投入，鼓励科技发明和创造，加速实现技术向产品的转化，生产科技附加值高的文化产品以增强文化产品在国际市场的竞争力，赢得国际文化竞争的主动权。

没有高度的文化自信，没有文化的繁荣兴盛，就没有中华民族伟大复兴。党的十九大上，“文化自信”第一次被正式写进《中国共产党章程》。文化自信是更基础、更广泛、更深厚的自信，是更基本、更深沉、更持久的力量，事关国运兴衰、事关文化安全、事关民族精神独立性。习近平明确指出：“我们要坚持道路自信、理论自信、制度自信，最根本的还有一个文化自信。”① 这就深刻揭示了中国特色社会主义道路自信、理论自信、制度自信、文化自信的有机统一关系，精辟地阐明了文化自信的地位和增强文化自信的意义。文化自信为道路自信、理论自信、制度自信提供内在精神支撑和稳定信念支持，具有厚重的精神力量和独特的凝聚力、影响力。新时代无论是坚持和发展中国特色社会主义、实现中华民族伟大复兴中国梦，还是实现人民对美好生活向往、提高国家文化软实力等，都需要坚定文化自信，推动社会主义文化繁荣，在实践创造中进行文化创造，在历史进步中实现文化进步。

① 《文化自信——习近平提出的时代课题》，新华网，http://www.xinhuanet.com//politics/2016-08/05/c_1119330939.htm。

第七章　中国特色社会主义的时代论

第一节　新思想新矛盾

习近平新时代中国特色社会主义思想，在党的十九大上被确立为党的指导思想。这一创举不仅确立了习近平新时代中国特色社会主义思想在马克思主义中国化进程中的重要地位和重要作用，而且有力地开辟了马克思主义发展的新境界。正如习近平在庆祝中国共产党成立 95 周年大会上的讲话中指出："我们要以更加宽阔的眼界审视马克思主义在当代发展的现实基础和实践需要，坚持问题导向，坚持以我们正在做的事情为中心，聆听时代声音，更加深入地推动马克思主义同当代中国发展的具体实际相结合，不断开辟 21 世纪马克思主义发展新境界，让当代中国马克思主义放射出更加灿烂的真理光芒。"①

一　社会主要矛盾的变化是新时代的重要基础

党的十九大提出，我国社会主要矛盾已经由人民日益增长的物质文化需要同落后的社会生产之间的矛盾，转化为人民日益增长的美好生活需要和不平衡不充分的发展之间的矛盾。这个论断，反映了我国发展的实际状况，揭示了制约我国发展的症结所在，指明了解决当代中国发展问题的根本着力点。经过改革开放 40 年的努力，我国稳定解决了十几亿人的温饱问题，总体上实现了小康，不久将全面建成小康社会，人民美好生活需要日

① 习近平：《在庆祝中国共产党成立 95 周年大会上的讲话》，人民出版社，2016，第 9～10 页。

益广泛，不仅对物质文化生活提出了更高要求，而且在民主、法治、公平、正义、安全、环境等方面的要求日益增长。同时，我国社会生产力水平显著提高，社会生产能力在很多方面进入世界前列，当前和今后面临的突出问题是发展不平衡不充分。发展不平衡，主要指各区域各领域各方面发展不够平衡，制约了全国水平的提升；发展不充分，主要指一些地区、一些领域、一些方面还存在发展不足的问题，发展的任务仍然很重。这已经成为满足人民美好生活需要的主要制约因素。我国虽然经济总量居世界第二位，但仍然有一些短板和问题没有解决，发展质量和效益还不高，创新能力不够强，民生领域还有不少短板，从中国在世界所处的空间坐标看，我国是世界最大发展中国家的国际地位没有变。

从“物质文化需要”到“美好生活需要”，从“落后的社会生产”到“不平衡不充分的发展”，主要矛盾转化这一关系全局的历史性变化，是对党的十八大以来中国发展历史性成就和变革的深刻总结，也是对改革发展成果的历史回应，更是对未来中国发展方向、发展目标的精准定位。这一重大变化对党和国家工作提出了许多新要求，要出台更多重大举措，推出更多有力措施，作出更大努力，满足人民更多层次、更高水平的需求。

在人类社会历史发展长河中，不同社会形态的交替演进，同一社会形态下不同阶段、不同时期、不同时代的发展变化，都是社会生产力和生产关系、经济基础和上层建筑矛盾运动的必然结果，都与社会主要矛盾的深刻变化密切相连、直接相关。社会主要矛盾决定社会发展的阶段性特征。正是社会主要矛盾的运动变化导致了社会发展呈现出相互连接又相互区别的发展阶段。正是这一变化，表征着我国改革开放发展历程与接下来的新征程面临主要矛盾问题的根本差异性，决定了解决当代中国发展问题的根本着力点和工作重点不同于以往的巨大变化性，从而呈现出鲜明的阶段性特征。新时代，新就新在我们面临的主要问题是新的，面对的主要挑战是新的，解决的主要矛盾是新的，承担的重点工作任务是新的。可以说，我国社会主要矛盾的转化就是中国特色社会主义进入新时代的重要依据、重要基础和重要标志。

二 社会主要矛盾的变化是科学社会主义的本质要求

党的十九大对新时代中国特色社会主义主要矛盾的概括体现了科学社会主义的本质要求。科学地界定社会的主要矛盾，是社会主义革命、建设和改革都要解决的重大问题，也是制定正确的路线方针政策的基础。党的十九大报告在坚持两个“没有变”即“我国仍处于并将长期处于社会主义初级阶段的基本国情没有变，我国是世界最大发展中国家的国际地位没有变”① 的前提下，改变了从党的十一届六中全会一直沿用到党的十八大的“人民日益增长的物质文化需要同落后的社会生产之间的矛盾”的提法，提出中国特色社会主义进入新时代后，“我国社会主要矛盾已经转化为人民日益增长的美好生活需要和不平衡不充分的发展之间的矛盾”②。这种新提法在需求和供给两个方面都有所变化。从需求的方面来看，把“物质文化需要”改为“美好生活需要”，反映了当我国温饱问题稳定解决、总体上实现小康之后，人民的需要在层次上有所提高，范围上有所扩大。从供给的方面来看，从“落后的社会生产”到“不平衡不充分的发展”的提法变化，既肯定了我国 40 年的改革开放和现代化建设带来的社会生产力水平总体上显著提高、社会生产能力在很多方面进入世界前列等发展和进步，又凸显了发展不平衡不充分这个满足人民日益增长的美好生活需要的主要制约因素。总体来看，党的十九大报告中提出的我国社会主要矛盾的变化，把科学社会主义基本原则与中国国情和时代特点更加密切地结合起来，准确把握了“变”与“不变”的关系，不是对过去提法的简单否定，而是既坚持了社会主义初级阶段这个中国共产党人对科学社会主义的重大发展，强调了社会主义初级阶段仍是我们建设社会主义的理论基础和实践依据，又指出了社会主要矛盾的变化是关系全局的历史性变化，要根据这个变化来提出新的思路、新的战略、新的举措。

党的十九大的工作部署就充分体现了科学社会主义的本质要求。党的

① 习近平：《决胜全面建成小康社会 夺取新时代中国特色社会主义伟大胜利——在中国共产党第十九次全国代表大会上的报告》，人民出版社，2017，第 12 页。

② 习近平：《决胜全面建成小康社会 夺取新时代中国特色社会主义伟大胜利——在中国共产党第十九次全国代表大会上的报告》，人民出版社，2017，第 11 页。

十九大报告紧扣我国社会主要矛盾变化，提出“我们要在继续推动发展的基础上，着力解决好发展不平衡不充分问题，大力提升发展质量和效益，更好满足人民在经济、政治、文化、社会、生态等方面日益增长的需要，更好推动人的全面发展、社会全面进步”。[①] 也就是说，在坚持生产力是人类社会发展的最终动力，强调社会主义初级阶段发展仍是第一要务的同时，要贯彻落实新发展观和新发展理念，抓重点、补短板、强弱项。在新发展观和新发展理念中，以人民为中心、推动人的全面发展突出体现了社会主义的本质要求。

问题就是矛盾，主要矛盾就是主要问题。我们要保持清醒头脑，增强忧患意识，牢牢把握社会主义初级阶段这个基本国情，牢牢立足社会主义初级阶段这个最大实际，以习近平新时代中国特色社会主义思想为指导，坚持党的基本理论、基本路线、基本方略，科学认识这一主要矛盾，牢牢抓住这一主要矛盾，着力破解这一主要矛盾。解决好这一主要矛盾任务十分艰巨、十分复杂、任重而道远，必须有坚强的领导核心作保证，必须有党坚强有力的领导，否则势必一盘散沙、一事无成。要坚持党对一切工作的领导，坚决维护以习近平同志为核心的党中央的集中统一领导，进一步彰显中国共产党领导这一中国特色社会主义最本质的特征和中国特色社会主义制度的最大优势，在中国共产党领导下攻坚克难、阔步前进。要始终清醒地认识到，发展是解决我国一切问题的基础和关键，必须坚持以经济建设为中心不动摇，坚定不移地贯彻创新、协调、绿色、开放、共享的发展理念，推动经济质量变革、效率变革、动力变革，建设现代化经济体系，不断壮大我国经济实力和综合国力，推进经济政治文化社会生态的协调发展，在发展中保障和改善民生。只有改革才能发展中国、发展社会主义，也只有全面深化改革，才能解决新时代我国社会的主要矛盾。要进一步解放思想，进一步高高举起改革的大旗，蹄疾步稳推进全面深化改革，坚决破除造成发展不平衡不充分的各方面体制机制弊端和障碍，坚持和完善中国特色社会主义制度，不断推进国家治理体系和治理能力的现代化，使社

① 习近平：《决胜全面建成小康社会　夺取新时代中国特色社会主义伟大胜利——在中国共产党第十九次全国代表大会上的报告》，人民出版社，2017，第11～12页。

会主义的优越性得到充分发挥。要坚持以人民为中心的发展思想，把满足人民群众日益增长的美好生活需要作为发展的根本目的，多谋民生之利、多解民生之忧、多办民生实事，不断增进民生福祉，着力促进人的全面发展和社会全面进步，让人民群众有更多的获得感、幸福感、安全感、尊严感。

三 社会主要矛盾的变化基于我国客观实践的发展

首先从人民需要角度看，仅仅用日益增长的物质文化需要已经难以涵盖今天中国人民日益增长需求的全部内容，更难以反映当今中国人民群众需求变化的重点、轨迹和趋势。马克思曾说过："需要是同满足需要的手段一同发展的，并且是依靠这些手段发展的。"① "已经得到满足的第一个需要本身、满足需要的活动和已经获得的为满足需要而用的工具又引起新的需要，而这种新的需要的产生是第一个历史活动。"② 人们的需要本身就是历史的产物，在很大程度上取决于生产方式和社会的文明状况。伴随着改革开放的快速发展，我国人民的需求也在不断发生变化，人们的物质文化需求呈现出从温饱型到小康型向富裕型不断升级的态势，期盼有更好的教育、更稳定的工作、更满意的收入、更可靠的社会保障、更高水平的医疗卫生服务、更舒适的居住条件、更优美的环境、更丰富的精神文化生活。人们需求领域在不断拓展，呈现出多样化、多层次、多方面的特点，从最初渴望摆脱贫困、解决温饱、着力解决物质生活问题到越来越多提出精神文化生活、政治参与等方面的诉求，从片面追求经济增长、忽视环境保护到今天人民群众普遍把环境生态作为最重要的生活必需品、最重要的生活品质。人民的需要已经日益广泛而深刻地涉及经济、政治、文化、社会、生态等领域，人民群众日益增长的需要已经不仅仅表现为满足基本生活的物质文化这些"硬性需要"，还表现为人民群众的参与感、公平感、安全感、幸福感、获得感以及尊严、权利、全面发展等"软性需要"。这些需要已经全面超越了"人民日益增长的物质文化需要"的内涵和外延，都是中国人民对美好生活的需要。

---

① 《马克思恩格斯文集》第5卷，人民出版社，2009，第585～586页。
② 《马克思恩格斯文集》第1卷，人民出版社，2009，第531～532页。

其次从生产和发展的角度看，改革开放以来我国社会生产力发展突飞猛进、社会全面进步，用“落后的社会生产”来指称当今的中国社会已经不符合客观实际，也难以得到国际社会认同。众所周知，我国社会主义制度不是建立在发达资本主义社会生产力的基础上，而是经过艰苦卓绝的新民主主义革命和社会主义革命，跨过资本主义的“卡夫丁峡谷”，在半殖民地半封建的废墟上建立起来，我国社会主义建设就是在一穷二白基础上起步的，人口多、底子薄、生产力十分落后，这就是当时中国最主要的国情。改革开放初期，我国社会生产力仍很落后，综合国力和人均收入都处在很低的水平。改革开放 40 多年的发展，我国社会生产力水平实现了跨越式提升，创造了巨量的物质财富，长期存在的短缺经济和供给不足已经发生根本性变化，我国 GDP 从 1978 年的 36787 亿元，增长到了 2017 年的 80 万亿元，增长了 20.7 倍，稳居世界第二，对世界经济的贡献率为 30%。社会生产能力在很多方面进入世界前列，我国已经建成了世界上最完整的工业体系，作为制造业大国，我国 500 多种工业产品中有 220 多种位居世界第一。大量的，日新月异的，现代化、高科技、信息化的生产工具、生产手段的创造和广泛使用，极大地提高了我国人民改造自然的能力，尤其在科技领域实现了从长期跟跑到部分领域并跑再到有些领域领跑的转变，载人航天、深潜、超级计算机、量子通信、高速铁路、互联网、大数据、云计算等领域成就卓著。我国东部沿海地区的一些城市的现代化基础设施建设，与某些西方发达国家的大城市相比，不但不逊色于人，而且在不少方面已经有所超越。

我国社会生产力的巨大发展，并不意味着我国就没有发展的问题。当前我国发展的主要问题是发展不充分、不平衡。发展的不充分主要体现为发展的质量和效益亟待提高。首先表现在经济发展质量和效益上，我国经济总量虽然居于世界前列，但人均国内生产总值仍在世界 217 个经济体中排名第 97 位。我国是世界上人口最多的国家，但人类发展指数在 188 个国家和地区中排名第 90 位。我国劳动生产率仍与美国等发达国家有相当大的差距。我国虽然是世界工厂，但大量企业处于产业链价值链的中低端，我们有大量过剩的低端产能，能够满足群众生活品质需求的高端优质产品的供给严重不足。发展的不充分还表现在教育、科技、文化、医疗卫生、社会保障、法治、生态环境、公共服务等各个方面。发展的不平衡则集中表现为城乡差距、地区差距、贫富差距，城乡二元结构并没有根本转变，东部沿海发达地区与中西部地区尤其是老少边穷地区的经济社会发展差距仍然比较大，截至2018年末，农村仍有1660万人尚未脱离贫困，城市还有很多困难群众，社会上还存在一些弱势群体，经济建设、政治建设、文化建设、社会建设和生态文明建设不同领域间的不平衡依然存在。这些问题相互交织，成为引发现阶段各种社会矛盾的主要根源，成为制约我国社会发展的最突出问题，成为满足“人民日益增长的美好生活需要”的最主要制约因素，在矛盾中居于主导地位。同“落后的社会生产”相比，“不平衡不充分的发展”是在更高的层次、更为广泛的领域的发展问题，将在当前和今后一个比较长的时期内存在，贯穿实现第二个百年奋斗目标的实践过程。党的十九大敏锐把握我国社会的新变化、新矛盾、新特征，作出我国社会主要矛盾的新论断，这是完全符合我国实际的科学论断。

第二节　新的历史征程

“九层之台，起于累土。”① 实现中华民族伟大复兴的中国梦，不可能一蹴而就，需要一代代人接力奋斗。在中国共产党成立一百年时全面建成小康社会，在新中国成立一百年时建成富强民主文明和谐美丽的社会主义现代化强国——“两个一百年”奋斗目标清晰标示实现中国梦的战略步骤、历史任务和实践方向，呈现出步步推进、行稳致远的历史发展脉络。只有如期实现第一个百年奋斗目标，才能为实现第二个百年奋斗目标、实现中华民族伟大复兴的中国梦奠定坚实基础。

一　“两个一百年”之间的辩证关系

党的十九大报告指出：“从十九大到二十大，是‘两个一百年’奋斗目标的历史交汇期。我们既要全面建成小康社会、实现第一个百年奋斗目标，又要乘势而上开启全面建设社会主义现代化国家新征程，向第二个百年奋

① 《老子》第64章。

斗目标进军。”① 党的十九大根据新时代国际国内形势和我国发展条件，提出“从全面建成小康社会到基本实现现代化，再到全面建成社会主义现代化强国”的“两步走”战略安排，并重申“两个一百年”奋斗目标。一切伟大的事业，总是在承前启后、继往开来中不断推进。习近平科学把握我国发展所处历史方位，对实现第一个百年目标提出新要求、作出新部署，谋划实现第二个百年奋斗目标的宏伟蓝图，向全党全国发出了奋力实现“两个一百年”奋斗目标、踏上建设社会主义现代化国家新征程的动员令，凝聚起团结奋斗的磅礴力量。学习贯彻总书记重要讲话精神，就要深刻把握“两个一百年”奋斗目标，切实以目标明确方向、引领行动。

从内容看，“两步走”战略安排与“两个一百年”奋斗目标你中有我、我中有你；从形式看，“两步走”战略安排是实现“第一个百年”向“第二个百年”跨越的“路线图”，也是“两个一百年”奋斗目标的“升级版”。

首先，“第一个百年”奋斗目标是开启“两步走”战略安排的起点和基础。“两步走”的第一个阶段，就是“从二〇二〇年到二〇三五年，在全面建成小康社会的基础上，再奋斗十五年，基本实现社会主义现代化”。因此，只有实现“第一个百年”奋斗目标，全面建成小康社会，“两步走”才能顺利实施。

其次，“第二个百年”奋斗目标是“两步走”战略安排的任务和方向。实现现代化、建设社会主义现代化国家是“第二个百年”奋斗目标的核心内容，也是贯穿“两步走”战略安排的主线，“两步走”的第一阶段是基本实现现代化，第二阶段是建设社会主义现代化强国，有机融入了“第二个百年”奋斗目标。

最后，“两步走”战略安排更是对“第二个百年”奋斗目标的提档升级。完成第一阶段的目标任务，已经提前实现基本现代化，实现了原先设定的“第二个百年”奋斗目标。第二阶段，从社会主义现代化国家到社会主义现代化强国，有力深化拓展了“第二个百年”奋斗目标，将使中华民族以更加昂扬的姿态屹立于世界民族之林，实现伟大复兴。

---

① 习近平：《决胜全面建成小康社会　夺取新时代中国特色社会主义伟大胜利——在中国共产党第十九次全国代表大会上的报告》，人民出版社，2017，第28页。

从辩证法角度来看，第一个百年计划的发展成就将为第二个百年计划奠定起坚实的基础与前提；而第二个百年计划将对第一个百年计划的成果进行扬弃与升华，在继承第一个百年计划发展的积极成果基础上实现所指愿景；同时，依据党的十九大部署，第一个百年目标实现之年至21世纪中叶又分为两个阶段即“两个十五年”来安排，前后“两个十五年”之间又形成了一种相续跃进的辩证关系。从认识论角度来看，不管是“两个一百年”还是“两个十五年”，作为在历史实践中提出的不同阶段性目标，既有对当下具体国情的科学研判，又有对未来社会发展的前瞻性把握，设定合理科学，前后衔接有序，不仅体现了党和人民对新时代中国特色社会主义发展实践的深刻反思和理性认知，更深刻反映了基于实践基础上人们认知的逻辑演进和内在关联。从价值论角度来看，不管是“两个一百年”抑或是“两个十五年”，都是党领导全国人民在中国特色社会主义建设实践中得出的真知灼见，它们共同致力于实现国富民强、民族复兴的核心价值目标。既体现了现实性与理想性的统一，又体现了价值追求和价值实现的统一；既为中华民族的发展提供了不竭的内在动力，又为社会主义优越性提供了最好的实践注脚。

“民亦劳止，汔可小康”，小康社会寄寓着中华民族自古以来追求的社会理想。改革开放之初，邓小平同志首先用小康来诠释中国式现代化，明确提出到20世纪末“在中国建立一个小康社会”的奋斗目标。这个目标如期实现。在这个基础上，党的十六大提出21世纪头20年全面建设惠及十几亿人口的更高水平的小康社会的目标；党的十七大提出了全面建设小康社会的新要求；党的十八大作出全面建成小康社会的新部署。多年来，我们党始终紧紧扭住这个奋斗目标，一茬接着一茬干，一棒接着一棒跑，推动小康社会建设取得了显著成绩。

“人间正道是沧桑。”到2020年全面建成小康社会，实现第一个百年奋斗目标，是我们党向人民、向历史作出的庄严承诺，是全国人民的共同期盼。如期全面建成小康社会，前进道路并不平坦，诸多矛盾叠加，风险隐患增多，挑战依然严峻。当前，我们已经进入全面建成小康社会的决胜阶段，气可鼓而不可泄，业可进而不可退。只有持续奋斗、迎难而上，按照党的十六大、十七大、十八大提出的全面建成小康社会各项要求，突出抓重点、补短板、强弱项，特别是坚决打好防范化解重大风险、精准脱贫、污染防治的攻坚战，坚定不移深化供给侧结构性改革，才能推动经济社会持续健康发展，才能如期建成得到人民认可、经得起历史检验的全面小康社会。

梦在前方，路在脚下。2020 年全面建成小康社会后，我们将进入实现第二个百年奋斗目标的新阶段，踏上建设社会主义现代化国家新征程。“审度时宜，虑定而动，天下无不可为之事。”① 大国发展不能走一步看一步，而要端起历史规律的望远镜、打开发展规律的探照灯，不断以具有全局性、战略性、前瞻性的行动纲领指引航程。经过持续不懈的奋斗，党和国家事业发生历史性变革，我国发展站到了新的历史起点上，中国特色社会主义进入了新的发展阶段。放眼第一个百年奋斗目标实现后更为宏伟的新征程，按照时代新要求，顺应人民新期待，提出新的思路、新的战略、新的举措，以理论创新成果指导新的实践，我们党必将更好地激励和带领全党全国各族人民为实现第二个百年奋斗目标、建设社会主义现代化国家而努力。

二　“两个一百年”之间的理论逻辑

党的十九大报告指出，从十九大到二十大，是“两个一百年”奋斗目标的历史交汇期。交汇期是承上启下的衔接期。“两个一百年”奋斗目标不是割裂开来单独推进的，而是同步推进、交汇推进的。具体来说，到 2020 年第一个百年奋斗目标实现之时，虽然距离党的二十大还有两年时间，但第二个百年奋斗目标的推进丝毫不能松懈，而是要乘势而上接续推进，努力把中国建设成为社会主义现代化强国。因此，十九大报告既是全面建成小康社会的冲锋号，又是建成富强民主文明和谐美丽的社会主义现代化强国的催征鼓，生动体现了我们党时不我待的历史使命感和政治担当。

交汇期是大有可为的机遇期。第一个百年奋斗目标的实现，必将为第二个百年奋斗目标奠定坚实的物质基础，抓住“两个一百年”奋斗目标的历史交汇期，就抓住了大有可为的机遇期。按照党的“十三五”规划，在党的十九大到二十大这个历史交汇期，“新四化”的同步铺展、互动提升，

① 《习近平关于全面深化改革论述摘编》，中央文献出版社，2014，第 153 页。

将为全面建成小康社会提供多元动力、多级支撑，中国将迎来有温度的发展、有质量的发展、有保障的发展。在这个历史交汇期，我们将努力实现如下目标：“中国制造 2025”推动工业制造业转型升级，打造“制造强国”；“互联网 +”推动信息化与工业化深度融合，新技术新概念新业态方兴未艾；城镇化目标激发更丰富的劳动力资源、激活更广阔的市场空间；提高土地产出率、资源利用率、劳动生产率，走出一条中国特色新型农业现代化道路。在“十三五”规划如期完成、第一个百年奋斗目标如期实现的基础上，经济更加发展、民主更加健全、科教更加进步、文化更加繁荣、社会更加和谐、人民生活更加殷实，“两个一百年”奋斗目标新征程必将实现平顺的转承接续，把我国建设成为富强民主文明和谐美丽的社会主义现代化强国的第二个百年奋斗目标将迎来更加有利的战略态势。

交汇期是攻坚克难的关键期。习近平总书记指出，中国改革已进入深水区，“容易的、皆大欢喜的改革已经完成了，好吃的肉都吃掉了，剩下的都是难啃的硬骨头”①。在“两个一百年”奋斗目标的历史交汇期，事业越前进、越发展，新情况新问题就会越多，面临的风险和挑战就会越多，肩负的任务就会越艰巨。从国内发展来看，发展不平衡、不协调、不可持续问题仍然突出。从外部环境来看，国际金融危机深层次影响在相当长时期依然存在，全球经济贸易增长乏力，保护主义抬头，地缘政治关系复杂变化，传统安全威胁和非传统安全威胁交织，不稳定不确定因素增多。因此，在“两个一百年”奋斗目标的历史交汇期，我们只有准确把握战略机遇期内涵的深刻变化，更加有效地应对各种风险和挑战，集中力量把自己的事情办好，才能不断开拓发展新境界。

从历史发展层面理解。近代以来，国人为改变积贫积弱旧中国面貌进行的艰辛探索，充分彰显了中华民族追求独立富强、民族复兴的强烈愿望，这构成了“两个一百年”命题的历史起点。中华人民共和国成立后，毛泽东就如何尽快实现由农业国转变为工业国的问题作了深度思考。他认为，要建成高度工业化的社会主义国家，至少需要几十年甚至整个 20 世纪的下半叶，这是对“两个一百年”的初步规划。党的十一届三中全会后，邓小

① 《习近平关于全面深化改革论述摘编》，中央文献出版社，2014，第 51 页。

平将“全面实现农业、工业、国防和科学技术的现代化，把我们的国家建设成为社会主义的现代化强国”[①] 作为20世纪内中国人民的伟大历史使命。之后，他在党的十二大上又提出了“三步走”的战略构想，对“两个一百年”进行了深入描绘。1992年党的十四大报告把“实现祖国的富强、人民的富裕和民族的伟大复兴”作为从20世纪中叶到21世纪中叶的百年奋斗目标。在此基础上，党的十五大首次明确提出了“两个一百年”，而后党的十六大又将“两个一百年”写进了党章，至此，“两个一百年”科学命题成熟定型。新时代背景下，党的十九大又对“两个一百年”进行了丰富发展，提出了“建设富强民主文明和谐美丽的社会主义现代化强国”的新战略，并制定了“两个十五年”的具体方案，对“两个一百年”作出了新的目标要求和系统设计。

从理论发展层面理解。首先，中华优秀传统文化为“两个一百年”提供了最深沉的文化滋养，为走中国道路提供了最根本的精神支撑，它所具有的自强不息、求真务实、追求大同的民族气质和民族精神，推动着中华民族攻坚克难、砥砺前行的步伐。其次，红色革命文化蕴含的“独立、民主、求强、求富”的理想追求，为实现人民当家作主和确立社会主义制度进而向着国富民强的复兴之路前进提供了最直接的内在动力。最后，在反思和总结社会主义建设的经验教训中，中国共产党紧紧围绕“使中华民族来一个大翻身”的民族复兴思想，结合新的时代条件和实践需求，形成了毛泽东思想、邓小平理论、“三个代表”重要思想、科学发展观和习近平新时代中国特色社会主义思想，体现了新的时代条件下中国共产党人带领全国人民在进行伟大斗争、建设伟大工程、推进伟大事业、实现伟大梦想进程中的理论勇气和创新魄力。这些理论成为“两个一百年”最切实、最科学的行动指南。

三　“两个一百年”的现实必然性

“两个一百年”是基于我国社会历史发展状况作出的一种必然性历史选择。

---

① 《邓小平文选》第2卷，人民出版社，1994，第85~86页。

首先，人民群众的现实诉求为“两个一百年”提供了根本动力。“人民是历史的创造者”，只有坚持人民的主体地位，把人民的利益需求完整地呈现出来，才能实现人类社会的发展。“两个一百年”为我们理清了发展思路、指明了发展方向、找准了发展着力点，充分体现了理想和现实的统一、主体和客体的统一、发展目的和发展手段的统一，既是中国共产党人对人民群众现实诉求的积极回应，也是对人民群众历史地位深刻认识的集中表现，更是遵循社会历史发展规律的结果。

其次，唯物辩证法为“两个一百年”提供了根本遵循。矛盾是事物发展的根本动因，学习掌握事物矛盾运动的基本原理，不断强化问题意识，积极面对和化解前进中遇到的矛盾，才能为实现“两个一百年”提供根本的方法论保障。为此，我们必须统筹好各方面因素，兼顾好各方面利益，协调好各方面关系，加强各领域的关联性、协同性，只有这样才能完整全面地反映和把握整个社会的发展要求和方向。

最后，人的全面发展为“两个一百年”提供了价值指向。人的全面发展是人类社会的最高价值理想，每个时代不断创造的物质和精神财富都为人的全面发展奠定了基础。尽管“两个一百年”是现时代我们党为实现中华民族伟大复兴的中国梦提出的阶段性目标，但其价值指向却是为了最终实现人的全面发展而积累财富，因此，“两个一百年”既体现我们当前的共同追求，又体现人的全面发展的必然要求。

第三节　新的历史使命

党的十九大深情回顾了90多年来我们党为实现历史使命付出的艰辛努力、取得的巨大成就。学习贯彻党的十九大精神，一个重要内容就是牢牢把握新时代中国共产党的历史使命，在新时代中国特色社会主义的伟大实践中，凝聚起亿万人民同心共筑中国梦的磅礴力量。宏伟目标激励人心，历史重任催人奋进。现在，我们正处在即将实现第一个百年奋斗目标并向第二个百年奋斗目标迈进的关键节点。让我们更加紧密地团结在以习近平同志为核心的党中央周围，不忘初心，继续前进，为实现“两个一百年”奋斗目标、实现中华民族伟大复兴的中国梦而不懈奋斗，努力创造无愧于时代、无愧于人民、无愧于历史的新业绩。

一 “四个伟大”的理论意蕴

党的十九大报告指出：“伟大斗争，伟大工程，伟大事业，伟大梦想，紧密联系、相互贯通、相互作用，其中起决定性作用的是党的建设新的伟大工程。推进伟大工程，要结合伟大斗争、伟大事业、伟大梦想的实践来进行。”① 中国特色社会主义伟大事业永远在路上。

（一）满足人民群众对美好生活的期待

这是贯穿“四个伟大”的思想之魂。党的十九大把“四个伟大”作为重大的理论提炼，就是要向国内外、党内外宣示：在开辟中国特色社会主义新境界的未来实践中，我们党将举什么旗、走什么路、以什么样的精神状态、担负什么样的历史使命、实现什么样的奋斗目标。“四个伟大”是这庄严宣示的信息发布，是中国特色社会主义道路、理论、制度、文化的自信展示。党的十九大报告中“人民”是出现频率最高的词，整篇报告都彰显着关注人民生活的思想。习近平总书记在报告中指出，“把人民对美好生活的向往作为奋斗目标，依靠人民创造历史伟业”，“增进民生福祉是发展的根本目的”，“保证全体人民在共建共享发展中有更多获得感”，“带领人民创造美好生活，是我们党始终不渝的奋斗目标”，“保障和改善民生要抓住人民最关心最直接最现实的利益问题”，“不断满足人民日益增长的美好生活需要”，等等。中国特色社会主义进入新时代社会主要矛盾的变化也反映了“满足人民日益增长的美好生活需要”“为民造福”成为我们党的“根本政治担当”。② “四个伟大”的具体指向不同，但追求人民福祉则是共同的归宿。习近平新时代中国特色社会主义思想，围绕满足人民生活显著改善后向往美好生活的诉求更加强烈的现实，适应人民群众的需要呈现多样化多层次的特点。这是“四个伟大”与习近平新时代中国特色社会主义思想的契合点。

---

① 习近平：《决胜全面建成小康社会　夺取新时代中国特色社会主义伟大胜利——在中国共产党第十九次全国代表大会上的报告》，人民出版社，2017，第17页。

② 习近平：《决胜全面建成小康社会　夺取新时代中国特色社会主义伟大胜利——在中国共产党第十九次全国代表大会上的报告》，《人民日报》2017年10月28日。

（二）推动中国特色社会主义创造新的历史性飞跃

改革开放40多年在党的领导下坚定不移走中国特色社会主义道路的结果是：我们用40多年的时间走完了历史上西方发达国家几百年走过的发展历程。这样的发展奇迹极大增强了中国的自信。改革开放后中国特色社会主义建设的探索之路，并不都是阳光灿烂、辉煌似锦的，事实上，各种艰难险阻、风险挑战伴随始终。不仅有国外敌对势力的刁难、阻挠、攻击，甚至用妖魔化的方式诋毁强起来的中国，而且国内一些人也不看好中国的发展，有的由于理念、信仰的动摇，有的由于思想上对发展中出现的问题的困惑，有的由于受错误思潮的影响，怀疑中国特色社会主义的可行性和有效性。我们看到过一些社会主义国家在改革浪潮冲击下的改旗易帜，我们听到过所谓“社会主义已经终结”的渲染，我们也碰到了诸如收入差距不断扩大、腐败严重滋生、社会公平公正缺失、伦理道德滑坡、环境污染严重等问题，我们还面临着改革红利前期效应已用完、经济发展进入新常态、资源瓶颈凸显、经济增长方式和产业结构转型、国家和社会治理现代化等新矛盾。这就是说，中国特色社会主义的发展像爬坎过卡一道又一道，看到好风景的同时又不断碰到新的问题。中国特色社会主义发展境界恰如高山的叠层峰起，需要站上新的历史起点，实现历史性飞跃。习近平总书记指出：“现在，我们比历史上任何时期都更接近实现中华民族伟大复兴的目标，比历史上任何时期都更有信心、更有能力实现这个目标。”[①] 中国特色社会主义已经用铁一般的事实，印证了近代以来久经磨难的中华民族实现了从站起来、富起来到强起来的历史性飞跃。这个飞跃过程呈阶段性的连续，并且是大阶段套小阶段，步步向前推进的。1921年中国共产党成立后始终主导着这个历史性飞跃过程，经过新民主主义革命阶段、社会主义建设阶段，党的十一届三中全会选择改革开放，使党和国家的事业发展进入中国特色社会主义建设阶段，至今依然处在进一步富、进一步强的过程中。党的十八大以来，“以习近平同志为核心的党中央迎难而上、开拓进取，革故鼎新、励精图治，以巨大的政治勇气和强烈的责任担当，进行具有许多新的历史特点的伟大斗争……解决了许多长期想解决而没有解决的

① 《习近平关于实现中华民族伟大复兴的中国梦论述摘编》，中央文献出版社，2013，第82页。

难题，办成了许多过去想办而没有办成的大事，推动党和国家发生历史性变革”，“5 年来的成就是全方位的、开创性的，5 年来的变革是深层次的、根本性的”。① 这砥砺奋进的几年标志着中国特色社会主义发展进入了一个新时代，历史性飞跃还将在党的十九大一系列重要思想、重要观点、重大判断、重大举措的指引下继续延伸下去。在新时代中国特色社会主义发展中创造新的历史飞跃，正是“四个伟大”的鲜明价值取向。

（三）促进中华民族为世界作出更大的贡献

中华民族是一个有着悠久历史文化的民族，它曾经以辉煌的文明在延绵几千年的古代历史上长期居于领先地位，对世界作出的巨大贡献得到公认。近代以后，中国被甩到落后民族的行列，在一些外国人的眼里中国人就是“野蛮族群”，根本谈不上对世界的贡献。中华人民共和国成立后，党领导中国人民进行社会主义建设，努力在世界上发挥作用，但一方面因为经济文化落后，另一方面因为其他一些复杂情况，中国对世界的贡献并不明显。这成为中国人一个不能释怀的心结。毛泽东就说过中国对世界的贡献与中国的地位是不相称的，提出中国要为世界作更大的贡献。改革开放以来，中国走向世界，世界融入中国，创造了中华民族为世界作更大贡献的有利时机，而生产力迅猛发展、综合国力大幅度增强、科学技术日新月异，使中国在国际社会发挥作用的舞台全面扩大了。党的十八大以来，中国同 70 多个国家和国际组织新建或提升了不同形式的伙伴关系，建立的伙伴关系总数增至 100 个左右，从大国到周边，从发展中国家到多边领域，中国的“朋友圈”越来越大。“一带一路”倡议得到国际社会热烈回应，全球 100 多个国家和国际组织积极响应和参与，为世界各国共同发展开辟了巨大空间。习近平总书记多次倡导人类命运共同体思想，受到国际社会普遍赞誉，并被载入联合国安理会决议。这一切都表明，中国特色社会主义进入新时代已经表现出新的作为，要让中国的成功经验成为世界共享的财富。“中国共产党人和中国人民完全有信心为人类对更好社会制度的探索提供中国方案。”②

---

① 《中共十八届七中全会在京举行》，《人民日报》2017 年 10 月 15 日。

② 习近平：《在庆祝中国共产党成立 95 周年大会上的讲话》，人民出版社，2016，第 14 页。

“四个伟大”内含的价值取向之一，就是通过新时代中国特色社会主义伟大事业的创新实践，拿出中华民族为世界作出更大贡献的丰硕成果。“四个伟大”涉及战胜风险挑战等压力和困难需要什么样的精神，涉及国家建设中如何寻求和谐发展的治理方式，涉及加强执政党建设对国家和社会有何意义，涉及民族国家怎样砥砺奋进才能达到理想目标。这样的价值取向表明，“四个伟大”的意义不只局限于中国，更广泛地说，新时代中国特色社会主义将创造更加出彩、更加优异的成绩，为人类发展贡献中国经验、为全球治理贡献中国方案、为世界文明贡献中国智慧。

二　“四个伟大”的辩证逻辑

“四个伟大”是一个具有内在逻辑联系的有机整体。要理解和把握进行“伟大斗争”，就要把它放在建设“伟大工程”、推进“伟大事业”、实现“伟大梦想”的关系框架之中，把握其斗争的对象、斗争的主体、斗争的方式、斗争的目的和斗争的意义；要理解和把握建设“伟大工程”，就需要把它置于进行“伟大斗争”、推进“伟大事业”、实现“伟大梦想”的关系框架之中，把握建设“伟大工程”的重大意义；要理解和把握推进“伟大事业”，就需要围绕进行“伟大斗争”、建设“伟大工程”、实现“伟大梦想”，把握推进“伟大事业”的目标及其艰巨性；要真正理解和把握实现“伟大梦想”，就应当基于进行“伟大斗争”、建设“伟大工程”、推进“伟大事业”，把握实现“伟大梦想”所需要的根本路径、精神状态和领导力量。

（一）伟大事业

习近平指出，“人类社会每一次重大跃进，人类文明每一次重大发展，都离不开哲学社会科学的知识变革和思想先导”①。“这是一个需要思想而且一定能够产生思想的时代。”② 习近平总书记强调，中国特色社会主义，是科学社会主义理论逻辑和中国社会发展历史逻辑的辩证统一，是根植于中国大地、反映中国人民意愿、适应中国和时代发展进步要求的科学社会主

① 习近平：《在哲学社会科学工作座谈会上的讲话》，人民出版社，2016，第 3 页。
② 习近平：《在哲学社会科学工作座谈会上的讲话》，人民出版社，2016，第 8 页。

义，是全面建成小康社会、加快推进社会主义现代化、实现中华民族伟大复兴的必由之路。1982 年，我们党发出了走自己的道路、建设有中国特色的社会主义的伟大号召。从那以后，我们党团结带领全国各族人民坚定不移沿着中国特色社会主义道路前进。短短 40 年间，我们在经济、政治、文化、科技、国防等领域创造了令世人惊叹的“中国奇迹”，迎来了从站起来、富起来到强起来的伟大飞跃。中国特色社会主义是近代以来中国社会发展的必然选择，也是发展中国、造福人民的正确选择。实现伟大梦想、进行伟大斗争、建设伟大工程都必须坚持和发展中国特色社会主义，坚定不移走中国特色社会主义道路。

伟大事业是实现伟大梦想的人间正道。道路问题是关系党的事业兴衰成败第一位的问题，道路就是党的生命。道路选择正确，梦想就前途似锦；道路选择错误，梦想就日暮途穷。1840 年鸦片战争以来，面对积贫积弱的社会现实，洋务派提出“中体西用”的主张，康有为、梁启超拿出“维新变法”的方案，孙中山喊出“振兴中华”的口号，洋务运动、戊戌变法、辛亥革命等都曾为民族独立和人民幸福作出了艰苦的探索，但都未能改变中华民族的命运。究其根源，就在于没有找到实现民族复兴的正确道路。历史已经证明，中国共产党之所以能够取得新民主主义革命、社会主义革命的胜利，创造出改革开放的瞩目成绩，根本原因就是走出了一条符合中国国情的中国特色社会主义道路。实现中华民族伟大复兴就必须坚持和发展中国特色社会主义，中国特色社会主义道路是创造人民美好生活、实现伟大梦想的唯一正确道路，而最终实现的伟大梦想也必将留下中国特色社会主义的深刻烙印。

伟大事业是进行伟大斗争的康庄大道。坚定道路自信、理论自信、制度自信、文化自信，是以习近平同志为核心的党中央提出的郑重要求，也是全党全国各族人民必须牢牢坚持的斗争底线。一定意义上说，不断夺取伟大斗争新胜利，坚持“四个自信”是先决条件。中国特色社会主义道路是实现社会主义现代化、创造人民美好生活的必由之路，为伟大斗争指引正确道路；中国特色社会主义理论体系是指导党和人民实现中华民族伟大复兴的正确理论，为伟大斗争提供理论先导；中国特色社会主义制度是当代中国发展进步的根本制度保障，为伟大斗争提供行为规范与制度保障；

中国特色社会主义文化是激励全党全国各族人民奋勇前进的强大精神力量，为进行伟大斗争提供价值引领与精神动力。

伟大事业是建设伟大工程的宽广舞台。党和人民事业发展到什么阶段，党的建设就要推进到什么阶段。在推进伟大事业的宏伟历史中，党的建设必须跟进，也大有可为。我们党全面从严治党的成效怎样，党的建设质量怎样，党的执政本领怎样，都可以从中国特色社会主义事业发展的实际状况中寻找答案，都要在中国特色社会主义伟大事业中经受考验。中国特色社会主义伟大事业为我们党提供了施展执政能力的宽广舞台，使我们党永葆青春活力、永远走在时代前列。

（二）伟大斗争

矛盾无处不在、无时不有，有矛盾就会有斗争。习近平总书记强调，“我们党要团结带领人民有效应对重大挑战、抵御重大风险、克服重大阻力、解决重大矛盾”。[①] 这“四个重大”的论断揭示了我们前进道路上的曲折性和艰巨性，也揭示了进行伟大斗争的必要性与重要性。中华民族伟大复兴的目标越是临近、党的建设越是成就显著、中国特色社会主义事业越是发展壮大，我们面临的挑战和风险就越大，遭遇的阻力和矛盾就越多，就越需要进行具有许多新的历史特点的伟大斗争。进行伟大斗争就是为了在前进道路上能披荆斩棘、扫清障碍，这既是一种居安思危、知危图安的精神状态，也是一种勇于直面挑战与风险的战略智慧。

伟大斗争为伟大梦想开辟道路。伟大梦想的实现不是一蹴而就的，历史已经证明，实现这一伟大目标的过程中充满无数艰难险阻、风险考验，来自国际社会的“围追堵截”，来自国内的“干扰迷惑”，使得中国共产党在实现这一伟大目标的征程中已经付出了许多斗争努力。只有进行伟大斗争，同那些损害中华民族利益、阻碍中华民族团结的行为作斗争，同阻截中华民族伟大复兴进程的行为作斗争，才能够为民族复兴的伟大梦想开辟道路。

伟大斗争为伟大工程扫清障碍。全球化、市场化、信息化社会条件下，实施党的建设新的伟大工程，面临许多新的深刻的问题：如何进一步赢得

① 习近平：《决胜全面建成小康社会　夺取新时代中国特色社会主义伟大胜利——在中国共产党第十九次全国代表大会上的报告》，人民出版社，2017，第15页。

意识形态工作的领导权和主导权，如何进一步激发党员干部干事创业的积极性，如何打赢反腐败这场攻坚战和持久战，如何彻底纠正“四风”，等等。解决好这些问题必然是一个深刻而复杂的长期过程。对于我们党而言，要时刻准备应对执政考验、改革开放考验、市场经济考验、外部环境考验“四大考验”，时刻准备战胜精神懈怠危险、能力不足危险、脱离群众危险、消极腐败危险“四种危险”。只有全党以攻坚克难的态度和行动，进行伟大斗争，经受住“复杂环境”的考验，才能实施好党的建设新的伟大工程。

伟大斗争为伟大事业化解风险。中国共产党团结带领全体人民所推进的中国特色社会主义伟大事业，已经取得了举世瞩目的伟大成就。但是，中国特色社会主义事业不是一马平川，也不会一劳永逸，前进路上，还面临着许多可见不可见的风险挑战。如果说改革开放 40 多年，我们走过了中国特色社会主义的前半程的话，那么在未来的日子里，我们还必须走好中国特色社会主义的后半程。前半程是曲折的、不平凡的，后半程更加曲折、更加不平凡。如何更好地探索和运用人类社会发展规律、社会主义建设规律和共产党执政规律，如何更好地坚持社会主义的基本原则，使中国特色与社会主义进一步有机结合，如何在新的历史条件下治理社会主义社会，如何使中国特色社会主义在各方面更加成熟定型，如何消除“成长的烦恼”、缓解“转型的阵痛”，等等，都需要进行伟大斗争。

（三）伟大梦想

实现中华民族伟大复兴是近代以来中华民族最伟大的梦想。近代以来，实现民族复兴的梦想始终萦绕于每一位中国人的心间，承载了全体中华儿女的共同向往，昭示着国家富强、民族振兴、人民幸福的美好夙愿。一部中国近代史，就是一部中华民族深陷命运低谷的屈辱史、苦难史。直到 1921 年 7 月中国共产党走上历史舞台，中国的命运才发生了根本转变。不难看出，伟大梦想是近代以来中华民族生生不息、执着追求的愿景目标。它犹如一盏明灯，照亮了伟大斗争、伟大工程、伟大事业的道路，指引着中国人民的前进方向。

伟大梦想是伟大斗争的精神引领。实现中华民族伟大复兴，是中国共产党孜孜以求的伟大奋斗目标。只有紧紧扭住这个总目标，牢记我们的最终目的是什么，才能在面对各种“伟大斗争”时，科学分析形势，准确把握对象，牢牢站稳立场，不动摇，不折腾，不懈怠，问题一个一个地解决，困难一个一个地克服，扎扎实实向既定目标前进。与以往相比，现阶段伟大斗争是在全面建成小康社会决胜阶段、中国特色社会主义发展关键时期进行的斗争，其出发点和落脚点在于实现中华民族伟大复兴的中国梦。中国梦以其强大的感召力和凝聚力引领伟大斗争在正确的方向平稳航行，确保具有许多新的历史特点的伟大斗争不偏航、不越线、不变形。

伟大梦想为伟大工程指引前进方向。不忘初心，方得始终。中国共产党人的初心和使命，就是为中国人民谋幸福，为中华民族谋复兴。中国共产党自成立之日起就把实现伟大复兴当作自己的历史使命，中国共产党90多年的历史，实际上就是党带领全国各族人民探索中华民族伟大复兴的历史。带领人民实现民族复兴，是我们党对人民的庄严承诺，是全国各族人民对我们党寄予的深切期望。实现中华民族伟大复兴的伟大梦想犹如一面精神旗帜，深深扎根于中国共产党人的心间，始终指引着中国共产党以永不懈怠的精神状态和一往无前的奋斗姿态开展党的建设新的伟大工程。

伟大梦想为伟大事业提供愿景目标。经过改革开放40多年的发展，中国特色社会主义事业来到了新的历史起点，已经进入从主要解决“发展起来”的问题，到既要解决“发展起来”的问题又要解决“发展起来以后”的问题的阶段。解决“发展起来”的问题与解决“发展起来以后”的问题，任务是无比艰巨复杂的。艰巨和复杂的中国特色社会主义事业就更加需要愿景目标提振信心，就更加需要愿景目标推动前行。中华民族伟大复兴的中国梦以其强烈的民族情感和历史色彩表达了中华儿女的美好愿望，把一个抽象化的社会主义理论体系变得真实可感、亲近可知，为坚持和发展中国特色社会主义注入了新内涵，为不断书写出中国特色社会主义的精彩华章提供了目标引领。

（四）伟大工程

习近平提出：“我们党要明确宣示举什么旗、走什么路、以什么样的精神状态、担负什么样的历史使命、实现什么样的奋斗目标。”① 党的建设是一项伟大工程，从根本上决定着党的前途和命运，决定着中国的前途和命

① 《习近平谈治国理政》第2卷，外文出版社，2017，第60页。

运，决定着中国人民的前途和命运。在关于党的建设的重要性和必要性取得共识后，主要任务就是如何全面推进新的伟大工程，如何落实党的建设，即如何建好党、治好党、管好党。中国共产党是执政党，因此，中国共产党的建设事关中国兴衰、事关中国社会发展、事关中国人民福祉。也就是说，中国共产党肩上的担子重、责任大。如今，面对新形势新任务，我们党要全面提高党的建设的科学化水平。

治国必先治党，治党务必从严，这是中国共产党在自身建设上得出的深刻而伟大的经验。党的十八大以来，以习近平同志为核心的党中央旗帜鲜明地提出全面从严治党，把党的建设新的伟大工程推上了新的台阶。“四个伟大”中起决定性作用的是党的建设新的伟大工程，这是因为中国共产党是伟大事业、伟大斗争、伟大梦想的领导主体：推进伟大事业，离不开党这个坚强领导核心；进行伟大斗争，离不开党这个全国人民的主心骨；实现伟大梦想，更离不开党这个永远走在时代前列的先锋。打铁必须自身硬。党要团结带领人民进行伟大斗争、推进伟大事业、实现伟大梦想，必须毫不动摇坚持和完善党的领导，毫不动摇把党建设得更加坚强有力。

伟大工程为伟大梦想积聚力量。中国共产党成立以后，中华民族正式开启了走向伟大复兴的历史征程，伟大梦想才由空想、幻想一步步变为现实，才由黑暗走向光明。今天，我们比历史上任何时期都更接近、更有信心和能力实现中华民族伟大复兴的目标。迈入新时代的中国共产党，能否担负起历史重任，实现惊人的一跃，最终实现民族复兴的伟大梦想，关键就在于党这根“主心骨”是否有力量，其根本出路就在于通过建设新的伟大工程，建成一个目标统一、组织严密、坚强有力的马克思主义政党。中国共产党具有崇高的理想信念、科学的理论指导、先进的阶级基础和广泛的群众基础，能最大限度地调动全国人民的积极性主动性，最大限度地汇聚起强大的力量。只有我们党把自身建设好、建设强，全国各族人民才能在民族复兴的道路上阔步前行。

伟大工程为伟大斗争保驾护航。习近平总书记指出，进行具有许多新的历史特点的伟大斗争，关键在党，关键在人。[①] 进行具有许多新的历史特

① 《习近平关于全面从严治党论述摘编》，中央文献出版社，2016，第121页。

点的伟大斗争绝不是一句简单的口号，而是要体现为实际行动。同腐败现象作斗争、同利益固化作斗争、同西方渗透作斗争、同错误思想作斗争、同霸权主义作斗争、同分裂势力作斗争，需要找准斗争对象、选准斗争方式、掌握斗争技巧、把握斗争方向，需要非凡的政治勇气开疆辟土，需要卓越的政治智慧指点迷津，需要坚强的政治定力进行到底，归根结底要依靠中国共产党的保驾护航。只有把党建设得更加坚强有力，确保我们党永葆旺盛生命力和强大战斗力，我们党才能带领人民成功应对各种风险挑战、化解各种矛盾阻力。

伟大工程是伟大事业的制胜法宝。中国共产党领导是中国特色社会主义最本质的特征，是中国特色社会主义制度的最大优势。中国革命、建设、改革的历史证明，中国特色社会主义事业之所以能取得一个又一个胜利，最根本的原因是坚持党的领导。党的十八大以来，全面从严治党，以“全”和“严”的要求管党治党，树立起党的良好形象和权威，为推进中国特色社会主义事业凝聚起强大的正能量，汇聚起党心民心的磅礴力量。只有建设好伟大工程，把我们党建设得更加坚强有力，新时代社会主义事业的发展势头才能强劲有力。①

三 “四个伟大”的推进践行

（一）“进行伟大斗争”是勇气

党的十八大报告指出：“发展中国特色社会主义是一项长期的艰巨的历史任务，必须准备进行具有许多新的历史特点的伟大斗争。”② 这既是对我国客观形势的准确概括，也是对全党、全国各族人民的深刻提醒，体现了我们党敢于直面矛盾、敢于为之奋斗的信念与勇气。因此，提出“必须准备进行具有许多新的历史特点的伟大斗争”③，正是基于对当前一段时期党和国家所面临的一系列挑战、考验和危险的科学判断。

当前中国面临诸多挑战。尽管中国一再强调互惠互利、和谐发展、合

---

① 参见赫永平、赵慧《四个伟大：完整严密的科学体系》，《中国党政干部论坛》2017 年第 12 期。

② 《十八大以来重要文献选编》（上），中央文献出版社，2014，第 82 页。

③ 《十八大以来重要文献选编》（上），中央文献出版社，2014，第 11 页。

作共赢，共同构建人类命运共同体，但随着中国经济实力与综合国力的增强，个别西方国家依然抱残守缺，把中国的和平发展视为“威胁”，在国际政治生活中加紧防范甚至打压我国。此外，在释放改革“红利”的同时，旧的体制积弊所引发的各类矛盾，利益固化藩篱衍生的强大阻力，GDP 指标的增加与环境的衰竭，医疗、教育、交通、社会分配不公等突出问题依然制约着我国的发展。① 加之随着“互联网 +”时代的到来，不良思潮“蚕食”着主流意识形态，“历史虚无主义”等错误思想仍有一定市场，分裂势力活动依然猖獗。

同时，我党始终面临“四大考验”的风险。中国共产党已成立 90 多年，在执政环境日益复杂的背景下，不断加强自身建设，不断巩固执政地位是极端重要的时代课题。面对改革开放带来的红利，如何在全面深化改革开放的同时，坚持和发展中国特色社会主义，面对市场经济的考验，如何驰而不息地加强党风廉政建设和素质能力建设，切实经受住市场经济所引发的意识形态安全的蜕变，仍是我们保持内部稳定、化解社会矛盾的重中之重。

习近平指出：“党要团结带领人民进行伟大斗争……成功应对重大挑战、抵御重大风险、克服重大阻力、解决重大矛盾，不断从胜利走向新的胜利。”② 面对国际与国内的矛盾，我们没有退缩，敢于“亮剑”。全党上下步调一致，凝聚智慧、激发勇气，以“断臂求生”的勇气，以抓铁有痕、踏石留印的作风，不断化解改革过程中出现的新诉求、新问题、新矛盾，不断赢得党心民心。面对市场经济条件下人民群众日益复杂的利益需求与思想斗争，不断加强党对意识形态工作的领导，旗帜鲜明地巩固马克思主义在意识形态领域的指导地位；在同体制机制弊端和利益固化藩篱的斗争中推动经济社会发展，敢于啃硬骨头，敢于涉险滩，坚定不移全面深化改革，全面发力、多点突破、纵深推进改革发展的崭新局面；在同霸权主义和强权政治的斗争中维护国家利益和安全，坚定不移地推进中国特色大国外交，构建以合作共赢为核心的新型国际关系，营造和平发展的国际环境，

① 秦宣：《中国特色社会主义专题研究》，高等教育出版社，2016，第 180 页。

② 《习近平谈治国理政》第 2 卷，外文出版社，2017，第 63 页。

致力于打造人类命运共同体，不断赢得国际社会的广泛认同。

（二）“建设伟大工程”是基石

办好中国的事情，关键在党，这是被中国近代以来的历史反复证明了的道理。把党建设好，国家就会繁荣稳定，人民就会幸福安康，实现中华民族伟大复兴的中国梦就有光明前景。历史证明，坚持党的领导，是人民的选择。中华民族经受了内忧外患、积贫积弱、追求民族独立的考验，为拯救国家危亡，改变中华民族的命运，革命志士进行了艰辛探索和不屈斗争，创造了可歌可泣的伟大业绩，最终在中国共产党的领导下彻底改变了中国人民和中华民族的前途和命运。今天中国的强大和人民的幸福，离不开中国共产党，这是中国人民从长期奋斗中作出的选择。坚持党的领导，是推动中国改革的核心力量。当今时代，我国各项改革正处于啃硬骨头的关键时期，发展的广度和深度前所未有，各种利益关系错综复杂。没有党站在全局的高度把握发展方向、制定发展战略、统筹各方面工作、协调各种利益、理顺重大关系，经济社会发展必将陷入混乱、举步维艰。世界上许多国家的改革停滞不前，其原因就在于执政党无法对改革发展作出长远规划，更无力推行有利于经济社会发展的政策措施。习近平强调：“全面从严治党永远在路上。一个政党，一个政权，其前途命运取决于人心向背。我们决不能因此而沾沾自喜、盲目乐观。全面从严治党依然任重道远。全党要坚持问题导向，保持战略定力，推动全面从严治党向纵深发展。”①

第一，把党的政治建设摆在首位。严明政治纪律和政治规矩，加强对党内政治生活状况、党的路线方针政策和民主集中制等制度执行情况的监督检查，对“七个有之”问题高度警觉，坚决清除对党不忠诚不老实、阳奉阴违的两面人、两面派。聚焦政治立场、政治原则、政治担当和政治纪律，强化监督执纪问责，严把选人用人政治关、廉洁关、形象关，全面净化党内政治生态。

第二，全面推进国家监察体制改革。加强党对反腐败工作的统一领导，构建党统一指挥、全面覆盖、权威高效的监督体系，实现对所有行使公权力的公职人员监察全覆盖。认真履行监督、调查、处置职责，探索形成高

① 《习近平谈治国理政》第2卷，外文出版社，2017，第63～64页。

效顺畅的监察工作运行机制，实现执纪审查与依法调查有效统一，加强监察机关与审判机关、检察机关、执法部门的工作衔接，把制度优势转化为治理效能。

第三，巩固拓展落实中央八项规定精神成果。领导干部要带头转变作风，经常摆摆表现、找找差距，坚持身体力行、以上率下，形成“头雁效应”。发扬钉钉子精神，一个节点一个节点坚守，关注“四风”问题新表现新动向，在反对形式主义、官僚主义上下更大功夫，对表态多调门高、行动少落实差的严肃问责。坚决反对特权思想和特权现象，教育引导党员领导干部增强对群众感情，严格约束自己，严格家教家风。

第四，让巡视利剑作用更加彰显。制定中央巡视工作规划，贯彻巡视工作方针，以政治建设为统领深化政治巡视，统筹安排常规巡视，深化专项巡视，强化机动式巡视，综合运用巡视成果，狠抓整改落实，提升全覆盖质量。深入开展巡察工作，建立巡视巡察上下联动的监督网。

第五，全面加强党的纪律建设。开展经常性纪律教育，发挥先进典型引领示范和反面典型警示教育作用。坚持惩前毖后、治病救人方针，深化运用监督执纪“四种形态”，强化日常监督执纪，有针对性地建章立制，把制度的篱笆扎得更紧。

第六，巩固发展反腐败斗争压倒性态势。坚持无禁区、全覆盖、零容忍，坚持重遏制、强高压、长震慑，坚持受贿行贿一起查，坚定不移、精准有序，聚焦党的十八大以来不收敛、不收手的领导干部，重点查处政治问题和经济问题相互交织形成利益集团的腐败案件，着力解决选人用人、审批监管、资源开发、金融信贷等重点领域和关键环节的腐败问题，加强反腐败国际合作，深化标本兼治，构建不敢腐、不能腐、不想腐的体制机制。

第七，坚决整治群众身边腐败问题。围绕打赢脱贫攻坚战，开展扶贫领域腐败和作风问题专项治理。把惩治基层腐败同扫黑除恶结合起来，坚决查处涉黑“保护伞”。紧盯群众反映的突出问题，加大集中整治和督查督办力度，把全面从严治党覆盖到“最后一公里”。

第八，推动全面从严治党责任落到实处。加强对所辖地区和部门党组织履行全面从严治党责任情况的监督检查，用好问责利器，做到失责必问、问责必严。加强上级纪委对下级纪委的领导，完善地方纪委派驻体制机制，强化监督职责，推动管党治党责任全面覆盖、层层传导。

（三）“推进伟大事业”是旗帜

党的十八大以来，以习近平同志为核心的党中央猛药治疴，重典治乱，以气势磅礴的政治勇气和高超的智慧推进各项改革，统揽全局、系统谋划，使改革大潮不断涌起。我们稳步推进法治中国、平安中国建设，开启了中国特色社会主义法治的新时代。优化司法职权配置，规范司法行为，让公平正义的阳光照亮每个角落，努力使尊法、学法、守法、用法成为全体公民的共同追求，让政府工作在法治轨道上稳步前行，让法律成为治理国家最有效的“利器”。我们狠抓生态文明建设，把生态文明建设写入了《中国共产党章程》，推出了“史上最严”的生态环境保护制度，严肃责任追究，严格责任倒查，使绿色生态、绿色生活、绿色观念深入人心，美丽中国建设成效明显。党风政风和社会风气有了巨大变化，诸多民生问题得到改善，社会的公平正义之风更加浓郁，各项科技创新成果大幅增加，军队体制改革稳步推进，国家综合实力不断增强，大国外交形象和国际威望持续提升，各个方面各个领域取得了前所未有的新成就，使我国经济社会发展再上新台阶、再展新画卷、再呈新气象，为全面建成小康社会、开启现代化建设新征程打下了坚实的基础。

尤其是“四个全面”重要方略的提出，确立了治国理政的目标引领、根本动力、治理方式、领导核心。政治生态、文化生态呈现新面貌，政治生态走向风清气正，文化生态逐渐向善向好。强军兴军出现新飞跃，人民军队实现了政治生态重塑、组织形态重塑、力量体系重塑、作风形象重塑。国际战略达到新高度，统筹治党治国、协同内政外交，把“中国象棋”与“国际象棋”合成一盘大棋来下，同步推进国家治理现代化和全球治理体系变革。实践表明，坚持走中国特色社会主义道路，协调推进“四个全面”，加快实现治国理政现代化，实现“五位一体”总体布局，不但意味着中国特色社会主义拓展了发展中国家走向现代化的途径，更为解决人类问题贡献了中国智慧、提供了中国方案。

实践告诉我们，实现中国梦必须走中国道路，道路选择关乎国家前途、民族命运、人民幸福。追逐实现中华民族伟大复兴这个梦想，中国近代 170

多年来，无数志士仁人进行了千辛万苦的探索和不屈不挠的斗争。面对中国特色社会主义建设中所遇到的新情况、新问题、新矛盾、新挑战，我们党敢于进一步解放思想，与时俱进，勇于创新，敢于突破，着力把握发展规律，创新发展理念，破解发展难题，以更大勇气深化重要领域改革，不断为创新发展注入新的动力和活力。改革开放40多年一以贯之的接力探索，创造了举世闻名的中国道路、中国梦想与中国奇迹，为全球治理与全球善治贡献出了中国话语、中国智慧与中国方案，为致力于构建人类命运共同体的战略举措提供了行之有效的借鉴蓝本。

（四）"实现伟大梦想"是目标

通过把"中国梦"引入主流政治话语，习近平总书记打开了中华民族悠久的历史和蓬勃发展的现实之间的内在连接，重置了中华民族伟大复兴与世界各国发展的逻辑关系。

"实现伟大梦想"就是让伟大梦想植根悠久历史。习近平总书记在参观"复兴之路"展览时就曾指出，实现中华民族伟大复兴，就是中华民族近代以来最伟大的梦想。从历史的角度对中国梦进行阐释与解读，让我们深刻地感到中国梦既是历史的，又是现实的，既是无数中华儿女共同的夙愿和为之奋斗的理想，又是我们党领导的改革开放和社会主义现代化建设的根本动力与根本目标，为我们参与社会治理与凝聚改革共识汇聚了"正能量"，为实现中华民族的伟大复兴找到了"最大公约数"。

"实现伟大梦想"就是让伟大梦想催生创新理论。习近平总书记提出的"中国梦"重要论述，体现了历史与逻辑的统一、中国与世界的互动、改革开放前与改革开放后的对比，使历史与现实、国内与国外、沟通与交流、理论与实践之间的关联更为突出。当前，我们正在进行新的伟大革命，它体现为要坚定不移依靠改革开放，在坚持社会主义基本制度的前提下以更加开阔的视野和积极的姿态参与全球治理，充分发挥负责任大国的作用，不断开辟新的话语空间，不断拓展新的思考视角，不断提供新的意义承载。

"实现伟大梦想"就是让伟大梦想凝聚共同力量。全体中华儿女应以共同理想凝聚共同力量，以共同奋斗追求共同目标，共同享有人生出彩的机会，共同享有梦想成真的机会，共同享有同祖国和时代一起成长进步的机会。

“实现伟大梦想”接过历史的接力棒，为实现中华民族伟大复兴的“伟大梦想”而不懈奋斗，传播“中国声音”，唱响“中国观点”，担当起向世界传播好“中国形象”的使命，不断交流发展理念，贡献中国智慧，使中华民族更自豪地屹立于世界民族之林。在新的历史起点上不忘初心继往开来，毫不动摇推进党的建设新的伟大工程，确保党和国家事业始终沿着正确方向胜利前进，激励全党全国各族人民决胜全面建成小康社会、夺取中国特色社会主义伟大胜利。不断增强大局意识和忧患意识，做到在党言党、在党忧党、在党为党，开阔视野、思则有备。面对机遇不迷茫，面临矛盾不退缩，真正实实在在地干事、干实实在在的事，用个体的小成绩托起民族和国家的大梦想。从实现“伟大梦想”出发，坚决把团结奋进的思想基础夯牢夯实；从进行“伟大斗争”出发，坚决把各项应对措施谋深谋实；从推进“伟大事业”出发，坚决把新发展理念各项要求落地落实；从建设“伟大工程”出发，切实为社会主义现代化强国建设奠定良好的社会环境。

总之，伟大的使命产生伟大的梦想，伟大的梦想需要伟大的事业，伟大的工程保障伟大的事业，伟大的工程离不开伟大的斗争。这“四个伟大”不仅各有其独特内涵，而且是一个逻辑严密的有机整体，进而构成了当代中国最具时代特色的伟大实践。我们要以高度的理论自觉和行动自信，不断丰富中国特色社会主义理论的实践内涵，把“7·26”重要讲话作为当前乃至今后一段时间学习的重要内容，在思想上、政治上、行动上同以习近平同志为核心的党中央保持高度一致，坚定不移地继续进行伟大斗争、建设伟大工程、推进伟大事业、实现伟大梦想，以更大的决心、更大的勇气、更大的气力抓紧抓好各项建设，将昨日的丰功伟业续写为明天的壮丽风景，将践行“四个伟大”的前进步伐转化为全面建成社会主义现代化的不竭动力，以新的精神状态和奋斗姿态把中国特色社会主义伟大事业不断推向前进，为全面建成小康社会和实现中华民族的伟大复兴作出新的更大的贡献。

图书在版编目(CIP)数据

哲学视野中的中国特色社会主义 / 田鹏颖，綦玮著
. -- 北京 : 社会科学文献出版社，2019.9
ISBN 978 - 7 - 5201 - 5168 - 9

Ⅰ. ①哲… Ⅱ. ①田… ②綦… Ⅲ. ①中国特色社会主义 - 研究 Ⅳ. ①D616

中国版本图书馆 CIP 数据核字(2019)第 146155 号

哲学视野中的中国特色社会主义

著　　者 / 田鹏颖　綦　玮

出 版 人 / 谢寿光
责任编辑 / 曹义恒
文稿编辑 / 刘　翠

出　　版 / 社会科学文献出版社 · 社会政法分社（010）59367156
地址：北京市北三环中路甲 29 号院华龙大厦　邮编：100029
网址：www.ssap.com.cn
发　　行 / 市场营销中心（010）59367081　59367083
印　　装 / 三河市尚艺印装有限公司

规　　格 / 开　本：787mm × 1092mm　1/16
印　张：18.75　字　数：299 千字
版　　次 / 2019 年 9 月第 1 版　2019 年 9 月第 1 次印刷
书　　号 / ISBN 978 - 7 - 5201 - 5168 - 9
定　　价 / 118.00 元

本书如有印装质量问题，请与读者服务中心（010 - 59367028）联系